키워드로 읽는
다짜고짜 세계사

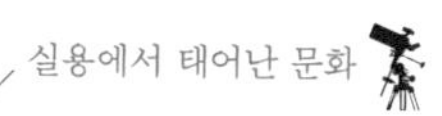

죽기 전에 꼭 알아야 할 사물의 시간여행!!

키워드로 읽는 다짜고짜 세계사

장지현 지음

자원과 기술

인간과 함께 한 동물들

미네르바

들어가며…

아침에 눈을 떠서 잠자리에 드는 순간까지 우리 곁에는 수많은 물건들이 있고 우리는 그것들과 함께 일상을 살아간다. 당신이 무심코 사용하는 물건들. 어떤 물건은 단순히 필요에 의해 사용되기도 하고 어떤 물건은 각자 나름대로 의미가 있다.

더 많은 물건을 갖기 위해 사는 사람들도 있고, 너무 많은 물건들은 소용이 없다며 최소한의 삶을 살자고 하는 사람들도 있다. 그러나 어떤 방식으로 살든지 인간의 생활에서 물건들은 그 크기나 내용이 크든 작든, 사소하든 중요하든 분명히 맡은 역할과 의미, 이미지로서 소비되고 있다.

이렇듯 한 개인의 삶에서도 물건이란 때론 효용이나 효율의 측면에서 사용되기도 하고 때론 인생이라 부를 수 있을 정도로 큰 의미를 갖기도 하면서 곁을 지키고 있다.

인류의 역사라는 큰 그림에서 보아도 우리 주변의 물건들은 그 삶이 변화함에 따라 인류 역사의 번영에 영향을 미치기도 하고 혹은 사라지기도 하면서 우리와 그 궤를 같이 했다.

인간은 지구상에 출현한 이래 끊임없이 무언가를 찾아發見내고, 만들어發明냈다. 이렇게 생겨난 물건들은 교류를 통해 새로운 대륙을 찾아내거나 옮겨가서 하나의 문명이 또 다른 문명에 영향을 끼치기도 했다. 또 어떤 물건들은 큰 전쟁이나 혁명을 일으켜 인류의 생활을 완벽하게 바꾸어 놓기도 했다. 인류의 삶과 역사를 풀이할 때 물건을 떼어놓고 생각할 수 있는 부분이 얼마나 될까. 인류 역사의 터닝포인트마다 변화와 사건을 담당해 온 물건들.

어쩌면 작고 사소한 것부터 인간의 상상력과 한계를 뛰어넘는 것들까지 우리 곁에 함께 해 온 물건들이 생겨난 이야기를 보다 흥미롭고 재미있게 읽을 수 있게 풀어본다.

차 례

자원과 기술

인간과 함께 한 동물들

작물과 기호품

쌀

쌀은 전 세계적으로 가장 소비가 많은 곡식의 하나로 4,000년 전부터 아시아 지방의 주식으로 자리 잡았으며 오늘날 세계 인구의 2/3를 먹여 살리고 있다. 때문에 흔히들 쌀은 아시아가 원산지라고 생각한다.

그러나 최초로 쌀을 재배한 사람들은 아시아인들뿐이 아니었다. 아시아를 중심으로 재배된 아시아 벼와 서아프리카 니제르 강 중류 유역을 중심으로 재배되었던 아프리카 벼의 두 종류로 나뉜다. 다만 아프리카 벼는 서아프리카 지역에서만 제한적으로 재배된 것과 달리 아시아 벼는 전 세계로 퍼져나갔다. 아마도 이 때문에 "벼=아시아"라는 인식을 심어주게 된 것이 아닐까 추측할 수 있다.

아시아 벼는 윈난, 아삼 지방 근처에서 처음 재배된 이후 양쯔 강을 따라 동쪽으로 퍼져 나간 뒤 한반도를 거쳐 일본에까지 전해졌다. 고대 중국에서는 7,000년 전부터 벼 재배가 이루어졌는데 그 흔적을 증명하는 보습날의 유적이 발굴되기도 했다.

벼가 서쪽으로 전파된 것은 알렉산더대왕의 아시아 원정 이후라 하는데 전파 경로는 인도를 지나 이란, 이라크, 시리아 방면이다. 인도의 갠지스 강 유역과 필리핀과 자바에 이르는 지역에서 자생하는 야생 품종에서 비롯된 벼는 이제 재배 품종만 해도 2,000여 종이 넘는다고 한다.

한편, 이집트에서는 알렉산더 통치 시절에 쌀을 재배했다고 전해진다. 벼가 이집트에서 아라비아까지 전래된 것은 서기 700년부터 1000년경으로 추정된다. 여기서 다시 아라비아는 에스파냐 등지에 벼를 전해 주었고, 아메리카 대륙으로 건너간 에스파냐 인들은 1650년경에야 쌀농사를 시작했다. 포르투갈은 15세기 초부터 아프리카 식민지 벼를 재배하기 시작했다. 이탈리아에 벼가 처음 등장한 것은 이슬람이 팽창하던 15세기경, 1468년의 일이다.

콜럼버스가 아메리카에 도착한 1492년 이래 유럽인들의 아메리카 진출이 활발해졌다. 이와 함께 16세기경 아메리카 대륙에 도입된 쌀은 유럽 세력이 서부로 뻗어나갈 때 함께 퍼져나갔고 19세기가 되면 캘리포니아에도 쌀이 전해진다.

흔히 벼를 재배하는 두 가지 방법에는 직파법과 이앙법이 있다. 직파법은 직접 씨를 뿌려 작물을 재배하는 방법으로 우리나라에서는 조선 후기 이앙법이 전국적으로 보급되기 전까지 사용되던 방법이다.

직파법은 다시 수경재배와 건경재배로 나눌 수 있는데, 수경재배는 물을 댄 논에 씨를 뿌리는 방법이고 건경재배는 마른 논에 씨를 뿌려 재배하는 방식이다. 직파법은 이앙법에 비해 노동력이 많이 들고 수확량이 적다는 단점이 있었지만 가뭄이 들었을 때 이앙법보다 훨씬 피해가 적어 조선에서는 오히려 이앙법보다는 직파법을 더 권장했다고 한다.

이앙법은 미리 못자리를 만들어 벼의 묘종을 키운 후 논에 옮겨 심어 재배하는 방식이다. 이러한 방법으로 벼를 재배하면 불량한 묘를 미리 제거하고 노동력을 절약하며 단위면적당 수확량을 높일 수 있다는 장점이 있다. 또한 경지를 사용하는 기간을 단축시켜 벼와 보리의 2모작이 가능하도록 하며 곡식의 종자도 절약할 수 있다. 그러나 가뭄이나 자연재해에 취약한 단점이 있어서 한때는 직파법이 더 권장되었다. 조선 후기에 들어서야 수리시설을 보강하는 방법 등으로 정책을 전환하며 이앙법이 전국적으로 보급되기 시작했다. 이앙법의 확대는 조선 후기 사회의 농업생산력을 급속히 증가시켜 농촌사회를 변화시키는 주요한 원인으로 작용했다.

옥수수

벼과에 속하는 옥수수는 볼리비아를 중심으로 한 남아메리카 북부의 안데스 산맥 저지대나 멕시코가 원산지인 것으로 추정된다. 실제로 멕시코 타마올리파스 주에서 발견된 기원전 제7천 년기에 인류가 거주했던 한 동굴의 발굴 작업 결과 이들이 야생식물을 따먹으며 생활했고, 기원전 제3천 년기 중엽부터 야생 옥수수의 변종인 낟알을 모으기 시작했다는 사실이 밝혀졌다.

한편 멕시코 남동부에 위치한 테우아칸 계곡에서는 5,500년 전의 것으로 보이는 더 큰 옥수수 낟알이 발견되었다. 이는 당시 이미 옥수수의 품종 개량이 이루어졌다는 것을 뜻한다고 볼 수 있다.

콜럼버스는 자신이 발견한 신대륙의 원주민들이 옥수수를 경작하는 것을 보고 1492년 11월 일기에 이렇게 적고 있다.

'이곳에는 잠두 같기도 하고 밀의 일종 같기도 한 뿌리 달린 마

이세라는 식물이 대단위로 경작되고 있다.'

하지만 콜럼버스의 동료들은 구운 옥수수를 좋아하지 않았다. 그가 신대륙을 발견하고 돌아온 지 30년이 지나고 나서야 안달루시아 농민들이 옥수수 씨를 뿌렸다. 이때 수확한 옥수수는 가축의 사료로 이용되었다. 이탈리아와 발칸반도국 등 유럽 국가에서 옥수수를 먹기 시작한 것은 17세기 중반부터이다.

반면 아메리카 대륙으로 건너간 스페인 식민통치자들이나 앵글로색슨족들은 일찍부터 옥수수를 기본 식량으로 삼았다.

우리나라에 옥수수가 전래된 것은 중국에서부터이다. 옥수수라는 이름은 중국음의 '위수수'에서 유래한 것이라고 한다.

옥수수를 영어로는 'Corn'이라고 부르는데 그 어원은 곡식, 혹은 작물이라는 뜻이다. 옥수수를 콘이라고 부르는 이유는 초기에 아메리카 원주민들의 작물이라는 뜻인 인디안 콘에서 유래된 것이다. 때문에 미국식 영어로는 콘이라고 부르지만 영국식 영어에서는 'Maize'라고 한다. 옥수수의 정식 학명도 'Maize'라고 표기한다.

옥수수는 벼, 밀과 함께 세계 3대 식량작물에 속하는 것으로 고온에서 광합성 효율이 높은 식물이기 때문에 한 알에서 수백 배 가까이 수확할 수도 있다.

옥수수의 낱알은 쪄서 먹거나 밥, 죽, 국수, 빵 등 다양한 형태로 먹으며 우리나라와 일본에서는 주로 가축의 사료로 이용되고 있다. 그러나 다른 아시아 국가들에서는 중요한 식량자원이다.

감자

감자는 3,500년 전부터 페루 등지에서 재배되었고, 두 가지 경로를 통해서 유럽으로 전해졌다. 1556년에 출간된 『에스파냐 연대기』에 감자는 '밤맛 나는 속살을 가진 덩이줄기'로 묘사되어 있다. 이 당시 페드로 데 시에사가 에스파냐에 감자 몇 알을 전했는데 이것이 다시 오스트리아의 빈에 머물고 있던 샤를르 드 클리시우스에게로 넘겨졌다. 1588년 1월 26일 그가 최초로 감자를 스케치했다.

한편 1573년 세비야의 병원에서 행정업무를 담당하던 수도사들이 감자밭을 일구었다는 기록도 있다. 그때부터 75년간 감자는 에스파냐에서 극빈자나 군인들만 먹는 식량으로 취급되었다.

한편 버지니아에 정착했던 영국의 식민통치자들은 신대륙 원정에 참가한 에스파냐의 모험가들에게서 감자를 얻어냈다. 1586년 토머스 해리웃은 엘리자베스 여왕의 총애를 받던 롤리 경의 배를 얻어 타고 영국으로 돌아왔다. 이때 영국의 식물학자들은 그로부터 감자를 전해

받았고 이후 빈민국이었던 아일랜드는 17세기 초부터 감자를 재배하여 식용으로 이용했다.

반면에 프랑스인들은 유럽의 여느 나라들과 마찬가지로 감자를 '미천한 식물'이라 하여 오랫동안 감자에 심한 거부감을 가져왔다. 그러나 1770년 프랑스에 큰 기근이 일어나자 감자로 인해 많은 사람들의 생명을 살릴 수 있었고 브장송의 학사원은 1771년, 감자는 식량이 부족할 때 이용할 수 있는 유용한 식물이라는 논문을 발표한 파르망티에에게 상을 내렸다. 그는 유럽에 감자가 전해진 지 거의 200년 만에 『감자, 고구마, 돼지감자의 재배와 이용에 관하여』라는 책을 펴냈다.

파르망티에가 감자를 처음 알게 된 것은 7년 전쟁으로 포로 생활을 할 때였다. 자유의 몸이 되고 난 후 그는 귀국과 동시에 감자의 보급에 앞장섰다. 프랭클린이나 라부아지에도 초대했다는 연회에서 파르망티에는 모든 요리에 감자를 사용했다. 심지어 술도 감자를 증류시켜 만든 것으로 대접했다. 그는 감자에 대한 저작물을 많이 남겼으며, 1888년에는 파리 개선문 근교 누이시 청사에 그의 동상이 세워지기도 했다. 현재 감자를 사용한 프랑스의 요리에 파르망티에식이라는 이름이 붙는 것도 바로 이런 이유에서이다.

감자가 뿌리를 내리는데 마지막으로 진통을 겪었던 곳은 발칸 반도 지역이었다.

이 지역 사람들은 프랑스인들과 마찬가지로 '비굴하게 땅속에 몸을 숨기고 있는 저주받은 채소를 먹을 수 없다'며 감자 재배를 강경하게 반대했다.

하는 수 없이 1802년 오스트리아 군대는 세르비아와 크로아티아의 농민에게 감자 파종을 거부하는 사람은 '태형 40대'의 형벌을 내리겠다고 으름장을 놓았다.

한편 터키의 프리젠 주를 제외한 여러 곳은 1875년까지도 감자의 존재조차 알지 못했다.

이처럼 식량자원으로 인정받기까지 어려움이 많았던 감자의 원래 고향은 아메리카 대륙이었다. 원산지는 해발 3,000~4,000미터의 안데스 고지로 특히 현재의 페루와 볼리비아의 국경 부근에 있는 티티카카 호수 주변이 감자의 발상지이다. 이곳에 정착하여 잉카 문명을 구축한 사람들에게 감자는 중요한 식량이었다.

아메리카 대륙의 감자가 유럽에 전해진 것은 콜럼버스와 피사로 등이 활약하던 대항해 시대였다. 영국의 엘리자베스 1세가 에스파냐 함대를 무찌른 1588년 알마다 해전 때 난파선 안에 감자가 있었다는 설도 있고, 감자가 유럽으로 전해지는 과정에서 영국의 해군제독 프랜시스 드레이크가 관여했다는 설도 있다.

그러나 분명한 것은 16세기 말까지 감자는 유럽에서도 국왕의 정원이나 약초농원에서만 재배되었다는 것이다.

처음에 감자는 단지 관상용으로만 재배되었다. 유럽인들이 감자를 먹으려 하지 않았기 때문인데 감자의 울퉁불퉁한 모양이 한센병의 종양처럼 보인다는 것, 발아 직후의 싹에 독이 들어 있다는 등이 그 이유였다.

그나마 비교적 유럽에서 감자가 빨리 정착한 나라는 프로이센이었다. 프로이센은 30년 전쟁이라는 종교전쟁의 결과 국토가 크게 황폐해졌고 특히 인구가 절반 가까이 줄어드는 상황을 맞이했다. 때맞춰 닥친 기근으로 인해 이들은 감자의 높은 생산력을 주목하게 되었다. 감자는 단위면적당 생산량이 매우 높을 뿐만 아니라 수확하는 부분이 땅 속에 묻혀 있기 때문에 냉해의 피해가 적었다. 또한 생육일이 100일이 채 되지 않는데다가 흉작에도 강했다.

이러한 사실이 알려지면서 프리드리히 대왕 2세는 독일 농가에 감자를 적극적으로 재배하도록 권장했다. 그것을 거부하는 농민은 귀와 코를 잘라내겠다고 위협하면서까지 그는 감자 재배를 독려했다.

당시 오스트리아와 프로이센은 7년 전쟁으로 양군 모두 굶주림에 시달리고 있었는데 감자가 승패의 열쇠를 쥐는 병사의 주요한 식량이 되어 7년 전쟁은 '감자 전쟁'이라고 불리기도 한다.

그때부터 감자는 가난한 계층을 중심으로 차츰 유럽 전역에 보급되어 18세기 이후 인구 증가에 공헌했다.

'위기의 17세기, 성장의 18세기'라고 일컬어지는 유럽의 역사는 그 이면에 감자의 공헌이 있었다고 해도 과언이 아니다. 굶주림으로부터의 해방과 더불어 감자 재배는 소농민이나 농촌 하층민의 경제적인 자립을 가능하게 하였다.

저습지대가 많은 네덜란드에서도 감자가 일찍 정착할 수 있었다. 이후 네덜란드를 통해 일본까지 감자가 전해졌다.

감자는 거친 땅에서도 대량으로 수확할 수 있기 때문에 대항해 시대 이후 지구상의 각지로 전해져 많은 사람들을 굶주림에서 구하고 인구 증가에 공헌했다.

그러나 '양날의 검'이라는 말처럼 다른 한편으로 감자에만 극단적으로 의존한 경제구조로 인해 초래된 비극도 있다.

영어로 감자를 아이리시 포테이토라 부르는 것에서 짐작할 수 있듯이 유럽에서 감자 소비량이 가장 많은 나라는 아일랜드다.

날씨가 흐리고 비가 많이 오는 아일랜드의 기후가 감자의 재배에 적합했기 때문에 아일랜드에서는 감자를 많이 재배했다. 1800년에는 500만 명 정도로 추정되던 재배 인구가 1821년에 650만 명 이상, 1841년에는 800만 명 이상으로 증가할 정도였다. 하지만 1846~1847년에 걸쳐 시작된 기근으로 아일랜드 농민 가운데 75만 명~100만 명이 아사하고 100만 명 이상이 나라를 등지게 되었다.

비극은 1845년 아일랜드 동부에서 감자의 줄기마름병이 확인되면서부터 시작되었다. 감자는 수확한 씨감자를 종자로 이용하기 때문에 씨감자가 가지고 있는 병은 이듬해 심는 감자에 그대로 전해져 질병으로 모조리 쓸어버린다는 단점이 있었다. 그러나 당시 사람들은 그것을 잘 알지 못했다.

한번 발병된 줄기마름병은 순식간에 아일랜드 전역의 감자에 확산되었다. 영국 크롬웰의 침략 이후 감자에만 의존하여 가까스로 살아온 가난한 사람들은 갑자기 살아갈 방도를 잃어버릴 수밖에 없었다.

이 기근은 거의 7년 동안 계속되었고 아일랜드의 많은 가난한 농부들이 아메리카로 이주하는 데 결정적인 이유가 되었다. 그러나 달리 살아가는 방법이 없었던 그들은 이주한 곳에서도 다시 감자 재배를 시작했다.

현재 세계에서 가장 많은 감자를 소비하는 나라로 손꼽히는 미국의 감자는 가까운 페루에서 전해진 것이 아니라 아일랜드의 비극적인 이주역사와 함께 정착하게 된 것이다.

고추

향신료 중에 가장 많은 소비량을 자랑하는 고추는 16세기부터 17세기 사이에 동아시아로 유입되었다. 대개는 요리에 매운맛을 첨가하고자 할 때만 고추를 사용했다고 생각하지만 북구에서는 카로틴이 듬뿍 들어 있는 맵지 않은 고추를 사용하기도 한다. 그리고 일본에서는 요리 그 자체에 사용하기보다는 시치미와 같은 조미료로 이용하거나 산초나무와 배합하여 그 향을 이용한다. 우리나라 사람들의 식탁에 거의 빠지지 않을 정도로 사랑받는 김치도 특유의 유산이 발효하는 향과 고추의 향이 매우 궁합이 잘 맞는 식품으로 알려져 있다. 이와 같이 고추는 받아들인 사람들의 문화에 따라 사용하는 방식이 서로 매우 다르다.

남미에서 고추는 2,000년 전부터 재배되었다. 15세기 말, 원주민이 재배하고 있던 고추를 후추라 착각한 콜럼버스는 그것을 유럽으로 가지고 돌아갔다. 그 후 20년이나 지난 뒤에야 그는 그것이 후추와 다른 식물이라는 사실을 알게 되었다.

고추는 열대 식물이지만 후추에 비해 기후나 토양을 가리지 않을 뿐 아니라 후추보다 맵기 때문에 유럽으로 급속하게 퍼져나갔다. 처음엔 주로 약으로 이용되었지만 그중에는 헝가리처럼 파프리카로 발전시킨 나라도 있다.

한편, 동남아시아나 동아시아에도 포르투갈과의 교역을 통해 고추가 도입되었는데, 콜럼버스가 가지고 돌아간 남미산 고추는 동아시아에서도 재배되기 시작한다.

신대륙 원정에 참가했던 호기심 강한 모험가들이 아메리카 대륙에 발을 붙이기 이전부터 칠레에서 멕시코에 걸친 지역에서는 여러 가지 고추속에 속하는 식물을 재배하고 있었다. 지금은 콜럼버스가 두 번째 탐험에서 돌아오면서 처음 에스파냐에 고추를 들여왔다는 것이 거의 정설로 인정되고 있다. 그 후 고추는 왕성한 번식력을 자랑하며 유럽 전역으로 확산되었다.

프랑스에 고추가 처음 전해진 것은 15세기 때였다. 그 후 영국1548, 모라비아 지방1585 등지에서도 고추가 재배되기 시작했다. 특히 17세기는 헝가리 요리의 전성기라고 하는데 여기에는 고추속의 일종인 파프리카가 필수 양념으로 단단히 한몫을 하였다.

그렇다면 우리나라에 고추가 전해진 것은 언제일까. 일단 조선의 문헌에 처음으로 등장하는 고추에 대한 설명은 이러하다.

"남만 후추에는 커다란 독이 있다. 왜인들의 나라에서 처음으로 들여와서 왜겨자라고도 하는데, 요즘 이것을 심는 사람들이 종종 발견된다. 술집에서는 소주에 타서 팔고 있는데, 이것을 마시고 죽는 사람도 많다."

실학자 이수광이 1613년에 저술한 『지봉유설』에 나오는 설명이다. 이 책에 따르면, 고추는 일본에서 유입되었기 때문에 왜겨자라 불렸으며 당시에는 아직 요리에 사용하기보다 소주에 넣어 마셨다고 기록되어 있다. 그 후 커다란 독으로 불리던 왜겨자는 서서히 보급되어 1715년에 저술된 『산림경제』에는 그 재배법이 기록되어 있고, 1766년 『증보산림경제』에는 고추장의 제조법 및 김치 담그는 법 등이 수록되어 있다.

18세기 중엽부터 고추의 사용법에는 커다란 변화가 일어난다. 향신료로 사용하는 것 외에 요리에 고추를 직접 넣기 시작한 것이다. 그것은 고추의 붉은색이 병이나 재난의 근원을 몰아낸다는 신앙에서 비롯되었다.

16세기 말에 감행된 히데요시의 조선 침략에 이어 17세기 초에는 청의 침략까지 받게 되면서 조선 사회는 커다란 변화를 겪었다. 19세기 중엽으로 접어들면 무, 배추, 고추, 소금 등을 재료로 하여 김치를 담그는 일이 가정마다 중요한 행사로 자리잡는다. 고추가 조선인의 생활과 얼마나 밀접한 관계를 갖게 되었는지는 속담에도 종종 나타난다.

"눈이 안 보인다면서 붉은 고추만 잘 고른다."는 속담은 남의 일은 핑계를 대며 도와주지 않으면서 자신의 일에만 욕심을 내서 하는 것을 뜻한다.

이렇듯 콜럼버스에 의해 유럽을 거쳐 아시아까지 전파된 고추는 인류의 식생활에 큰 변화를 일으켰다. 처음엔 문화의 차이에 따라 고추를 받아들이는 방식이 제각각 달랐지만 교류가 활발해짐에 따라 그 수용방식과 태도에 많은 변화가 생겨났다.

담배

인디오 전설 중에는 담배와 관련한 슬픈 이야기가 전해온다. 옛날 인디오 마을에 어느 소녀가 살고 있었다. 그녀는 너무 못난 외모 때문에 일생 동안 단 한 번도 연애를 하지 못해서 불행하다고 생각했다. 심지어 그녀의 추한 외모는 가족들조차도 외면할 정도였다. 가엾게도 소녀는 결국 자살을 선택했다. 죽기 전 그녀가 마지막으로 남긴 말은 "다음 생엔 세상의 모든 남자와 키스하고 싶어요."였다. 그리고 그녀가 죽은 자리에 풀이 돋아났는데 그것이 바로 담배 잎이었다는 것이다.

오늘날 전 세계의 흡연자는 무려 11억 명에 달한다. 1492년 콜럼버스의 대륙 발견 이후 담배는 전 세계적으로 전파되기 시작했다. 콜럼버스가 신대륙에 처음 상륙했을 때, 그곳의 원주민들이 일행에게 마른 담뱃잎을 주었는데 처음에는 그 용도를 몰랐으나 원주민들이 불붙은 잎 뭉치를 피우는 것을 보고 피우게 되었다고 한다. 그것이 여송연, 즉

시가의 기원이 되었다. 하지만 서기 5~7C 남미 유카탄 반도 마야족의 신전 석벽의 '담배 피우는 신관'의 조각으로 보아 그 이전부터 흡연 문화가 있었을 것으로 추정된다.

담배는 포르투갈에서는 '타바코', '키세루', 프랑스에서는 '빼쯘', 러시아에서는 '츄츈'으로 불렀으며 미국에서는 'tobacco', 우리나라에서는 '담배'로 불린다. 특히 우리말 '담배'의 어원을 살펴보면 포르투갈의 타바코에서 왔으며, 타바코라고 불리는 그 근원에는 담배의 원산지로 알려진 멕시코 인디오의 파이프가 타바코였다는 설이 있다.

인디오들은 담뱃잎에 불을 붙이고 여기서 내뿜는 연기에 온몸을 쏘였으며 이것은 인디오의 풍습이었다. 이들은 이러한 연기에 정령이 들어 있고 이 정령은 악령을 쫓아 사람들이 올바르게 살아가게 하는 데 도움이 되는 것으로 믿었다.

이처럼 원주민들은 담배 연기를 신성한 의식에 사용할 뿐만 아니라 많은 질병을 치료하는 약으로 사용하고 있었다. 원주민들은 담배를 여러 형태의 약으로 제조하여 외상, 기침, 치통, 매독, 류마티즘, 기생충, 발열, 딸꾹질, 천식, 동상, 편도선, 염증, 위장병, 두통, 코감기 등에 치료제로 사용했다.

처음에 담배를 접한 일부 유럽 상인, 모험가, 선교사들 역시 담배를 약초로 사용했다. 그러던 중 담배가 본격적으로 유럽에 들어온 이후 1543년 스페인의 어느 대학교수가 담배에 의학적 효능이 있다고 발표한 이래 여러 학자들이 같은 발표를 함으로써 의약품으로 가치가 있다고 알려져 많은 사람들이 담배의 약효를 더욱 맹신하게 되었다.

1558년 포르투갈의 박물학자로서 명성이 높았던 고에스라는 사람이 신세계의 플로리다에 건너가서 담배의 종자를 채취하여 귀국한 후 자기 약초밭에 심었다. 마침 리스본에 주재하고 있던 프랑스 대사 지앙 니코가 이것을 보고 담배의 약효에 대한 흥미와 신기함에 감복하여 그 종자를 얻어 대사관 정원에 심었다. 그는 상처 입은 사람이 그 담뱃잎을 따서 발랐더니 바로 치유되었다는 이야기를 듣고 담배 종자를 프랑스 왕의 모후 카타린 왕비에게 의약용으로 헌상했다. 카타린은 이것을 가루로 만들어 두통약으로 애용했는데 이 때문에 담배는 처음에 '왕비의 약초'라고 불렸다.

이것이 프랑스에 들어오게 된 최초의 담배이며 이때부터 프랑스에서 재배가 확대되었다. 그리고 훗날 프랑스로 담배를 들여온 지앙 니코를 기념하는 뜻으로 니코티아나니코틴로 부르게 되었고 이런 연유로 담배의 학명이 니코티아나가 되었다.

한편으로 서기 1561년 로마 교황에 담배가 씨앗으로 바쳐졌고 이 씨앗은 천식에 효과가 있는 약초로 헌상되었다.

그 후 프랑스를 중심으로 여러 경로를 거쳐 담배는 유럽 전역에 퍼져 나갔고 자연스럽게 흡연 풍습도 전파되기 시작했다. 그리고 당시의 무역상들은 이 담배를 다시 동양의 각지에 전파하였다.

그러나 오늘날에는 담배의 효능보다는 그 해악이 더 널리 알려져 있다. 때문에 흡연자와 비흡연자 간의 흡연할 권리와 원치 않는 담배 연기를 마시지 않을 권리에 대한 싸움도 담배의 역사와 함께 시작되어 지금껏 계속되고 있다.

제임스 1세

역사적 인물 중에도 지독한 혐연가와 애연가들의 수많은 에피소드들이 있다. 일단 담배가 제일 처음 보급되기 시작한 나라 중 하나인 영국의 제임스 1세는 지독한 혐연가였다. 그는 담배를 '지독한 악취가 나는 연기', '밑바닥 모르게 깊은 갱 속에서 분출하는 지옥의 연기'라고 말할 정도로 담배를 혐오했으며 세계 최초로 금연구역을 지정했다.

그런가 하면 영국 최초의 흡연자라고 알려진 사람은 군인이자 탐험가였던 월터 롤리라는 사람으로 그는 신대륙에서 발견한 담배를 집에서 즐겨 피웠다. 그가 담배를 피우는 것을 뒤에서 보던 하인들이 주인의 머리에 불이 났다고 생각해 물을 끼얹었다는 웃지 못할 에피소드가 전해질 정도로 대단한 애연가였다. 결국 그는 제임스 1세가 담배를 끔찍이도 혐오했음에도 불구하고 그것을 끊지 못했기 때문에 참수당하는 최후를 맞는다.

담배 보급 초기에 가장 참혹하게 흡연가들을 탄압했던 사람은 오스만 제국의 무라드 4세였다. 무라드 4세는 무려 3만 명의 흡연자들을 처단했다. 이렇게 끔찍할 정도로 흡연자들을 미워했던 까닭에는 여러 가지 설이 전해지는데, 카페에서 담배를 피우며 술탄에 대한 비난을 할까봐 두려웠기 때문이라는 이야기도 있고, 1633년 이스탄불 화재 사고의 원인이 담배에 의한 것이었기 때문이라는 이야기도 있다.

무라드 4세가 담배를 싫어한 것이 어느 정도였는가 하면 심지어 프랑스 대사관 직원들에게 거듭 경고했으나 듣지 않자 군대를 보내 귀를 잘라 추방해버렸다고 한다. 프랑스 측에서 이 사건에 대해 항의하자 무라드 4세는 "외교관 특권을 생각해서 귀를 자르는 것에서 끝낸 것이다."라고 답했다. 그는 평소에도 거지 분장을 하고 거리를 다니며 담배를 피우는 사람들을 적발해 처형했고 부하들을 보내 흡연자들을 찾아내기도 했다.

그럼에도 불구하고 이미 담배에 중독되어 버린 흡연자들은 담배를 끊을 수 없자 대신 독한 레몬 향수를 개발해 담배 냄새를 감추려 했다. 재미있는 사실은 이처럼 강한 핍박에도 불구하고 담배 금지령이 사라지자 오스만 제국의 후예인 터키는 세계적인 골초 국가가 되었다는 점이다.

17세기 독일에서도 담배전쟁은 계속되었다. 당시 독일 사회는 칼뱅주의에 입각한 절제와 금욕을 미덕으로 삼는 분위기였고 따라서 공공장소에서 흡연하다 적발되면 법정에 서거나 사형을 당하기도 했다. 그러나 1848년 3월 독일의 동북부 프로이센에 혁명이 일어나 프리드리히 빌헬름 4세는 민중을 진정시키기 위해 흡연권을 인정해 주게 된다.

우리나라의 지도자 중에도 유명한 혐연가가 있었다. 바로 광해군이다. 담배가 보급된 이후 조선에서는 너도 나도 담배를 피웠는데 심지어 서당에서 훈장과 학생이 서로 맞담배를 피우기도 했다는 기록이 있을 정도였다. 조정의 공신들도 조회하는 정전에서 담배를 피워 화가 난 광해군은 자신의 앞에서 담배를 피우는 자는 죽이겠다는 협박을 하기도 했다. 그 이후로 우리나라에는 어른 앞에서 담배를 피우지 않는 문화가 생기게 되었다는 설이 있다.

그런가 하면 이와 반대로 유명한 애연가 중에 정조가 있었다. 정조는 소문난 골초였는데 "여러 가지 식물 중에 이롭고 유익한 것으로 남령초담배만 한 것이 없다. 민생에 이용되는 것으로 이만큼 덕이 있고 공이 큰 것이 어디 있겠느냐?"고 했다. 그는 담배가 몸에 좋다는 이론을 펼쳤고 그 덕분에 민간에서는 담배가 편두통에 좋다는 만병통치약으로 알려지기도 했다.

올리브

고대 동지중해의 레바논에는 그윽한 향기 때문에 향백이라는 별칭으로 불리며 사랑받던 레바논 삼나무가 울창한 숲을 이루고 있었다. 삼나무는 그 향기가 좋을 뿐만 아니라 해충과 부식에도 강하고 내구성이 뛰어났기 때문에 이집트와 메소포타미아 지방에서 신전이나 왕궁의 건축자재로 쓰였다. 그래서 레바논을 탐내던 왕과 황제들은 한결같이 이 레바논 삼나무를 획득하는 데 열을 올렸다.

주변 국가들에게 이 삼나무 숲의 정복은 국가적인 사업이 되었고 이것은 또한 잦은 출병의 원인이 되었다. 기원전 12세기경에 쓰여진 가장 오래된 서사시 「길가메시 서사시」에는 주인공 길가메시 왕이 향백 숲에 들어가 그 수호신인 훔바바의 목을 베었다고 나와 있다. 이 이야기는 레바논 삼나무에 대한 그 지역 왕들의 갈망이 배경이 된 것이다.

신전이나 왕궁의 건축자재 뿐 아니라 사후세계를 믿었던 이집트에서는 시신을 미라로 만들어 보존하기 위한 관의 재료로서 레바논 삼나무를 귀하게 여겼다. 삼나무에서 추출되는 진한 기름은 방부제로서도 뛰어난 효과가 있어서 천에 적셔 시신을 감는 데 사용했다. 여러 방면으로 뛰어난 활용도가 있었던 레바논 삼나무는 성목으로 오랫동안 추앙받았다.

높이 40미터, 둘레 10미터나 되는 레바논 삼나무는 돛대를 만들기에도 적당했다. 레바논을 고향으로 삼은 페니키아인은 이 풍부한 레바논 삼나무를 지역의 항구인 비프로스, 시돈, 티루스에서 배에 가득 싣고 멀리 이집트와 로마로 가져가 많은 부를 축적했다.

레바논 삼나무가 주축이 되어 지중해 세계의 교역이 열렸다고 해도 과언이 아닐 정도였다. 이와 관련해서 흥미로운 사실 하나는 이집트 문자를 개량한 것이 이집트인들이 아니라 이들 페니키아인들이었다는 사실이다. 오늘날의 알파벳의 시초를 만든 페니키아인들은 바로 레바논 삼나무의 교역기록을 간소화하기 위해 문자를 만들었다.

그러나 숲이 아무리 울창하더라도 나무를 계속 베어내기만 한다면 언젠가는 고갈되고 만다. 꽃가루 분석을 통해 살펴보면 길가메시 왕 시대 훨씬 이전부터 레바논 삼나무는 급속히 줄어들고 대신 올리브 나무가 증가하는 양상을 띠게 된다. 올리브는 양질의 기름을 채취할 수 있다는 것 외에도 건축자재, 식용, 약, 화장품 등 다방면으로 쓰임이 있어 만능식물로서 그리스 문

명의 번영에 빼놓을 수 없는 존재가 되었다. 그러나 그 이면을 살펴보면 그리스인들이 울창한 삼나무 숲이 파괴된 후 그것을 대체하기 위한 방법으로 척박한 환경에서도 살 수 있는 올리브를 생각해낸 것이다.

올리브는 고대 이집트 문명의 유물에 기록되어 있을 뿐 아니라 신화와 성경에도 언급될 정도로 오랜 역사를 가지고 있다.

그리스신화에 의하면 최초의 올리브나무는 지혜의 여신인 아테네와 바다의 신인 포세이돈이 아티카 소유권을 놓고 싸움을 벌인 데서 탄생했다고 한다. 지혜와 도덕의 여신 아테네가 아티카라는 도시의 귀속을 두고 바다의 신 포세이돈과 여러 신 앞에서 내기를 했다. 누가 생활에 더 필요한 것을 내놓는가 하는 것이었는데 포세이돈은 말을 내놓았고 아테네는 올리브를 내놓아서 그 내기에서 이겼다고 한다. 그만큼 올리브의 쓰임이 다방면으로 알차다는 것을 의미하기도 한다.

그때 아테네가 얻은 도시가 지금 그리스의 수도인 아테네이며 여신 아테네가 인류에게 전해 준 올리브나무는 아크로폴리스 위에 세워진 에렉테이온 신전 뒤편에 보물단지처럼 모셔져 있다. 지금도 신전 뒤편에 그 흔적이 남아 있다.

실제로 5,500년 전에 크레타 섬에 올리브나무가 존재했었다는 사실이 고고학적 발굴 과정을 거쳐 증명되었다. 또한 5,000년 전에 샘족이 올리브나무를 재배했다는 기록이 있고, 고대 이집트에서는 람세스 2세가 통치하던 기원전 13세기부터 올리브나무를 재배했다. 그러나 오늘날 올리브는 지중해를 대표하는 특산물로 올리브나무 재배의 원류는 지중해 동부 인근에서 찾을 수 있다.

올리브 열매는 기본적으로 녹색을 띠며 즙이 풍부하고 잘 익은 열매는 검고 푸른빛이 돈다. 다른 종류의 열매들이 미숙한 상태에서는 먹을 수 없는 것과 다르게 올리브는 덜 익은 미숙한 상태인 그린 올리브를 식용으로 사용할 수 있다. 그린 올리브는 약간 쓴맛과 매운맛을 갖고 있는데 이것은 올리브의 항산화성분인 폴리페놀의 함량이 높기 때문에 그런 것이므로 건강에 오히려 더 좋다고 할 수 있다. 반면 잘 익은 올리브는 쓴맛이 덜하고 향긋하고 부드러운 버터 맛이 나는 것이 특징이다.

올리브는 질병을 치료하는 진정효과가 있다고 알려져 있으며 불포화지방산이 77%나 들어 있어서 콜레스테롤 생성을 억제하고 심장질환 예방에도 효과가 있다. 뿐만 아니라 최근에는 비타민 E와 폴리페놀이 많아 노화를 방지하는 젊음의 식물로 더욱 사랑받고 있다.

올리브 열매에서 추출한 올리브유는 다양한 요리에 활용되기도 하고 고급 올리브유의 경우에는 매일 그냥 먹는 것이 추천될 정도이다. 고급 올리브유는 일찍 수확한 올리브 열매로부터 만들어지는 것으로 고급 올리브유에서는 과일향이 나고 끝 맛은 살짝 후추와 비슷한 맛이 난다.

올리브유에 관한 오래된 기록은 1963년 이탈리아의 고고학자 파올로 마티아에가 시리아의 텔 마르디 지역을 발굴하면서 출토된 한 점토판에 나타나 있다. 거기에는 5,000년 전 에블라에서 최초로 올리브유를 생산했다는 내용이 적혀 있다. 기원전 3천 년기에 다른 민족들은 올리브유가 무엇인지 알지 못했다.

아편

1881년 12월 6일자 영국의 신문 〈더 타임즈〉에는 다음과 같은 글이 실려 있다.

1. 나의 실제 경험에 의거해 나는 아편을 피우는 것이 인체에 전혀 무해하다는 사실을 증명할 수 있다.

2. 아편을 먹거나 마시는 일은 이와는 달리 매우 위험하다.

3. 그렇긴 하지만 알코올만큼 위험하지 않다.

이러한 기사를 쓴 필자는 인도의 봄베이에 있는 국립중앙경제박물관 관장으로 약물학을 전공한 사람이었다. 이 기사를 보면 아편을 피우는 것은 괜찮고 먹거나 마시는 일은 위험하다는, 언뜻 이해하기 어려운 내용을 담고 있다. 그러나 어쨌든 이 기사로 미루어 짐작하길 당시 영국에서는 아편을 먹거나 마시는 사람이 있었다는 것을 알 수 있다. 실제로 이와나미에서 문고판으로 발행한 번역서 『아편 상용자의 고백』의 원제는 '아편을 먹는 사람의 고백'이다.

엥겔스는 『영국 노동자 계급의 상태』에서 아편이 노동자나 그 가족의 건강을 좀먹을 뿐 아니라 많은 어린이들의 생명까지 앗아가고 있는 현실에 대해 엄중히 경고하고 있다.

> "…이미 영국의 노동자들은 그 약을 마시고 그로 인해 자기 자신을 해치는 것은 물론 제조업자의 주머니에 자신의 돈을 쑤셔 박고 있다. 그러한 약 중에서도 가장 해로운 것의 하나가 아편 중에서도 특히 아편을 알코올로 희석해 묽게 만든 아편 팅크, 즉 '고트프리의 강심제'라는 물약이다. 많은 부인들이 아이들을 조용히 시키기 위해, 그리고 많은 사람들이 생각하는 것처럼 튼튼하게 키우기 위해 아이들에게 이 물약을 먹인다. 때로는 갓 태어난 아이들에게도 일찌감치 이 약을 먹이기 시작함으로써 이 강심제의 유해한 결과도 알지 못한 채 아이들을 죽게 만들고 있다. 아이들의 몸이 아편의 작용에 둔감해지면 둔감해질수록 점점 더 많은 아편을 투여한다."

한편 아편과 관련한 다음과 같은 사례도 있다. 1828년 황달로 사망한 어느 백작에 대해 생명보험회사측은 그가 고체의 아편과 아편팅크를 오랜 세월에 걸쳐 복용했다는 이유로 보험금 지급을 거절했다. 이 일로 인해 아편이 사인으로 작용했는지 아닌지 의견이 법정에서 격렬하게 논쟁되었다. 법정에서는 '아편 유독설'을 채용했지만 민간에서는 의견이 달랐다.

이후 영국에서 아편이 공적으로 금지된 것은 1920년인데 이는 제1차 세계대전 동안 영국 병사들 사이에서 다수의 아편 중독자들이 발생했기 때문이다.

다시 타임즈의 기사로 돌아가서 아편의 유해함에 대한 논란에도 불구하고 어째서 위의 약물학자는 아편을 피우는 일에 대해서는 무해함을 주장했을까? 그것은 아마도 당시 아편을 즐겨 피운 사람들이 중국인들이었기 때문일 것이다.

중국 건륭황제 때 『동화실록』에는 이렇게 적혀 있다.

> "우리 중국의 산물은 부족함이 없이 풍부하여 물자의 수급을 조절하는 데 있어 외국의 산물 따위에 의존할 필요가 없다. 특히 중국에서 생산되는 차, 도기, 생사는 서양의 여러 나라나 귀국의 필수물자이기 때문에 마카오에 양행을 여는 은혜를 베풀어 필요한 물자를 공급할 수 있도록 해 주고 있다. 지금 귀국의 사절이 규정된 액수 이상의 물자를 요청하고 있는 것은 다른 먼 나라 사람들도 배려하여 세계 각 나라에 골고루 은혜를 베풀고자 하는 우리 방침에 어긋나는 것이다. 우리나라가 세계 각국을 거느리고 제어하는 방법은 모든 나라를 공평하게 대하는 것이다."

이것은 건륭황제가 실제로 1793년 영국 사절인 매카트니에게 한 말을 옮겨 적은 것이다.

황제의 주장에 따르면 중국은 물자가 풍부하기 때문에 외국과의 무역을 필요로 하지 않으며 영국에게 차, 도기 등을 수출하는 것은 일종의 '은혜를 베푸는 일'이라는 것이다. 따라서 중국에 뭔가를 팔아줄 필요가 없다는 내용이다.

반면, 영국의 차 수요량은 매년 점점 더 증가했다. 그에 따라 중국으로부터 들여오는 수입량도 계속 증가하게 되는데 영국 동인도회사는 이에 대한 대금을 은으로 결제했다. 동인도회사가 중국산 차를 독점적으로 사들여 본국에서 팔아치우면서 얻는 이익은 막대했지만 이 차를 구매하는 데 들어가는 은은 본국에서 오는 것이 아니라 동인도회사가 독자적으로 마련해야 했다.

마침내 영국 동인도회사가 은 유출을 막기 위해 생각한 방법이 인도의 벵골 지방에서 재배한 아편을 중국에 수출하는 것이었다. 벵골은 1757년 플라시 전투 이후 영국의 지배하에 있던 지방이었다.

영국 동인도회사가 벵골 지방에서 아편을 재배하도록 강요하던 시절, 지방 주지사였던 헤인스팅스는 "생활필수품이 아닌 아편은 외국과의 무역에 사용하는 것 말고는 사용을 허락할 수 없는 유해한 사치품이다. 아편의 독점으로 손해 입을 사람은 아무도 없다."라고 주장했다. 그는 아마도 아편의 유해함에 대해 알고 있었을 것이다.

1773년 이후 아편은 동인도회사의 전매가 되었다. 만일 재배 농민이 회사관계자 이외의 다른 사람에게 판매할 경우 무거운 형벌이 주어졌다.

동인도회사는 그렇게 거둬들인 벵골산 아편을 중국인들의 기호에 맞게 가공하여 중국으로 밀매한다. 그리고 점점 그 양이 늘어나 1800

년 무렵이 되면 거꾸로 중국의 은이 영국으로 유출되기 시작한다.

뒤늦게 아편에 대한 심각성을 느낀 청조는 1729년과 1780년 아편의 금지령을 내린다. 그럼에도 불구하고 이미 아편의 유입은 걷잡을 수 없이 증가하기만 했는데 그 이유는 당시 아편을 중국으로 밀수입하는 지방 무역 상인들이 있었기 때문이다.

영국 동인도회사가 이들 지방 무역 상인의 손을 빌어 중국으로 끌어들인 아편은 중국인의 심신을 좀먹는 동시에 막대한 양의 은을 영국으로 유출시켜 중국 경제에 큰 변화를 초래했다. 그리하여 청조 정부 역시 그에 대한 대책을 마련해야 했는데 이것이 아편전쟁이 일어나게 된 배경이다.

1840년 4월, 영국의회는 271:262라는 근소한 차이로 아편전쟁 비용의 지출을 의결했다. 그 자리에서 글래드스턴은 "이토록 부당한 원인에서 시작한 전쟁, 이토록 영원히 불명예로 남을 전쟁을 이제까지 보지 못했다."고 했다. 영국으로서는 이처럼 불명예스럽고 창피한 역사는 두 번 다시 없을 것이다.

목화

생물학자들은 목화의 원산지를 두 군데로 분류한다. 바로 투르케스탄에서 중국에 이르는 광활한 아시아 지역과 남아메리카의 안데스 산맥 지역이다. 기원전 제3천 년기부터 고대 메소포타미아와 이집트인들은 인도에서 목화를 수입했던 것으로 추정하는데 그들이 이 목화를 어디에 사용했는지에 대해서는 알 수가 없다. 왜냐하면 이집트에서 발굴된 고분에서는 주로 아마천을 사용한 것으로 나타났고 면은 전혀 발견되지 않았기 때문이다.

면이 사용되기 시작한 시기는 기원전 5세기 무렵으로 여타 직물에 비해 늦은 편이다. 한편 중세 시대 유럽에서 사용되던 면은 주로 인도에서 수입되었다. 다만 에스파냐의 경우 아랍인들이 들여온 목화씨를 재배하여 자급자족했다.

유럽에서 제일 먼저 목화에 대해 언급한 사람은 기원전 5세기의 그리스 사람인 헤로도토스이다. 그는 목화를 "울보다 훨씬 아름다운 털

을 열매 맺는 불가사의한 나무"라고 표현했다.

원산지인 인도에서는 다양한 무명이 생산되었지만 특히 유명한 것은 캘리코이다. 이것은 원산지 이름인 캘리컷에서 유래한 것으로 옥양목을 캘리코라 부르는 것도 여기에서 유래한 것이다. 또한 평직으로 짠 목면을 뜻하는 모슬린은 전통적으로 아침 이슬에 젖은 손가락으로 지은 가장 얇은 실을 이용하기 때문에 아주 얇다.

이렇게 만들어진 천이 더 아름답도록 모양을 내는 데는 자수 위에 날염이라는 방법이 사용되었는데 유럽에서는 특히 화려한 무늬를 선호했다. 영국이 인도에서 들여온 유일한 수공예 제품이었던 인도산 무명은 유럽인들의 기호에 맞도록 색채 변형이 가능했고 회사가 유행을 만들어내기도 했다.

실제로 동인도회사는 인도산 무명을 유행시키기 위해 당시 유행을 주도하던 궁정이나 디자인을 선정함에 있어 치밀한 계획을 세우고는 했다. 그러니까 무명의 선풍적인 인기 뒤에는 동인도회사의 고도의 판매 전략과 시장개척을 위한 숨은 노력이 뒷받침되었다고 할 수 있다.

당시 유럽 제1의 모직물 생산국이던 영국에서 인도산 무명이 유행하자 모직물 생산업자들은 맹렬히 반대하며 캘리코 논쟁을 일으켰다. 그로 인해 1700년에는 옥양목 수입 금지법이, 1720년에는 옥양목 사용 금지법이 제정되었다. 그러나 이 두 가지 법은 크게 효과를 거두지 못했다.

한편 남아메리카의 주요 목화 생산국은 멕시코와 페루였다. 이들 국가는 콜럼버스와 스페인 정복자들이 아메리카 땅에 발을 들여놓기 이전 기원전 5세기에서 10세기경부터 목화를 재배했다.

중국에는 송나라 시대 때, 우리나라는 문익점에 의해 14세기 중반, 일본에는 16세기, 유럽에는 15~16세기가 되어야 목화가 전해지는데 이는 이집트나 아메리카에서 생산되던 목면이 근대로 접어든 다음에야 식민지 정책과 함께 퍼져나갔기 때문이다.

에스파냐에서는 13세기, 이탈리아 14세기, 영국 17세기, 봄베이 19세기 무렵에 각각 면 방직공업이 출현했다.

1793년 엘리 휘트니가 목화 따는 기계를 발명하면서 면직물 공업의 기술혁신의 이면에 비참한 역사가 따르게 된다.

원면의 비용을 최소화함으로써 인도 면제품과의 경쟁에서 이기기 위해 영국인들이 묵과한 미국 남부의 비참한 노예 노동이 바로 그것이다. 근대적인 기계제 대량생산과 노예 노동의 갈등으로 인해 미국의 유명한 남북전쟁이 일어났고 미국 남부 지역은 한동안 우여곡절을 겪게 된다.

비록 전쟁과 노예 해방 운동 등으로 얼룩진 역사를 갖고 있지만 1930년에 더스트 형제가 만들어낸 면직기 덕분에 오늘날까지 미국은 주요 면화생산국으로 자리잡고 있다.

카카오

오리노코 강과 아마존 강 유역을 덮고 있는 적도 밀림지대는 인간에게 야생 상태의 마호가니, 카사바속 식물, 고구마, 그리고 카카오나무 등을 제공해 준다.

콜럼버스가 아메리카 대륙을 발견하기 전부터 중앙아메리카, 마야, 아즈텍 문명 등은 카카오 열매를 식량, 음료, 화폐 등 다양한 용도로 응용했다. 크기에 비해 단백질과 지방이 풍부한 카카오 원두는 오래전부터 영양가 높은 식품으로 귀중하게 취급되었다. 카카오는 코코아 분과 코코아버터, 그리고 카페인 성분의 자극제 테오브로민으로 구성되어 있다. 코코아 분은 카카오 원두를 볶아 가루를 빻은 것이며, 코코아 분을 제조할 때 나오는 것이 코코아버터인데 이 코코아버터는 카카오 원두의 56%를 차지한다.

카카오 원두가 귀하게 취급되는 이유는 그 콩의 대부분을 차지하는 이 코코아버터 때문인데 그것은 양질의 식물성 지방으로 인간의 체온에 쉽게 용해되고 소화도 잘된다. 그런가 하면 코코아 분은 식품으로 뿐 아니라 화장품이나 약품으로도 사용된다. 카카오 원두로 만든 초콜릿은 카카오 원두의 가루인 카카오 분에 버터와 설탕을 가미한 것으로 단백질과 지방이 융합되어 독특한 맛을 낸다.

높이가 10미터인 카카오나무에 럭비공 모양으로 생긴 열매가 열리는데 길이가 10~30Cm이며 직경이 5~10Cm인 이 열매 속에 들어 있는 20~60개 정도의 콩을 카카오 원두라 부른다. 멕시코 원주민들은 기원전 1,000년경부터 카카오 원두를 즙으로 만들어 마셔왔다. 이러한 풍습이 마야인, 아즈텍인들에게도 전해지면서 그들 역시 카카오를 생산하기 시작했다.

7세기경 유카탄 반도에서는 귀족의 독점하에 카카오를 신에게 바치는 공물로서 재배했다. 농민에게 카카오 원두로 세금을 내게 했던 아즈텍 왕국 시대에는 화폐로도 이용되었다. 콩 4알은 호박 하나, 10알은 생선 한 마리나 토끼 한 마리, 100알은 노예 한 사람에 해당하는 가치가 있었다고 한다.

또한 아즈텍 국왕인 몬테수마 왕은 카카오를 광적으로 좋아해서 볶은 카카오 원두에 뜨거운 물을 부어 하루에 50차례나 마셨다고 한다. 일단 사용한 컵은 두 번 사용하지 않고 호수로 던져버렸기 때문에 아즈텍 왕국이 멸망한 뒤 그 호수 바닥에서 황금 컵들이 대량으로 발견되었다는 설도 있다.

몬테수마 왕이 카카오 원두를 마시는 것을 본 코르테스는 카카오 원두를 유럽으로 가지고 돌아가 에스파냐 왕실을 비롯한 여러 지역에 그 습관을 전해 주었다. 그러나 유럽에서는 이 습관이 그다지 인기를 끌지 못했다. 카카오 원두와 관련해 1590년 발행된 『신대륙 자연문화사』에서는 "카카오는 실로 요상한 음식이다. 그것을 보기만 해도 구역질을 일으키는 사람도 있다."고 했다.

유럽인들이 카카오 음료를 달가워하지 않은 데에는 다른 이유가 있었다. 그것은 몬테수마 왕을 비롯한 아메리카인들이 즙을 낸 카카오에 옥수수와 고추를 섞어 빻은 뒤 물을 부어 마셨기 때문이다. 당시 아메리카에서는 설탕이 생산되지 않았기 때문이었다. 이 떫고 매운맛은 유럽인들에게 그다지 매력적으로 다가가지 못했다.

그러나 16세기 후반부터 아메리카에서도 설탕 재배가 시작된다. 설탕의 최대 생산지인 발바도스 섬에는 1640년부터 전성기가 찾아온다. 그즈음 에스파냐 사람들도 카카오 원두에 설탕이나 바닐라를 첨가해 마시기 시작하면서 서유럽에도 카카오 열매가 보급된다.

1606년에 이탈리아로 유입된 카카오는 오스트리아의 안나가 루이 13세와 혼인하던 해인 1615년 처음으로 프랑스에 카카오 열매가 도입된 것으로 짐작된다. 이후 1650년 영국으로 전해지며 17세기에서 18세기에는 에스파냐와 프랑스 귀족들의 사랑을 독차지하게 된다. 그 인기가 어느 정도였는가 하면 영국에서는 아예 초콜릿 하우

스까지 지어질 정도였다. 1657년 런던의 한 상점에서는 고형 초콜릿이 판매되기 시작했다. 가격은 500그램당 10~15실링으로 매우 비쌌다.

프랑스의 미식가인 사브아랑은 『미식예찬』이라는 책에서 "위 무력증, 만성병, 스트레스 등에 탁월한 자양 강장제"라고 주장하며 카카오 마시기를 권장하고 있다. 시간이 흐르면서 이러한 문화는 일반 대중에도 서서히 뿌리내리기 시작해 19세기 초에는 영국 해군에서 250톤의 코코아를 소비했다고 한다.

1828년에는 네덜란드인이 카카오 원두의 코코아 분에서 지방을 제거해내는 기술을 발명해 맛 좋고 소화 잘 되는 음료수 코코아를 탄생시킨다.

이후 초콜릿 생산이 시작되고 1828년 네덜란드의 반 후텐은 초콜릿 분말 제조로 특허를 획득했다. 1876년에는 우유를 넣어 마시는 방법까지 개발되어 코코아의 수요는 더욱 확대된다. 같은 해 스위스에서 발명된 밀크 초콜릿은 지금까지도 세계인의 큰 사랑을 받고 있다.

코코아와 초콜릿 생산에 따른 카카오 원두 소비의 증가는 설탕 소비량도 더불어 증가시켰다. 게다가 18세기에 이루어진 커피와 홍차의 보급은 곧바로 설탕 소비의 증가로 이어져 마침내 카카오 원두와 설탕 생산에 종사할 아프리카 노예무역의 확대로 이어지게 되었다.

계피

계피의 원산지는 인도 남부, 실론 섬, 말레이시아 등지이다. 고대인들은 계피를 음식에 넣기보다 향으로 이용했다. 폼페이우스가 죽자 네로 황제는 계피를 태웠다고도 전해진다.

아랍인들과 베네치아인들에 의해 유럽으로 도입된 계피는 13세기부터 본격적으로 소비되기 시작한다. 후추만큼이나 귀했던 향신료로 평가되던 계피는 높은 가격에 거래되었다. 일화에 따르면, 독일의 은행가 푸거가 샤를르 캥 앞에서 돈을 빌려준 것에 대한 감사의 표시로 계피향을 피웠다고 한다. 이 일화는 오늘날 터무니없이 낭비하는 행동에 빗대어 인용되기도 한다.

16세기부터 포르투갈은 계피 무역을 독점해오다시피 했으나 곧 네덜란드와 상권을 나눠갖게 된다. 그 후 네덜란드가 실론 섬에 계피 농업을 집중 육성함으로써 계피 무역은 네덜란드의 손에 넘어갔다. 이후 18세기까지 네덜란드는 세계 계피 무역의 종주국으로 군림하게 된다.

그 후 실론 섬을 비롯한 인도네시아, 브라질, 서인도 제도가 계피의 주요 공급원으로 떠올랐다. 아직까지 프랑스의 알자스 지방과 오스트리아, 독일 등지에는 사과파이나 따뜻한 포도주에 계피향을 첨가하는 습관이 남아 있다.

계피는 혈액순환을 촉진시켜 냉증을 제거하고 식욕을 증진시키며 소화를 잘 되게 돕는다. 위장의 경련성 통증을 억제하고 위장관의 운동을 촉진해 가스를 배출하고 흡수를 좋게 하기도 한다. 장내의 이상발효를 억제하는 방부효과도 있다.

커피

커피의 원산지는 아프리카이다. 아프리카의 적도 지방과 다른 대륙의 적도 지방에서 여러 종류의 야생 커피나무가 자생하고 있다.

15세기 무렵 커피나무는 에티오피아 고지대에서 남아라비아로 전파되었다. 이슬람교도들이 종교행사 중에 즐겨 마시던 커피는 그 후 유럽을 비롯한 세계 각지로 보급되어 사랑받고 있다.

전설에 따르면 예멘의 이슬람 수도원에서 일하던 한 염소치기가 커피의 흥분 효과를 제일 처음 발견했다고도 하고, 고대 아비시니아지금의 에티오피아의 염소치기 소년인 칼디 설도 있다. 하여튼 두 설에 나오는 주인공이 돌보던 염소가 빨간 열매가 달린 작은 나무를 특히 좋아했는데 이것을 뜯어먹고 며칠 밤을 자지 않고 울어댔다는 것이다. 그런 현상을 보고 칼디와 한 염소치기가 잎과 열매를 먹었는데 피곤함도 덜어주고 기분이 좋아진데서 커피를 마시는 풍습이 생겨났다고 한다.

그런가 하면 9세기경 아라비아의 의사 라제스가 최초로 커피의 특성을 언급한 인물로 기록되어 있다. 그러나 커피에 관한 연구를 완성한 사람은 이슬람의 유명한 의사 아비센느였다. 당시 그의 명성은 중세 유럽의 학계에서도 자자했다. 그 후 커피나무 재배가 증가하면서 커피는 널리 보급되었으며 성지 메카에까지 세력을 확장했다.

이윽고 카이로, 알레프, 다마스, 바그다드, 테헤란 등 이슬람 전역에서 커피가 애음되기 시작했다.

1554년에는 콘스탄티노플에 커피를 판매하는 곳이 두 군데나 생겨났으며 터키 제국의 시인, 회교도 재판관, 정부 고관들이 이곳을 드나들었다. 비슷한 시기인 16세기 말엽 유럽에서도 최초로 커피가 사람들의 입에 오르내리기 시작했다. 이탈리아 파두아의 식물학자 프로스페로 알비니는 이집트 방문길에 우연히 커피를 발견하고 그 성분을 과학적으로 자세히 기록했다. 그 후 고전 연구가인 피에트로 델라 발레는 콘스탄티노플에서 처음으로 커피를 마셨다고 기록을 남겼다. 페르시아에 공식 사절로 파견된 토머스 하버트 경은 근동 지방에서 커피가 얼마나 인기 있는 음료인지를 강조했다.

이탈리아에서는 1640년부터, 영국에서는 1652년부터 커피를 마시기 시작했다. 1652년 터키 태생의 유대인 야곱이라는 사람이 옥스퍼드에 유럽 최초의 커피전문점을 오픈했다. 1692년에는 파스카 로제라는 사람이 런던에 최초의 커피전문점 1호를 열기도 했다. 18세기에 이르자 런던에서만 3,000여 개의 커피전문점이 성황을 이뤘다.

처음에 커피전문점은 말쑥한 복장을 하고 누구나 들어갈 수 있는 열린 공간이었다. 그 안에는 다양한 신문과 잡지들이 구비되어 있어서 손님 중에 글을 읽지 못하는 사람이 있다면 대신 읽어주기도 하고 여러 가지 화제에 대해 토론을 하기도 했다. 단순히 커피만 마시는 곳이 아닌 다양한 부류의 사람들이 모여 정보를 교류하고 수집할 수 있는 역할을 했다.

이러한 커피전문점이 유행하기 시작한 17~18세기 영국은 여전히 청교도혁명의 기운이 남아 있어 정치변혁에 대한 열기가 식지 않은 상태였다. 때문에 당시 영국 정부에서는 커피전문점이 성황을 이루며 커져가는 것을 달가워하지 않았다. 실제로 청교도혁명 때 망명했다가 돌아온 찰스 2세에 의해 커피전문점의 폐쇄가 명령되기도 했지만 오래가지 못했고 대신 정부에서는 커피전문점에 스파이를 잠입시켜 거짓언론을 조작하거나 정보를 수집하는 장소로 이용했다.

그러나 1688년의 명예혁명을 거쳐 정치가 안정되자 정치논의의 장으로 활용되던 커피전문점은 그 기능과 성격을 잃어버렸다.

영국 이외에도 커피전문점이 정치적인 역할을 담당했던 나라가 또 한 곳 있었으니 바로 프랑스다. 프랑스는 1660년 마르세이유 항을 통해 이집트로부터 커피를 들여왔다.

1670년경 아르메니아 출신 파스칼은 생트 쥬느비에브 광장 한 귀퉁이에 '메종 드 카우에'라는 커피점을 열었다. 1702년 시칠리아에서 온 프로코프는 코미디 프랑세즈 건너편 생 제르맹 거리 13번지에 커피점을 열었다. 1720년 파리에 문을 연 커피점의 수는 총 380여 개에 달했다. 프로코프의 카페를 비롯한 다른 카페들은 당대 지식인들의 아지트가 되었고 그들의 열띤 토론 속에서 혁명의 씨앗이 움텄다. 이런 의미에서 프랑스 혁명은 커피점에서 시작되었다고 해도 과언이 아니다.

1937년 스위스 네슬레사 실험실에서 모르겐탈러가 최초의 용해성 커피인 '네슬레'를 개발했다. 이듬해인 1938년부터 이 커피가 시판되었다. 1965년 건조 커피의 탄생으로 용해 커피는 한층 더 새로워졌고 커피포트를 이용해 커피를 즐기는 문화는 줄어들게 되었다.

다만 최근에 와서 다양한 커피 머신이 개발되고 캡슐커피 등 다양한 방식으로 커피를 즐길 수 있게 되자 직접 핸드밀로 원두를 갈아 마시는 커피 문화도 수요가 커지고 있다.

재미있는 사실은 교황 클레멘트 8세1592~1605는 '이슬람 이교도의 음료인 커피를 금지해 달라'는 강력한 사제들의 항의를 들었다. 그래서 교황이 직접 커피를 마셔 보았다. 사제들은 교황이 커피를 금해 줄 것

이라고 생각했는데 뜻밖에 교황은 "너무나 맛있는 사탄의 음료를 이교도만 마시게 할 수는 없다."고 하면서 차라리 세례를 베풀어 정식 가톨릭 음료로 만들자고 했다.

이 외에도 수없이 많은 사람들이 커피의 찬가를 만들어 불렀다. 그중에서도 프랑스의 작가 발자크는 물을 거의 타지 않는 커피 가루를 빈속에 털어 넣고는 "정신이 확 깬다. 아이디어가 즉각 행군한다."고 외쳤다고 한다.

홍차

최근에 우리나라에도 홍차와 디저트만 전문으로 취급하는 카페가 생기고 심지어 하루 전에 예약하지 않으면 주문하기 어려운 곳도 있을 정도다. 그러나 뭐니뭐니해도 '홍차' 하면 떠오르는 나라는 영국이다.

실제로 오늘날 전체 홍차 소비량의 약 절반가량을 영국인들이 차지하고 있다. 그만큼 영국인들의 홍차사랑은 대단하다. 식사 때는 물론이거니와 11시와 4시 사이의 티타임이 되면 직장에서는 일제히 하던 일을 멈추고 대화를 나누며 홍차를 즐긴다. 식후에 대형 프랜차이즈 커피전문점으로 달려가는 우리의 모습과는 사뭇 다르다.

그러나 아이러니한 사실은 이토록 홍차를 즐겨 마시며 홍차를 사랑하는 영국인들이 애초에 차라는 게 있는 줄도 몰랐으며 제 나라에서는 생산되지도 않는다는 사실이다. 그렇다면 어떻게 해서 영국인들에게 홍차가 국민적인 음료로 사랑을 받게 되었을까.

일단 어디서나 쉽게 살 수 있는 트와이닝 홍차통에 붙어 있는 설명 문구 내용을 보면 트와이닝이 1706년부터 차 거래를 시작했음을 알 수 있다. 이 광고에서는 실론스리랑카산의 차를 사용하고 있지만 처음부터 그랬던 것은 아니다.

일단 유럽에 제일 먼저 차를 전한 사람들은 네덜란드인들이었다. 당시의 차는 그들이 17세기 초기에 선박을 이용해 일본 규슈에서 실어온 일본 차였다.

1637년 1월 네덜란드 동인도회사의 기록에는 "차가 사람들에게 보급되기 시작했으니 모든 배는 일본 차 외에 중국의 찻주전자도 수배해 오기를 바란다."고 적혀있다.

물론 여기서 말하는 차는 홍차가 아닌 녹차였다.

영국에서 차를 마시는 습관이 뿌리내리기 시작한 것은 1662년에

포르투갈의 공주 캐서린이 찰스 2세의 왕비가 되면서부터다. 그리고 1688년 명예혁명 때 네덜란드에서 윌리엄 3세와 함께 왕위에 앉은 메리 역시 차 마시는 습관을 영국으로 들여왔다. 그 뒤 영국 상류층 부인들 사이에서는 차를 마시는 습관과 함께 중국산 도기와 일본의 '아리타 자기'가 크게 유행했다.

1685년 런던의 동인도회사 본사는 "차는 수요가 날로 늘어가고 있는 상품이다. 궁정 고관들에 대한 선물로도 제격이다. 양질의 신선한 차를 매년 5~6통 보내주길 바란다. 그것을 우려내면 색이 우러나오는데 가장 선명한 녹색이 최상품으로 대접받는다."는 내용의 편지를 마드라스에 보냈다. 하지만 이때까지만 해도 차의 주류는 아직 녹차였다.

1702년 동인도회사가 차를 주문한 구매 기록에는 녹차가 전체 수입량의 5/6를 차지하고 있을 정도다. 그러나 1740년 이후부터 홍차의 수입이 녹차를 웃돌기 시작한다.

영국의 동인도회사가 직접 차를 수입하기 시작한 것은 1669년부터다. 그 이전에는 네덜란드 동인도회사가 유럽에 실어온 차의 일부를 영국이 다시 사들이는 식이었다. 그러다가 18세기로 접어들면서 그 양은 점차 증가한다.

그러나 차의 소비량은 증가했음에도 가격은 크게 낮아지지 않았는데 가장 큰 이유는 고율의 관세 때문이었다. 중상주의 정책의 대표자로 알려진 월폴은 1721년부터 1724년까지 '관세개혁'을 단행한다. 국내의 공업 생산에 필요한 원자재의 수입에는 관세를 감면해 주는 대신 소비, 사치품에 대해서는 관세를 대폭 인상했다. 차의 수입 관세는 최저 65%에서 최고 125%까지 엄청난 고율이었다. 이러한 정책이 1784년까지 유지되었다.

이러한 높은 관세에 대항하여 차 밀수가 크게 성행한다. 네덜란드, 프랑스, 스웨덴, 덴마크 등의 동인도회사는 중국산 차를 영국에 밀수하는 것을 하나의 경영정책으로 삼았을 정도였다. 1773년부터 1782년까지 중국에서 유럽으로 운반된 차의 절반 이상이 영국에 의한 밀수였다고 한다.

관세에 대응하는 또 하나의 방법은 차의 유사품을 제조하는 것인데 1784년 트와이닝 가로 보내진 유사품 제조방법이라는 문서에는 "물푸레나무 잎을 모아 햇볕에 말린 뒤 볶아낸다. 그것을 바닥에 펼쳐놓고 발로 밟아 잎을 잘게 부순다. 다음 녹반과 양의 똥을 섞은 액체에 담갔다가 건조하면 그런대로 사용할 만하다."고 적혀있다.

이처럼 사치스러운 기호품으로 인식되었던 차가 영국의 서민들에게 정착된 것은 18세기 후반, 산업혁명 이후의 일이다.

영국의 산업혁명이란 기계를 사용한 대량생산 체계의 개시를 말한다. 노동자들은 낮은 임금, 장시간 노동을 강요당했다. 그들이 하루의 스트레스를 푸는 데는 술이 더 적합한 조건을 갖추고 있었지만 값싸고 독한 술은 알코올중독이나 일의 능률 저하 등의 문제를 일으켰다.

자연히 값싼 술 대신에 홍차 마시기가 장려되었고 이는 싼 가격에 홍차를 보급해 주어야 하는 또 다른 문제를 가져왔다.

이미 쇄국을 한 일본에서는 홍차를 들여올 수 없게 되자 영국은 중국을 통해 차를 수입하게 되는데 그 대금을 은으로 결산해야 했으며 그 과정에서 영국의 은이 대량으로 중국에 유출된다. 그러자 영국은 은 유출을 막기 위해 인도 지방에서 재배한 아편을 중국으로 수출하기에 이른다. 그 양은 점차로 증가하여 1800년경이 되면 거꾸로 중국의 은이 영국으로 유입되기 시작한다. 이로 인해 또 하나의 비극적이고 영국으로서는 불명예스러운 역사인 아편전쟁이 발발하게 되는 것이다.

와인

오늘날 그리스의 유명한 와이너리의 이름 중에는 그리스 신화에 등장하는 신의 이름이 많이 있다. 이와 관련해서 그리스 로마 신화의 가장 으뜸이 되는 신인 제우스의 바람기에 대한 재미난 이야기들과 연관 지어 생각할 수 있을 것 같다.

그리스 신화 최고의 신인 제우스는 타고난 바람둥이였는데 많은 애인을 거느려 부인인 헤라의 분노를 사곤 했다. 술와인의 신으로 추앙받는 디오니소스 역시 그의 어머니 세멜레가 제우스의 연인이었다고 한다.

헤라는 세멜레를 파멸시키려고 그녀의 어릴 적 유모로 둔갑해 접근한다. 그리고는 제우스에게 신이라는 증거를 보여 달라는 요구를 하도록 지시한다. 세멜레가 계속해서 조르자 제우스는 천상의 갑옷을 입고 나타나지만 인간이었던 세멜레는 그 빛을 감당하지 못하고 재로 변하고 만다. 제우스는 세멜레의 뱃속에 든 아이를 꺼내 자신의 허벅지에 심어 키웠는데 그가 바로 디오니소스이다. 헤라는 디오니소스마저 미치광이로 만들어 세상을 떠돌게 했으나 디오니소스는 포도 재배와 와인 양조법을 세상에 퍼뜨리며 술의 신으로 불리게 된다.

그리스 네메아 지방을 대표하는 와이너리가 바로 세멜레의 이름을 딴 세멜리이다. 세멜리는 그리스 대표 품종인 아기오르기티코로 와인을 만들고 있는데 체리 향과 향신료의 향이 적절하게 배합되어 돋보이는 레드 품종으로 로제와인과 화이트와인까지 만드는 천의 얼굴을 가졌다. 이 아기오르기티코 역시 그리스 신화와 무관하지 않은데 이것은 '헤라클레스의 피'라는 뜻을 가지고 있다. 헤라클레스 역시 제우스가 인간과 바람을 피워 얻은 아들로 헤라가 가만히 두고 볼 리가 없었다. 헤라클레스를 미케네 왕 에우리스테우스의 노예로 만들어 버리고 자유를 얻기 위한 시련을 주었는데 첫 번째가 네메아 계곡의 불사신 사자를 퇴치하는 일이었다. 결국 헤라클레스는 맨손으로 사자를 물리치고 자축하며 마신 와인이 바로 아기오르기티코이다.

신석기 시대부터 인류는 이미 포도나무 재배를 시작했다. 아리아인들, 샘족, 페니키아인들, 이집트인들, 그리스인,

로마인들은 포도주 양조술을 일찍부터 터득했으며 특히 4,500~4,700년 전의 이집트 제4왕조 시대에 그려진 그림에는 포도 수확과 포도주 양조 과정이 묘사되어 있다.

나일 강 삼각주와 중류 지방에 위치한 몇몇 포도 산지는 질 좋은 포도 생산으로 유명했다. 이집트인들은 재배 연도, 산지, 품종 등을 정확하게 분류하기도 했다. 그러나 이는 세제 징수의 편리를 도모하기 위한 것이었다.

와인 제조가 시작된 것은 흑해와 카스피해 사이의 카프카스 지방이었다. 그 후 와인은 메소포타미아, 이집트, 크레타 등을 경유하여 그리스까지 전해졌다.

그리스에서 와인은 포도 열매가 완전히 짓이겨진 뒤 다시 와인으로 태어난다는 점에서 '불사'를 뜻하는 술이 되었다. 이에 고대 그리스에서는 포도주의 신인 디오니소스 축제 때 사람들이 신전 나이온에 모여 포도에서 와인으로 태어나는 기쁨을 체험한다는 뜻에서 밤새 와인을 즐기며 보냈다.

그리스의 최대 축제인 디오니소스 축제는 여성도 일상적인 규범에서 벗어나 자유로움을 만끽할 수 있는 얼마 안 되는 기회였다.

이와 반대로 로마에는 원래 와인을 마시는 풍습이 없었다. 그러나 그리스로부터 포도 재배가 전해진 로마가 포도재배와 와인 생산을 적극 권장하자 유럽의 여러 나라에서도 포도 재배가 확산되었다.

로마에서 와인이 처음 문헌으로 등장한 것은 기원전 121년이다. 초기 로마에서는 여성이 와인을 마시는 것을 금지했는데 이를 어기면 사형에 처할 정도로 강력하게 다뤘다. 여성이 와인을 마실 수 없었던 까닭은 와인의 붉은 빛이 피를 연상시켰기 때문이다. 자녀를 낳는 어머니인 여성이 와인이라는 이질적인 피를 마시는 것은 부정행위와 같은 것이라 생각했다.

한편 세계에서 가장 와인을 많이 소비하고 와인 생산의 중심지 중 하나가 된 갈리아 지방이 바로 오늘날의 프랑스다. 이곳에서 와인용 포도의 재배는 그리스인이 이주했던 갈리아의 항구 마르세유 주에서부터 시작되었다.

프랑스의 최상품 포도 묘목은 기원전 7세기부터 포세아네인들에 의해 그리스에서 수입된 것으로 추정된다. 골 지방 점령 이후 로마인들은 포도재배 확산에 발 벗고 나섰다.

392년 로마 제국의 국교로 공인된 기독교에서는 와인이 예수의 거룩한 피를 상징하는 것으로 여겨져 미사에 이용되었다. 이는 최후의 만찬에서 예수가 그의 제자들에게 와인을 나눠주며 "이것은 내 피다." 라고 했다는 데에서 비롯되었다. 그 결과 로마 제국의 지배가 끝난 뒤에도 와인은 기독교의 종교의식과 결부되어 수도원을 중심으로 양조가 계속되었다.

송진을 바른 커다란 통에서 발효시킨 당시의 와인은 현재 와인과 달리 그대로는 마실 수 없을 정도로 진하고 걸쭉했다. 그래서 그리스, 로마 사람들은 포도주 원액에 물이나 꿀, 맥주 등에 섞어서 마셨다.

중세 시대까지 심지어는 18세기까지도 이들은 물을 2/3 정도 타서 마셨다.

한편 로마인들이 테라코타 항아리에 포도주를 보관했다면 골인들은 포도주 보관을 위한 나무통을 만들어 사용했다. 이 통은 원래 맥주를 담아두었던 것인데 나무통에서 숙성된 포도주는 기포가 일고 맛도 더 뛰어났다.

◉

소금

"모든 길은 로마로 통한다."는 말이 있다. 이 말은 곧 "모든 길은 소금으로 통한다."는 뜻과 같다고 해도 무방하다. 로마가 서구 문명사회의 중심으로 발전한 이유 중 하나가 소금이었다고 한다. 페니키아 시대에 이미 로마 근교 티베르 강 하구에 건설된 염전에서 소금이 만들어졌다.

당시 내륙에서 불에 구워 만든 소금은 운송비가 포함돼 매우 고가였는데, 강가에서 만들어 하천을 통해 로마로 운반된 천일염은 품질이 좋고 가격도 훨씬 저렴했다. 로마 제국 발전의 원동력이 된 유명한 소금길은 기원전 4세기부터 대륙 곳곳으로 연결되었다.

국가 전매사업인 소금 수출이 늘어나면서 로마는 급속히 부강해졌으며, 인구 2백만 명에 이르는 당시로써 가장 큰 도시를 이루게 되었다. 이때 로마는 소금이 화폐 역할을 해 관리나 군인에게 주는 급료를 소금으로 지불했다. 라틴어로 소금salarium은 나중에 급료salary, 샐러리

맨의 어원이 됐으며, soldier군인, salad샐러드 등도 모두 'sal소금'의 접두사와 관련이 있다.

소금 무역으로 부강해진 로마는 대제국으로 통일되고 번영했으나, 1세기경 지중해 해수면이 높아지면서 바닷가 염전을 상실하면서 상황이 달라졌다. 이후에는 흑해에서 소금을 수입하게 됨으로써 중요한 부의 원천을 상실한 로마는 경제력이 점차 쇠락하게 되었다.

6~7세기까지 로마 제국의 작은 어촌이었던 베네치아가 풍족한 항구 도시로 발전한 것도 역시 소금 덕분이었다. 바다에 떠 있는 듯한, 지역적인 특수 환경으로 오늘날 천일염 기술을 개발한 베네치아는 양질의 소금을 생산하여, 당시 비잔틴로마 제국 등 유럽에 소금을 수출하여 큰 이익을 얻었다. 소금으로 돈을 번 베네치아는 당시 실크로드를 통하여 유럽에 들여온 실크, 도자기 등을 거래하여 큰 부를 이뤄 유럽 최고의 무역거래 도시가 되었다.

소금을 중심으로 한 무역은 차츰 유럽 전역으로 확산되어 독일, 스웨덴의 북해 도시들도 발전하고 프랑스 왕실도 소금 전매 수입을 절대 왕권의 기반으로 했으며, 오스트리아 소금의 유통 중심지였던 잘츠부르크Salzburg는 이름 자체가 '소금성'이라는 말에서 유래됐다.

인류 역사상 가장 오래된 도시로 알려진 예리고Jericho는 소금을 쉽게 구할 수 있는 사해 근처에서 탄생했다고 한다. 또한, 가장 먼저 해상무역을 했던 페니키아의 원동력도 소금이었다고 하니, 도시 및 국가의 성립과 발전은 소금과 밀접한 관계가 있다고 할 수 있다.

현재 전 세계적으로 연간 약 2억 톤에 이르는 소금이 생산되고 있다. 소금의 원천은 돌소금, 짠물호수, 소금기가 있는 샘, 바닷물 등 다양하다. 또한 지구상의 모든 지역에서 소금을 채취할 수 있었던 까닭에 제조법 역시 매우 다양하게 발달되어 왔다.

요즘 이용되는 소금의 40% 이상이 돌소금을 원료로 한 것이지만 시대를 거슬러 올라갈수록 바닷물을 이용한 것이 우세했다. 바닷물로 소금을 만들 경우 소금 1톤당 40톤에 가까운 바닷물이 소비된다. 그런 이유로 가장 값싼 에너지원으로 태양 에너지를 이용하는 천일염전 방식이 선호되어 왔다.

순수 염화나트륨이라 할 수 있는 소금은 바다와 지질학상으로 바다였던 곳이 증발해 생성된 두터운 지층에 풍부하게 내장되어 있다. 소금을 지표로 해서 세계사 편도를 짜보면 간결한 일직선이 나온다.

우선 선사 시대 야생 포유동물들이 소금바위로 이어지는 오솔길을 만들었다. 몸에 염분을 필요로 하는 이 포유동물들은 이 오솔길을 따라가며 소금바위를 핥았다. 나중에 인류가 이 동물들을 따라가며 소금 오솔길 주변에서 공동체 생활을 하였다.

신석기 시대에 들어 인류는 정착 농경 생활을 시작했다. 그들의 식생활에도 변화가 찾아왔다. 주식이 염분이 풍부한 사냥감에서 곡물로 바뀌면서 소금을 보충해야 할 필요성이 생겨났다. 그 결과 소금은 초기 물물교환의 주요 품목이 되었다.

소금의 역사적 여정도 일정하다. 가장 오래된 도로는 소금 운반을 목적으로 닦였으며, 가장 오래된 도시 역시 소금의 거래를 중심으로 형성되었다고 전해질 정도로 소금은 인간 생활과 밀접한 관계를 맺어 왔다.

톰북투와 모로코는 육로를 통해 로마와 그리스는 해상로를 통해 소금을 얻었다. 베니스는 아시아에서 들여온 향신료를 팔아 콘스탄티노플의 소금을 구하는 데 고스란히 썼다.

1295년 중국 여행에서 처음 돌아온 마르코폴로는 피에트로 그라데니고 총독에게 위대한 칸의 인감이 찍힌 소금조각이 얼마나 귀한 물건인가를 상세히 설명했다.

한 사람의 개인이 1년 동안 소비하는 소금의 양은 대략 4.5kg이 된다. 중국 명대의 사람인 송응성은 『천공개물天工開物』에서 인간이 보름 동안 소금을 섭취하지 못하면 닭 모가지도 비틀 수 없을 정도로 기력이 소진된다고 했다. 이처럼 소금은 인간이 생활하는 데 반드시 필요한 것이기 때문에 통치수단으로 이용하기에 적절했다.

동서양을 막론하고 소금 소비는 인구수에 비례해서 사람들을 장악하기 좋은 수단으로 이용되어 왔다. 뿐만 아니라 염세나 전매제도 등 국가 재정을 위한 중요한 재원으로 활용되었다.

소금세란 소금 소비에 대한 조세로서 가장 오래된 간접세라 말할 수 있는데 가장 유명한 것은 프랑스의 가벨이다. 이 제도는 여덟 살이 넘는 모든 개인으로 하여금 정해진 가격에 따라 매주 최소량의 소금을 사도록 강제하는 것인데 1382년부터 시작되었으나 전국적으로 실시된 것은 아니었다. 때문에 절대군주제 시기 내내 국왕들의 가장 큰 관심과 고민의 하나는 바로 이 가벨의 전국적인 실시였다. 정부는 가벨제도가 약화되는 것을 막기 위해 1680년 법령까지 시행했을 정도다.

그러나 한때 막대한 국고 수입을 가져다준 이 가벨제도는 청부인들에 의한 착취 및 중간 착취가 극심해지면서 국민의 비난을 견디지 못하고 프랑스 혁명 중인 1790년에 폐지된다. 그 후 1805년, 전쟁 비용을 조달한다는 명목으로 나폴레옹에 의해 부활된 염세는 1945년까지 지속된다.

유럽 국가들 중에서 영국과 러시아는 염세제도가 없는 것으로 유명했다. 그러나 영국은 1694년 염세를 제정했다. 덕분에 실시한 지 3년만에 잉글랜드 은행은 재정 곤란 상태에서 벗어날 수 있었다고 한다. 하지만 1823년 염세를 폐지했다. 러시아의 경우는 표트르 대제가 집권하기 전까지 염세가 없었다. 독일에서는 북부 독일연방이 결성되던 1867년에 염세 협정이 체결되었으며 국내 소비세로서 염세가 신설되었다.

소비세뿐 아니라 소금을 수입할 때 부과하던 관세의 흔적도 세계 곳곳에 남아 있다. 소금과 관련한 가장 의미있고 흥미로운 사건은 영국의 식민통치 시절 인도를 떠들썩하게 했던 간디의 소금행진 사건을 꼽을 수 있다.

1930년 간디의 일명 '소금행진'은 인도 독립 역사상 가장 획기적인 사건이었다. 1930년 3월 12일 간디는 아마다바드의 아쉬람에서 출발하여 24일 동안 3,200여 킬로미터를 걸어 던디 해안에 도착했다. 그리고 '간디만세'라는 열광적인 함성이 들리는 가운데 맨발로 소금 채굴장으로 들어가 소금이 섞인 진흙을 주워들었다. 당시 식민지 인도에서는 소금에 대한 전매제가 실시되고 있었다. 소금세는 토지세, 아편 수입에 이은 세 번째 세원이었다. 가난한 민중에게 부담을 가중한다는 점에서 국민회의파는 소금세를 반대했다. 간디의 정치적 스승이었던 고칼레는 소금세 반대의 급진적 선봉장이었다. 비폭력불복종운동의 일환으로 시작된 간디의 제염운동은 인도 민중의 마음을 움직여 전국적으로 불복종운동이 전개되는 결과를 낳았다.

영국은 이를 탄압함으로써 사태를 타개하려 했지만 이미 손을 쓸 수 없는 지경에 이르렀고 간디와 인도의 총독 어윈과의 사이에 교섭이 시작되어 1931년에 델리협정이 맺어지게 된다. 영국은 정치범의 석방, 몰수 재산의 반환, 자유제염의 허가, 평화적 집회의 허용 등을 인정했다.

설탕

근대는 잎사귀만 먹지만 사탕무는 뿌리를 먹는다. 사탕무는 가느다란 다갈래 뿌리를 갖는다. 이 뿌리가 자라서 설탕이 다량 함유된 사탕무가 된다.

12세기경 독일에서는 사탕무를 가공해 식량으로 이용했다. 15세기경에는 붉은 뿌리 변이종 사탕무가 독일에서 이탈리아로 전해졌다. 19세기 초까지 유럽의 미식가들은 오늘날과는 반대로 속살이 붉은 사탕무보다 노르스름한 사탕무를 더 선호했다.

올리비에 드 세르의 희곡 〈농업극〉은 사탕무의 뿌리에 당분이 함유되어 있음을 암시한다. 그러나 최초로 사탕무에서 당분을 추출해 설탕을 제조한 사람은 독일 베를린의 프레데릭 샤를르 아샤르이다. 그는 당시 영국 상인들에게 설탕 제조법을 누설하지 않으면 충분히 사례하겠다는 제의를 받았으나 단호히 거절했다.

한편 1806년 영국이 서인도제도에서 프랑스로 들어오는 설탕 공급로를 봉쇄하자 나폴레옹은 사탕무 재배에 눈을 돌렸다. 벤야민 들레세르는 제당 발전에 크게 기여한 업적을 인정받아 '레지옹 도뇌르'를 수여받았다. 1812년 3월 황제 나폴레옹은 32,000 헥타르의 농토를 내주며 사탕무 재배를 지시했다. 그는 또 재배 농민들에게 100만 프랑을 원조해 주었다. 하지만 사탕무에서 추출한 설탕이 보편화되는 데에는 오랜 시간이 걸렸다. 1870년의 통계를 보면 전 세계적으로 사탕수수에서 얻은 설탕량은 275만 톤, 사탕무 설탕은 80만 톤, 단풍나무진으로 만든 설탕은 56,000톤에 그쳤다.

그렇다면 설탕을 추출하는 데 가장 많은 비율을 차지하는 사탕수수는 어디에서 유래된 것일까?

기원전 5세기경 다리우스 대왕이 꿀벌의 도움 없이 꿀을 생산하는 인도산 갈대를 발견했다. 근동 지방에서 사탕수수가 재배될 수 있었던 것은 다리우스와 알렉산더 덕분이었다. 기원전 4세기경 인도 원정길에 나선 알렉산더 대왕은 "인도에서는 벌의 도움 없이도 갈대 줄기에서 꿀을 만든다."고 말했다는 기록이 있다. 로마의 역사가 타키투스에 따르면 로마에 파견된 인도 대사가 황제 네로에게 올린 선물 중에 '인도소금', 즉 사탕수수에서 추출한 설탕 덩어리가 포함되어 있었다고 한다.

중국의 『후한서』에는 천축에 '석청'이 있다는 사실이 소개되고 있으며 일본에서는 8세기에 도래한 감진의 헌상품 품목 안에 설탕으로 추정되는 물건이 있었다고 한다.

야생 사탕수수의 원산지는 인도 북부 지방으로 이미 그곳 사람들은 기원전부터 사탕수수를 재배해왔다. 기원전 2세기경부터 중국에서도 사탕수수 재배가 시작되었다. 그 후 아랍인들에 의해 지중해 동쪽 연안에 유입된 사탕수수는 시칠리아 섬, 711년경에는 에스파냐 마디라 섬과 카나리아 군도 등지로 널리 전파되었다. 16세기에 이르러 북아메리카 대륙과 17세기에는 레위니옹 섬 등지로 전해졌다.

이러한 확장세에도 불구하고 사탕수수는 18세기까지 사치품으로 여겨졌다. 설탕은 크게 다섯 가지의 역할을 해왔는데 오랜 옛날에는 약품이나 향료 또는 식탁을 장식하는 설탕과자의 역할을 하였고, 17세기 중반 이후 유럽에서는 감미료나 보존 수단으로서 중요한 역할을 한다. 특히 기호품인 카카오, 커피, 홍차 등과 어우러져 더욱더 귀중한 감미료로 자리잡는다. 커피에 설탕을 넣어 마시는 습관은 터키인들에게서 비롯되었다고 전해지지만 설탕을 첨가한 홍차를 마신 사람들은 영국인이었다.

19세기로 접어들면서 유럽에서는 설탕을 감미료로 사용하는 식습관이 급속하게 확산되어 나간다. 카카오, 커피, 홍차의 소비량이 각각 10배 정도 증가하면 설탕 소비량은 약 30배로 뛰어오르는 상황이 벌어졌다. 이 같은 폭발적인 수요가 카리브 해역에서 설탕 혁명이라 불리는 생산의 비약적 확대를 초래하면서 설탕은 세계 경제와 무역 구조를 규정해가는 세계 상품으로 뿌리내리게 된다.

설탕이 세계적인 상품으로 정착해나가는 과정은 아프리카인 노예무역의 확대와 노예제에 기초한 설탕 플랜테이션이 확대되어 가는 궤적이자 동시에 설탕이 일반 서민들 사이에서도 일용품으로 자리잡아 가는 과정이었다.

대서양 삼각무역 중에서도 특히 노예무역과 설탕무역은 맨 처음 네덜란드가, 이어서 영국과 프랑스가 경쟁적으로 참여했기 때문에 카리브 해역에서는 설탕 플랜테이션 산업이 비약적으로 발전해간다. 더욱이 1575년부터 1650년에 걸쳐 브라질은 엄청난 수의 아프리카 사람들을 노예로 들여와 전 유럽의 설탕 수요를 감당했으며 17세기 전반에는 카리브 해역의 영국령 식민지를 중심으로 이른바 '설탕혁명'이 일어났다.

통계에 의하면 영국 국민의 1인당 설탕 소비량은 1710년부터 1770년 사이에 약 3.5배나 증가했다. 이 같은 현실에 부응해 카리브 해안 영국령 식민지의 설탕 플랜테이션에 의한 조당 수출량도 꾸준하게 늘어났다.

'설탕혁명'이 진행되는 동안 카리브 해역은 소수의 백인 농장주들에 의한 사탕수수의 단일 경작지대가 되었으며 노예로 잡혀온 막대한 수의 아프리카 인들이 효율적인 설탕 생산을 위한 노동력으로 희생되었다.

1806년 대륙 봉쇄로 서인도 제도로부터 사탕수수 공급이 끊기자 프랑스는 나폴레옹의 지시로 사탕무의 재배를 시작했다. 반면 그리스와 로마에는 꿀 이외의 당분 함량 물질이 없었다.

햄버거

햄버거는 간 고기를 납작하게 빚어 그릴에 구운 패티와 양상추, 토마토, 양파 등의 채소를 함께 빵 사이에 끼워 먹는 미국식 샌드위치다. 햄버거를 언제부터 먹기 시작했는지는 명확하게 알려진 바가 없으며 오늘날 형태의 햄버거를 먹기 시작한 것에 대한 설도 여러 가지다. 다만 햄버거라는 이름의 어원이 독일의 지명 함부르크에서 유래된 것으로 '함부르크에서 온 사람이나 물건'을 뜻한다고 한다.

물론 햄버거의 기원은 명확하지 않으나 그 시작은 간 고기를 먹었던 것에서부터 거슬러 올라갈 수 있다. 수천 년 전 고대 이집트인들이 고기를 갈아먹었다는 기록이 전해지는 것으로 유추할 때 인류의 역사 초기부터 인간은 고기를 다지거나 갈아 먹을 줄 알았던 것으로 보인다.

13세기 칭기즈칸은 몽골 제국의 기마병을 이끌고 유라시아 대륙을 정벌할 때 며칠씩 쉬지 않고 말을 달리면서 먹을 수 있는 음식을 찾게 되었다. 그리하여 먹고 남은 양고기 부스러기를 납작한 패티로 만들어 말의 안장에 넣고 다니면 말을 타는 동안 반복해서 눌러주는 효과가 있어 고기가 부드러워지고 익히지 않고도 먹을 수 있다는 사실을 알아냈다.

1238년 쿠빌라이 칸이 모스크바를 점령하면서 러시아에 몽골 제국의 고기를 갈아먹는 문화가 전해졌다. 러시아인들은 생고기를 갈아 다진 양파와 날달걀을 넣고 양념해 타르타르 스테이크를 만들어 먹었다.

이후 러시아 타르타르 스테이크는 17세기 독일 최대 항구 도시 함부르크에 전해졌다. 질 낮은 고기를 갈아서 향신료로 간을 하고 생으로 먹거나 익혀서 먹던 '함부르크 스테이크'는 선원들을 통해 다시 뉴욕으로 전해졌다. 1850년대 오랜 항해 동안에도 먹을 수 있게 하기 위해 함부르크 스테이크를 만들 때 소금간을 하고 살짝 훈제를 하기도 했다. 또한 간 고기만으로는 너무 단단해 물에 적신 빵가루와 다진 양파를 섞어 만들었다.

19세기 초반 독일 이민자들이 미국으로 오면서 소개한 양념된 간 쇠고기 요리가 1826년 뉴욕의 델모니코스 레스토랑에 '햄버거 스테이크'라는 이름으로 처음 등장했다.

이런 햄버거 스테이크가 언제부터 현재의 모습을 갖추게 되었는지는 여러 의견이 존재하는데 첫 번째 설은 찰리나그린에 관한 것이다. 1885년 위스콘신 주의 세이무어에서 열린 박람회에서 처음으로 햄버거를 판 사람은 15세의 찰리나그린이었다는 것이다. 그는 처음에 미트볼을 먹기가 쉽지 않다는 점에 착안해 미트볼을 납작하게 만들어 빵에 끼워 팔았다. 이후 그는 햄버거 찰리로 불리며 매년 박람회에서 햄버거를 팔았다. 세이무어 시는 2007년 위의 사실에 근거해 세이무어 시가 햄버거의 본고장임을 내세우며 햄버거 명예의 전당을 짓고 매년 8월 페스티벌을 열고 있다.

햄버거의 유래에 관한 두 번째 설은 오하이오 주 아크론의 프랭크와 찰스 멘체스 형제는 돼지고기 패티로 만든 샌드위치를 만들어 미국 중서부에서 열리는 여러 박람회에서 판매했다. 이들은 1885년 뉴욕 주의 햄버그에서 열린 박람회 참가 도중 재료가 떨어지자 쇠고기를 이용해 패티를 만들어 빵 사이에 넣어 팔았다. 적당한 이름을 고민하다가 지역 이름을 따서 햄버거라 불렀다. 그래서 뉴욕 주의 햄버그 시는 그곳이 햄버거의 본고장임을 내세워 1985년에 100주년 기념행사를 열었다.

이 모든 유래설이 빵 사이에 패티를 넣어 판 것과 달리 1891년 오클라호마에서 오스카 웨버 빌비는 처음으로 번 사이에 패티를 넣은 햄버거를 팔았다. 빌비는 미국의 독립기념일인 7월 4일에 손수 제작한 그릴에 쇠고기 패티를 구워 부인 패니가 만든 번에 끼웠고 루트비어를 곁들여 이웃과 나누었다. 그 후로도 그는 매년 독립기념일마다 햄버거를 만들어 사람들에게 대접했고 오클라호마 주 역시 이 사실에 근거하여 오클라호마가 진정한 햄버거의 본고장임을 어필하고 있다. 이외에도 미국의 각 지역에서는 각각 고기를 갈거나 다져서 만든 패티를 빵 사이에 끼워 팔았다는 원조설이 수없이 많이 등장한다.

1929년 대공황이 시작되고도 햄버거의 수요는 줄지 않았으나 제2

차 세계대전이 발발하면서 싼 값에 노동력을 제공하던 젊은이들이 참전을 위해 일자리를 떠나고 소고기의 공급 또한 제한되면서 햄버거 시장은 위축되었다. 전쟁이 끝나고 1950년대에 접어들고 나서야 햄버거는 중소도시 개발과 함께 지역 곳곳으로 확산되었고 어디서나 쉽게 먹을 수 있는 미국의 대표음식으로 자리잡았다.

이러한 배경에는 베이비붐 세대와 세계적인 패스트푸드 체인으로 성장한 맥도날드, 버거킹의 역할이 컸다. 특히 맥도날드의 더블 아치 모양의 'M'자 로고를 앞세워 세계 각국으로 뻗어나가고 있으며 2014년 기준으로 발표된 자료에는 세계 100여 국가에 3만5천여 개의 매장을 운영하고 있다고 한다.

영국의 『이코노미스트』가 제안한 빅맥지수는 각국의 구매력 평가를 비교하는 지표로 이용된다.

◉

후추

오늘날의 사람들은 불과 700년 전까지만 해도 후추가 얼마나 귀한 향신료였는지 상상조차 못할 것이다. 중세에는 매우 비싸다는 뜻으로 '후추처럼 비싸다'라는 표현을 썼다. 당시 사람들은 후추, 생강, 계피, 장뇌 등의 향신료를 금이나 약재용 저울에 달았다. 금이나 은붙이가 귀하던 시절에 후추는 화폐 기능까지도 담당했다. 후추로 세금을 납부하고 몸값을 치르기도 했을 정도다.

테오프라토스와 히포크라테스가 살던 그리스 시대에는 인도산 식물의 열매인 후추가 있었다. 그 후 후추는 그리스 정복과 함께 로마 제국에도 널리 보급되었다. 십자군의 뒤를 이어 제노바 인들이 유럽에 후추를 전파하는 데 앞장섰다. 그 후 후추 무역권은 베니스에서 포르투갈, 포르투갈에서 네덜란드로 옮겨갔다. 네덜란드의 향신료 무역 독주를 견제하기 위해 영국과 프랑스는 방법을 세워야 했다. 그래서 그 이름도 숙명적이라 할 수 있는 피에르 포아브르불어로 후추를 의미가 인도네시아로 비밀 항해를 떠났다가 돌아오는 길에 육두구 정향 종자를 들여와 프랑스령 섬에 뿌렸다. 후추 일색이었던 향신료 시장에 치명타를 가하려는 의도에서였다. 그러나 영국과 심지어 프랑스조차도 이미 17세기 말부터 인도에서 후추를 재배했다. 19세기에 후추는 어떤 의미에서 통화가 되어 있었다.

후추는 1세기의 로마인, 13세기의 중국인, 16세기의 유럽인 등 많은 사람들의 마음을 사로잡아 인도로 향하게 만들었다. 후추 수요의 증가는 마침내 생산지에도 영향을 미쳐 자바와 수마트라 등 동남아시아까지도 후추를 재배하게 된다.

또한 20세기 들어서면서 브라질에도 일본인 이민자에 의해 후추 재배가 시작된다.

우리가 흔히 후추라고 부르는 것은 남인도 말라바르가 원산인 후추이다. 후추는 덩굴성 식물로 수분을 풍부하게 함유한 작은 이삭 모양의 열매를 맺는다. 이 열매가 채 여물지 않았을 때 수확해 건조하면 흑후추가 되고, 완숙한 열매의 표피를 제거하고 건조하면 백후추가 된다. 아시아의 후추는 북인도 원산의 나가고쇼, 인도네시아 원산의 쿠베바, 자바 나가고쇼가 있지만 모든 것을 통틀어 그냥 후추라 부른다. 종류는 다양하지만 그 향이나 효능은 서로 비슷하기 때문이다.

고대 인도에서는 나가고쇼를 관통상, 타박상 등에 효능이 있는 약으로 소개하기도 한다.

페르시아를 통해 지중해로 전해진 후추는 기원전 4세기경에 고대 그리스인들 사이에서 희귀한 의약품으로 널리 알려져 있었다. 후추가

양념으로써 기능하게 된 것은 로마인들에 의해서다. 지리학자 스트라본에 의하면 후추 무역의 번영을 이룬 시기는 이집트가 로마의 지배하에 놓인 후라고 한다. 이 무역에 대해서 『에리트라해 안내기』라는 기록이 남아 있는데 기록에 의하면 홍해나 예멘에서 출발해 계절풍을 이용하여 북인도 구라자트 지방의 발리가사나, 남인도 말라바르 지방의 무지리스에 도착한 로마인들이 후추를 사들였다는 내용이 있다.

중세 유럽에서 페스트의 유행으로 많은 인구가 감소하면서 사람들의 생활수준은 오히려 향상되고 육식 문화도 더 넓게 퍼져나갔다. 그에 따라 14세기 말부터는 고기의 노린내를 없애고 방부제로 사용하기도 적합한 후추의 수요가 더욱 증가했다.

후추는 고기와의 궁합이 최상이었지만 소금에 절인 생선, 말린 생선, 올리브유를 이용한 음식에도 잘 어울렸다. 당시 후추 무역은 베네치아의 상인들이 독점하고 있었지만 15세기 말이 되면서 베네치아로 유입되는 후추의 양이 급속히 줄어들면서 가격이 두 배 이상 폭등하게 된다.

이 무렵 왕실 재정의 확충을 위해 후추 무역과 같은 이권 사업에 눈독을 들이고 있던 에스파냐와 포르투갈이 새롭게 부상하게 된다.

특히 포르투갈의 경우 1498년에 바스코 다 가마가 남아프리카를 경유해 인도 항해에 성공한 것을 계기로 본격적인 후추 무역에 뛰어들게 된다. 하지만 이들은 후추 무역을 독점하는 데 성공하지 못한다.

중국에서 후추라는 명칭이 처음 발견된 것은 『후한서』를 통해서였다. "서방의 이란인들이 전했다는 뜻을 담은 호, 매운맛의 과실이란 뜻의 초가 합쳐진 이름"이라고 한다. 수입량이 별로 많지 않았던 초기에는 약재로만 취급되었는데 특히 불로장생, 정력증진에 특효가 있다고 믿었다.

후추의 효능을 『신수본초』에서 "맛이 맵고 몹시 후끈거리며 독성이 없다. 주로 마음을 가라앉히고, 몸을 덥게 하며, 담을 삭이고, 장부의 냉한 기운을 제거한다. 서융에서 생산되며 음식을 조리하는 데 이용된다."고 설명하고 있다.

당 태종은 나가고쇼를 이용한 약탕으로 설사를 치료했다는 이야기도 있다. 중국에서 후추를 양념으로 쓰기 시작한 것은 송나라 이후부터다. 음식이 곧 보약이라는 생각에서 비롯된 것이다. 현재 후추의 주요 생산지는 인도와 동남아시아로 전체 생산의 약 85%를 차지한다. 그 다음으로 생산량이 많은 나라는 브라질인데 브라질은 20세기가 되어서야 일본인들에 의해 후추가 처음 도입된 나라다.

빵

신석기 시대 가장 흔한 음식 형태는 걸쭉한 죽이나 뜨거운 돌 위에 올려진 넓적한 전병이었다. 종종 우연히 결정적인 결과를 가져올 때가 있다. 빵도 마찬가지였다. 고대 헤브루 인들은 무심코 밀반죽을 내버려 두었다가 몇 시간 후에 다시 집어들곤 했다. 이렇게 부풀려진 반죽을 구워 전병을 만드니 전보다 훨씬 맛이 좋았다.

하인리히 야곱의 저서 『빵의 역사』를 보면 이집트에서 부풀어 오른 빵이 만들어진 한참 뒤에도 그리스, 로마, 게르만 등 다른 나라 사람들은 빻은 밀가루를 물에 섞어 죽으로 끓여 먹거나 뜨거운 돌에 납작하게 구워 먹었다고 한다. 다른 나라 사람들은 밀가루 반죽이 부패하지 않도록 보관하는 데 주력했다면 이집트인들은 밀가루 반죽이 발효하는 과정을 연구했다. 그들이 어느 날 시큼해진 반죽을 구우면 부풀어 올라 훨씬 깊은 맛과 향을 내는 다른 음식이 된다는 것을 알게 된 이후 그들은 한 걸음 더 나아가 공기에서 효모를 얻는 까다로운 방법 대신 시큼해진 반죽 한 조각을 떼어내 보관했다가 새 반죽에 섞어 보았다. 역시 똑같이 맛있는 빵이 만들어졌다. 이렇게 해서 효모를 이용한 빵이 생겨나게 되었다.

자연계에 있는 야생의 효모천연효모는 당분을 찾아 밀가루 반죽에 들어앉는다. 천연효모는 이곳에서 당분을 먹는 대신 이산화탄소를 배출한다. 밀가루 반죽에서 만들어진 글루텐 조직은 이산화탄소를 꽉 붙잡아둔다. 이 반죽을 구우면 이산화탄소가 풍선처럼 부풀어 오르면서 맛있는 빵이 된다. 효모의 어원이 그리스어로 '끓는다'는 뜻을 가지며 이것은 효모에 의한 발효 과정 중에 이산화탄소에 의해 거품이 많이 생기는 것에서 유래했다.

하지만 천연효모는 자연 상태에서 얻기 힘들고 어떻게 다루느냐에 따라 맛에 큰 차이가 있으므로 이를 이용해 빵을 만들기 위해서는 상당한 경험과 지식이 필요하다. 시중에 판매되는 대부분의 빵은 이스트를 이용한다. 이스트는 천연효모를 인위적으로 대량 배양한 것으로 일정한 상태로 발효시키고 특정한 맛을 유지하기 쉽게 고안되었다.

빵의 역사를 이야기할 때 효모의 발견이 가장 커다란 이슈였다면 두 번째 위대한 발명은 화덕이다. 이것은 그

리스인들에 의해 고안되었다. 고대 그리스 시대에는 집집마다 화덕을 두었으나 관리 부주의로 화재가 잦았다. 이렇게 되자 각 가정은 개인용 화덕을 버리고 공용 화덕을 이용하기 시작했다.

한편 최초의 빵집도 그리스인들에 의해 설립되었다. 고대 그리스 시대 빵의 종류는 72가지가 넘었으며 향을 첨가하여 맛을 돋았을 정도로 우수한 수준이었다. 그 후 로마인들도 맛좋은 그리스 빵에 관한 소문을 알고 있던 터라 거액을 들여 그리스 제빵업자들을 로마로 모셨다. 기원전 10년경 아우구스투스 황제 치세하에 로마에 상주하던 그리스 제빵업자들의 수는 329명을 헤아렸다. 그 후 로마인들이 골 지방을 점령하면서 화덕과 제분기가 처음 전해졌다. 그러나 빵집이 소기업화된 것은 생 루이 통치 시절인 1230년경부터이다.

피자, 생각만 해도 입안에 침이 고인다. 오늘날 가장 사랑받는 음식의 하나이며 이탈리아를 대표하는 음식으로 파스타와 함께 꼽히는 피자는 간단하게 배달시켜 먹을 수도 있을 정도로 대중화되었다.

시몬느 드 보봐르의 소설 『데 망다랭』에는 '발랄한 분위기에 가격도 저렴한' 피자가게에 대한 묘사가 나온다. 1950년대 초 프랜시스 크레시가 니스에 프랑스 최초의 피자가게를 열었다. 장사는 대성공이었고 몇 년도 채 안 되어 피자가게는 프랑스 전역으로 번져나갔다.

피자는 언제 생겨났을까? 그리스 시대에 뛰어난 제빵기술자들이 많았다는 사실을 고려해 볼 때 피자 또한 고대 그리스, 로마인들이 만들어냈을 것으로 추정된다. 사실 로마 제국이 들어서면서 이탈리아 남부 지방과 시칠리아 섬까지 피자의 세력권이 되었다.

둥글고 넓적한 반죽 도우를 부드럽게 굽고 기름을 발라 마늘, 양파, 올리브, 향신료 등 각종 채소를 골고루 올린 다음 치즈가루를 뿌리면 맛있는 피자가 완성된다. 특히 중세 이탈리아 남부 지방은 이 전통을 잘 보존했다. 현대 피자의 창시자를 나폴리의 제빵업자 라 파엘레 에스포시토로 꼽는 사람도 있지만 엄밀히 말해 그는 전통을 그대로 답습한 것에 불과했다.

업무에 시달리는 현대인들은 한 손에 샌드위치를 손에 들고 일을 한다. 좀체 한 가지만 할 수 없는 현대인의 비애. 인간의 기본욕구이자 즐거움의 하나인 음식을 먹는 일마저도 편히 즐기기 어렵다는 사실이 안타깝다. 이렇게 바쁜 현대인에게 안성맞춤인 음식이 바로 샌드위치가 아닐까. 빵 두 조각 사이에 버터를 바르고 햄을 끼워 넣는 전통 샌드위치는 1762년 영국 샌드위치 가문에서 생겨났다. 샌드위치 가문의 4대 백작 존 몬테규는 카드놀이에 빠져 식사를 거르는 일이 종종 있었는데 이것을 고민하던 요리사가 즉석에서 간편하게 먹을 수 있도록 새로운 요리를 고안해 낸 것이 샌드위치의 시작이었다고 한다. 몬테규는 이 새로운 요리를 좋아하였고 다른 사람들도 곧 이 요리를 모방하게 되었다. 그 후 샌드위치는 영국 전역으로 전파되었고 빵 속을 채우는 재료도 무궁무진하게 개발되었다. 이러한 요리법이 프랑스에 도입된 것은 19세기 무렵이다.

한편 그 후 영국 해군성 초대장관에 오른 존 몬테규는 탐험가 제임스 쿡의 태평양 항해에 많은 도움을 주었다. 쿡은 그 은혜에 보답하고자 폴리네시아의 한 군도를 샌드위치 섬으로 명명했다. 이곳이 바로 오늘날의 미국 50번째 주에 해당하는 하와이다. 하지만 1779년 2월 14일 쿡과 그의 부하들은 샌드위치 섬의 식인종들에 의해 죽음을 맞았다.

바삭하면서도 촉촉하고 버터향이 입 안 가득 진하게 퍼지는 크로와상은 두어번 베어 물면 사라져서 아쉬움을 남긴다. 보름달처럼 크고 넉넉하게 만들었다면 좋았을텐데….

흔히 프랑스에서의 아침식사에는 크로와상을 빼놓고 생각할 수 없을 정도로 인기다. 그렇다면 크로와상의 탄생지는 어디일까? 프랑스일까? 정답은 아니다. 프랑스의 대표 아침식사로 인기가 높은 크로와상은 사실 헝가리에서 탄생한 음식이다. 크로와상은 프랑스어로 초승달이라는 뜻인데, 1683년 헝가리에서 오스트리아로 전해졌고 루이 16세의 왕후였던 마리앙트와네트에 의해 프랑스로 전해지게 되었다.

크로와상은 1636년 오스트리아의 수도 빈이 트루크 군대에 포위되자 오스트리아의 제빵 기술자가 창고에 있는 밀가루를 꺼내러 갔다가 투르크 군대의 공격 계획을 우연히 듣고 적을 격퇴하게 되었다는 이야기가 있다.

이 공로로 제빵 기술자는 명문가의 훈장을 제과점 브랜드로 사용할 수 있는 특권을 부여받았다고 한다. 이에 대한 답례로 제빵 기술자는 투르크군의 반달기를 본뜬 초승달 모양의 빵을 만들게 되는데 이것이 크로와상의 시초이다.

장미

보티첼리의 유명한 명화 〈비너스의 탄생〉이라는 작품을 보면 비너스의 왼쪽에 여러 송이의 꽃이 공중에 떠 있는 것을 볼 수 있다. 그것이 바로 장미이다.

그리스 신화에서는 비너스가 자신이 다른 신들과 같이 아름다움을 창조할 수 있다고 믿어서 땅에 장미꽃을 탄생시켰다는 이야기가 있는데 그 정도로 장미의 아름다움과 향기에 대한 사람들의 사랑은 과연 꽃 중의 꽃, 지극하고 오래된 이야기라고 할 수 있다.

장미는 우리나라와 같은 북반구 온대지방과 아한대지방에서 주로 자라는 꽃이다. 그래서 고대 이집트를 비롯해서 바빌로니아, 페르시아, 중국 등 여러 지역에서 다양한 종류의 장미가 재배되었고 처음에는 향료나 약용으로 채취되다가 점차 관상용으로 재배하게 되었다.

서양에서는 특히 고대 로마 제국 사람들이 많이 길렀다고 한다. 로마 시대에는 전쟁에 승리한 군대가 개선할 때 군중들이 발코니에 나와 장미꽃잎을 뿌렸다. 또 장미가 영원한 생명을 뜻한다고 해서 장례식에서도 많이 사용되었고 묘지에도 많이 심었다.

그리고 그리스도교 이후에는 성모마리아를 상징하는 꽃으로서 사랑받기 시작했다. 그래서 가톨릭에서는 묵주를 장미 '로즈'에서 나온 '로사리오'라고 부른다.

비너스 신화에서도 알 수 있듯이 고대 시대에도 장미는 우아한 여성미 또는 관능적인 아름다움을 상징하며 사랑받았다. 특히 클레오파트라는 장미를 아주 좋아해서 장미 향수를 뿌리고 장미 꽃잎을 넣은 욕조에서 목욕을 했다. 연인인 안토니우스를 만날 때는 장미 향기가 나도록 하기 위해 거실과 침실에 장미를 가득 채우기도 했다.

뿐만 아니라 나폴레옹이 황제가 된 이후에는 황후 조세핀은 파리 서쪽에 있는 마메종 성을 구입하여 나폴레옹과 함께 장미정원을 꾸미

는데 정원사를 외국에 보내 장미 종자를 모아오게 하고 나폴레옹도 원정 중에 부하들을 시켜 새로운 장미 종자를 발견하면 마메종으로 보내라고 할 정도였다.

조세핀은 장미를 얼마나 좋아했는지 나중에 자신의 이름 중간에 로즈를 추가하기도 했고 아들을 낳지 못해 이혼한 후에도 마메종 성에 남아 장미를 가꿨고 식물화가에게 장미 그림만 그리게 할 정도였다. 마메종의 장미정원은 세계 최초의 장미정원이고 지금도 프랑스의 대표적인 관광명소로 자리하고 있다.

1455년에 시작해서 30년 동안 벌어진 영국의 '장미전쟁'은 왕위 계승을 놓고 두 가문이 벌인 전쟁이었는데 랭커스터 가문은 붉은 장미를, 요크 가문은 흰 장미를 각각의 문장으로 삼고 있었기 때문에 장미전쟁이라는 이름으로 불리게 된 것이다.

나중에 두 가문의 결혼으로 화해하면서 튜더 왕조가 탄생하는데 이때 양가의 장미를 합하여 새로운 '튜더 장미'를 만들었고 이후 장미는 영국의 국화가 되었다.

장미에 대한 끔찍한 사랑은 미국인들 역시 마찬가지인데 미국인들의 집 정원에는 장미가 빠지지 않고 심어져 있을 정도다. '아메리칸 뷰티'라는 미국산 붉은 장미가 유명하다. 이 꽃은 수도 워싱턴 DC를 상징하는 꽃으로 알려져 있으며 가장 고급스러운 장미 또는 전형적인 미국 미인을 지칭한다.

유럽과 서양에서 특히 많은 사랑을 받는 장미는 그 원산지가 의외로 중국과 인도이다. 이 식물은 기원전 300년경 프톨레마이오스가 통치하던 이집트에 전해졌다. 호메로스의 작품에 비너스가 물과 장미로 아킬레스의 시체를 향기롭게 치장하는 장면이 있다. 헤브루 인들에게도 페니키아산 장미가 전해진 것으로 보인다. 기독교 세계에서 장미는 곧 순결함으로 통한다. 557년경 사망한 노아이옹의 주교 생 메다르는 지혜롭고 순결한 처녀에게 장미관을 씌워주었다.

18세기 말까지 유럽에서 화려한 꽃망울을 터뜨린 장미는 대부분 십자군들에 의해 전해진 품종이다. 1750년 이후 중국에서 돌아온 여행자들이 진홍색 장미를 들여오면서 새로운 시대가 열렸다. 오늘날 장미는 식물학자들의 수백 번의 교배 실험에서 나온 것으로 그 옛날 앗시리아 칼데아 지방에서 방향제로 또는 상처와 치질 치료를 위해 재배되던 장미와는 전혀 다른 것이다. 3,500만~7,000만 년 전의 지층에서 오늘날과 비슷한 장미 화석이 발견되기도 했지만 차이가 있기는 똑같다.

바나나

인도와 말레이시아가 원산지인 바나나는 1,000여 종이 넘는 만큼 그 역사도 오래되었다. 그러나 2016년 현재 바나나는 멸종 위기에 처해 있다고 할 만큼 어려움을 겪고 있다.

바나나는 선사 시대 인류가 재배한 최초의 과일이라고 알려져 있으며 인간의 역사와 함께 오랜 시간 궤를 같이 한 작물이라 볼 수 있다.

바나나는 흔히 키가 크기 때문에 나무라고 오해하지만 실제로는 파초과에 속하는 지구상에서 가장 거대한 풀의 종류이다. 보통 과일에는 씨가 있지만 바나나에는 씨가 없거나 흔적만 남아 있을 뿐이다. 씨가 없는 대표적인 과일인 바나나는 번식 능력 없이 세계에서 가장 많이 재배되는 과일이 됐다.

바나나의 재배 시기는 정확하지 않지만 기원전 8000년~기원전 3000년경 동남아시아 지역에서 먹을 수 있었고, 그 후 기원전 2000년~기원전 500년까지 인도와 동아프리카로 전해져 이집트 등에도 교역품으로 반입되었다고 한다.

미국에 전해진 것은 포르투갈 인이 바나나를 발견한 15세기 이후의 일이며 서아프리카에서 아이티를 경유하고 중앙아메리카나 남아메리카로 건너갔다고도 한다. 신기한 것은 미국은 전 세계에서 가장 많이 바나나를 소비하는 나라의 하나이지만 미국에서는 바나나가 재배되지 않는다.

야생 바나나나무는 인도 동부에서 중국 남부에 걸친 광활한 지역에서 자생한다. 인류 역사 초기에 힌두스탄에서 바나나를 재배한 흔적이 있다. 대략 3000년 전부터 바나나는 세계 대부분의 열대지방에서 재배되어 왔다. 동방을 여행하고 돌아온 사람들의 여행담을 통해 프랑스에서는 18세기부터 바나나 열매가 알려졌다. 여행객들은 바나나를 '천상의 사과'라고 전했다.

재미있는 것은 성경에 나오는 선악과를 많은 사람들이 사과라고 생각하지만 그것이 사실은 바나나일 수도 있다는 이야기다. 사실 성경에서 선악과가 사과라고 단정 지은 적은 없다. 에덴동산의 이야기와 비슷한 내용이 전해지는 코란에서는 오히려 그 열매가 바나나일 것이라는 암시를 나타낸다고 한다.

열대지방에서 재배되는 바나나는 1980년대까지만 해도 우리나라에서는 귀한 과일로 비싼 값에 팔렸으나 지금은 가장 흔하고 싼 과일이 되었다. 이것은 글로벌 기업 '치키타, 유나이티드 프루트, 스탠더드 프루츠' 등의 바나나 회사 덕분이다. 이들로 인해 플랜테이션 농장과 철도와 항구 도시들이 건설되었고 인류 역사에도 많은 영향을 미쳤다.

바나나 기업의 역사는 곧 제국주의와 노동착취, 세계화라는 명목으로 이루어지는 자본과 노동이동의 부작용 등 인류 역사의 부정적인 측면들을 많이 드러내고 있다. 미국의 막강한 군사력의 지원을 업고 이들 회사는 라틴아메리카의 바나나 노동자들을 억압해왔다. 마르케스의 소설 『백년의 고독』의 하이라이트에서 노동자들의 파업과 계엄군의 무차별적인 총격으로 진압되는 장면은 실제로 일어났던 '콜롬비아 바나나 대학살' 사건을 배경으로 쓴 것이다.

1928년 10월 콜롬비아 바나나 노동자 3만2천 명이 파업을 시작했고 곧이어 12월에 계엄령이 선포되었으며 이튿날 시에네 광장에 모인 바나나 노동자 3천 명이 학살되었다. 라틴아메리카 독재는 바나나 회사들과 유착하며 더욱 심해지게 된다. 그러나 파나마병과 같은 돌림병이 돌자 글로벌 바나나 회사들은 기존의 농장을 버리고 새로운 농장을 찾아 떠난다.

이처럼 바나나 산업은 노동자들을 착취하며 성장했고 이제 인류에게는 없어서는 안 될 먹거리가 되었다. 특히 아프리카 주민들에게는 쌀이나 밀보다 더 주요한 식량원이다.

사과

사과는 인류에게 가장 친숙한 과일의 하나이다. 원산지는 중앙아시아의 초원지대로 알려져 있다. 고대 그리스나 로마 시대에 즐겨 이용되었고 17세기에 미국에 전파되었으며, 우리나라에서는 광무 10년1906년 뚝섬에 원예모범장을 설치하고 각국에서 각종 과수의 개량품종을 도입할 때 사과도 함께 도입된 것으로 알려지고 있다.

사과는 연평균 기온이 8~11℃의 비교적 서늘한 기후에 적당한 온대 북부과수이다. 우리나라는 사과 재배에 기온이 알맞고 사과나무 재배가 가능한 유효경사지가 많기 때문에 전체 과수 재배 면적의 약 40%를 차지하고 있다.

사과의 품종은 매우 많으나 우리나라에서 주로 생산되는 것은 축, 욱, 인도 골든, 국광, 홍옥, 스타킹, 후지부사, 델리셔스, 골든델리셔스 등이다.

사과의 성분 중 가장 중요한 당분은 10~15%가량인데, 대부분이 과

당과 포도당으로 흡수가 잘된다. 이 밖에도 유기산과 펙틴 성분은 장의 규칙성을 주어 변비에 효과적이다. 사과는 생식하거나 과실 샐러드의 재료로 쓰이거나 사과주, 사과초, 사과주스, 사과잼 등의 가공품으로 이용된다.

인류 역사상 중요한 몇 가지 사과 이야기가 있는데 첫 번째가 가장 많은 사람들이 알고 있는 성경에 나오는 아담의 사과이다. 성서의 선악과는 사과가 아니라 바나나라는 설도 있다. 하여튼 성서의 창세기에는 에덴동산에 살던 아담이 하느님이 절대 따 먹지 말라고 했던 한 열매를 훔쳐 먹는 이야기가 나온다. 선악을 알게 하는 나무의 열매를 먹으면 하느님처럼 지혜로워질 거라는 뱀의 유혹에 넘어간 이브가 먼저 과일을 따서 먹고 아담한테도 먹으라고 권하는데 결국 아담과 이브는 풍요를 약속했던 에덴동산에서 쫓겨나 남자인 아담은 힘든 노동의 짐을 지게 되고 여자인 이브는 출산의 고통을 겪게 된다는 줄거리다.

흔히 성서에 나오는 선악의 열매는 사과로 알려져 있다. 선악의 열매, 즉 사과를 먹은 아담과 이브는 비로소 자신의 몸을 돌아보게 되고 벌거벗은 자신의 몸을 부끄러워한다. 이때부터 아담과 이브는 인간으로서 자각을 하고 부끄러움이라는 감정을 느끼게 되는 것이다.

아담과 이브가 사과를 따 먹으면서 인류 역사는 새롭게 출발하게 되었다. 아담과 이브는 단순히 신의 창조물이 아니라 신의 지배에서 독립해 자아를 가진 인간, 지혜로운 인간Homo Sapiens으로 태어나게 되었다. 또한 이것은 서양 문화를 이루는 두 개의 기둥 중 하나인 크리스트교의 시작을 의미하기도 한다.

두 번째는 그리스 로마 신화의 파리스의 황금사과 이야기이다.

유일하게 신들의 결혼식에 초대받지 못한 불화의 여신 에리스는 연회석 한복판에 '가장 아름다운 여신에게'라고 쓴 황금사과를 던짐으로써 신들에게 소외당한 데 대한 영특한 복수를 한다. 이때 헤라와 아프로디테와 아테나 세 여신은 모두 황금사과가 자기 것이라고 주장하는데 여신들의 싸움에 휘말리기 싫었던 제우스는 세 여신을 이데산으로 보내고, 그곳에서 제우스의 양떼를 돌보던 양치기 파리스에게 가장 아름다운 여신을 판결하는 일을 맡긴다.

세 여신은 자신에게 유리한 판결을 얻어내기 위해 파리스에게 서로 다른 제안을 하고 헤라는 권력과 부를, 아테나는 전쟁에서의 영광과 공명을, 아프로디테는 가장 아름다운 여자를 아내로 맞게 해 주겠다는 약속을 했다. 파리스의 선택은 아름다운 아내를 제안한 아프로디테였다. 공교롭게도 가장 아름다운 여자는 스파르타의 왕 메넬라오스의 아내인 헬레네로 이미 결혼을 한 여자였지만 파리스는 헬레네를 설득해 트로이로 데려가고 이로 인해 트로이 전쟁이 일어나게 된다.

파리스의 사과는 크리스트교와 함께 유럽 문화의 바탕이 된 그리스 로마 신화의 이야기로 자유롭고 활기 넘치는 신화의 세계는 유럽 문화를 더욱 풍요롭게 이끌었고 지금도 사람들에게 풍부한 상상력과 영감을 제공하는 원천이 되고 있다.

세 번째는 빌헬름 텔의 사과로 독일의 극작가 실러의 작품 「윌리엄 텔」에 나오는 이야기이다. '윌리엄 텔'은 독일어 빌헬름 텔의 영어식 발음이다. 14세기 스위스는 오스트리아 합스부르크가의 지배를 받고 있었다. 이곳에 총독으로 부임한 게슬러는 높은 장대에 모자를 걸어 놓고 그곳을 오가는 사람들에게 반드시 인사를 하게 했는데 마침 아들과 함께 그곳을 지나던 빌헬름 텔은 인사를 하지 않고 그냥 지나치고 만다. 결국 빌헬름 텔은 체포되었고 명사수로서의 명성을 익히 알고 있던 총독은 그에게 한 가지 제안을 한다. 감옥에 가든지, 아니면 50미터 떨어진 벽에 아들을 세워 놓고 아들 머리 위에 있는 사과를 화살로 맞혀 죄를 용서받든지 하는 선택을 하게 한다.

물론 맞히지 못하면 빌헬름은 자신의 손으로 아들을 죽이는 결과를 초래할 것이었으나 명사수의 명성에 걸맞게 빌헬름 텔의 화살은 아들의 머리 위에 얹힌 사과의 중앙을 통과한다. 그런데 화살 통에서 두 개의 화살을 꺼낸 것을 본 총독은 나머지 화살의 용도를 물으니 "만약 실패하면 당신을 쏘려고 했소."라고 응수해 감옥에 갇히고 만다. 하지만 빌헬름 텔은 감옥에서 탈옥해 군대를 이끌고 합스부르크가의 지배에 맞서 싸워 스위스의 독립을 이끌게 된다는 줄거리이다. 빌헬름 텔의 사과는 인간에 의한 인간의 지배를 거부하여 약소국의 독립운동에 불을 지피는 도화선이 되었다.

네 번째는 뉴턴의 만유인력법칙을 발견하게 한 사과다. 1665년 영국에는 전염병이 돌아 케임브리지대학도 18개월 동안 긴 방학에 들어가게 되었다. 케임브리지대학 학생이던 뉴턴은 어머니가 사는 작은 마을로 돌아가 연구에 전념하다 어느 날 우연히 떨어지는 사과를 보며 "왜 사과는 아래를 향해 떨어지는가?" 하는 물음에서 출발해 유명한 만유인력의 법칙을 발견하게 된다.

뉴턴 이전까지 서양 사람들은 땅과 하늘, 두 개의 세계로 이루어져 있다고 생각했다. 당시만 해도 갈릴레이가 피사의 사탑에서 물체를 떨어뜨린 후 낙하 시간을 계산하는 방법을 알고 있었고, 케플러에 의해 행성의 운동도 알려졌지만 갈릴레이의 지상 운동과 케플러의 하늘에서의 운동은 서로 다른 법칙에 의해 움직이는 것으로 생각했다.

뉴턴의 사과는 이 두 운동이 결국 같은 것이라는 사실을 증명하는 계기가 되었고 지구 둘레를 도는 행성인 달과 땅에 떨어지는 사과는 똑같은 운동을 하고 있고 땅과 하늘의 세계는 하나의 법칙이 작용하는 하나의 세계임이 밝혀지게 되었다. 이로써 인간은 이성에 의해 우리가 살고 있는 자연과 우주를 이해할 수 있게 되었다.

다섯 번째는 예술계를 대표하는 폴 세잔의 사과다. 프랑스 상징주의의 거장 드니는 이렇게 말을 했다. "역사상 유명한 사과가 있는데 첫째는 이브의 사과, 둘째는 뉴턴의 사과, 나머지 하나는 세잔의 사과다."라고 한 데서 세계 3대 사과라는 말이 생겼다. 세잔의 사과는 단순히 "나는 사과 한 알로 파리를 정복할 것이다."라고 해서 유명한 것이 아니라 폴 세잔의 사과로부터 현대미술이 꽃을 피웠기 때문이다.

그 밖에도 한 입 베어 먹힌 스티브 잡스가 만든 애플사의 사과는 황금비율로 유명하다. 많은 동화와 신화에 나오는 사과, 그림의 소재로 사랑받으며 인간에게 가장 많은 영감을 주는 것이 바로 사과다.

튤립

세상의 많은 꽃 중에서 튤립만큼 많은 사랑을 받은 꽃도 드물 것이다. 흔히들 장미를 꽃의 여왕, 혹은 꽃 중의 꽃이라고 표현하지만 튤립의 인기에 비할 바가 아니다. 튤립의 아름답고 탐스러운 꽃봉오리는 많은 애호가들의 단순한 사랑을 넘어 한때 유럽에서 투기의 대상이 되기도 했을 정도다.

튤립의 원산지는 근동 지방, 즉 지중해 남부, 러시아 남부, 코카서스, 이란 등이다. 그러나 어떤 품종은 유럽 남부, 아프리카 북부, 아시아 온대지방, 멀리는 일본 등을 원산지로 한다.

어쨌든 현재의 튤립은 16세기에 처음 터키로부터 네덜란드로 유입되었을 때보다 백 배는 더 다양해지고 화려해졌다.

한 가지 주목할 점은 17세기 초, 전 유럽을 강타했던 튤립 열풍이다. 튤립 파동Tulip mania은 17세기 네덜란드에서 벌어진 과열 투기현상으로, 사실상 최초의 거품 경제 현상으로 인정되고 있다.

당시는 네덜란드 황금 시대였고, 튤립의 제2의 고향이라고 할 수 있는 네덜란드에서 뛰어난 원예가들이 튤립의 품종개량에 혼신을 기울인 덕분에 각양각색의 튤립이 등장하게 되었다. 한편 같은 시기에 네덜란드는 최초로 주식회사를 설립했으며 곧이어 증권거래소도 문을 열었다. 그러던 중 네덜란드에 새롭게 소개된 식물이었던 튤립의 구근이 너무 높은 계약 가격으로 팔리다가 갑자기 가격이 급격하게 하락한 일이 일어났다. 이 시기 투기꾼들은 희귀한 튤립 알뿌리를 구하는 데 혈안이 되었고 특히 어떤 구근은 엄청난 값에 거래되었다.

1630년대 튤립에 대한 사재기 현상은 꽃이 피지 않았는데 미래 어느 시점을 정해 특정한 가격에 매매한다는 계약을 사고파는 선물거래까지 등장할 정도였다. 1630년대 중반에는 뿌리 하나가 8만7천 유로약 1억6천만 원까지 치솟았다.

1637년 2월이 되자 튤립 파동은 정점에 달했다. 튤립은 숙련된 장인이 버는 연간 소득의 10배보다 더 많은 값으로 팔려 나갔다. 그러나 어느 순간 가격이 하락세로 반전되면서 팔겠다는 사람만 넘쳐났으므로 거품이 터졌다. 상인들은 빈털터리가 되었고 튤립에 투자했던 귀족들은 영지를 담보로 잡혀야만 했다. 이러한 파동은 네덜란드가 영국에게 경제대국의 자리를 넘겨주게 되는 한 요인이었다.

튤립 파동은 역사상 기록된 최초의 투기로 인한 거품이었다. '튤립 파동'이란 용어는 이제 거대한 경제적인 거품자산 가격이 내재적인 가치에서 벗어날 때을 가리키는 은유로 자주 사용된다. 1637년 결국 이 투기 열풍을 잠재우기 위해 공권력까지 동원되었다. 참고적으로 이때부터 일반

대중들도 증권거래에 맛을 들였고 사회 전 계층이 유가증권의 개념에 익숙해지게 된다.

툴립 버블은 남해 거품 사건잉글랜드과 미시시피 계획프랑스과 함께 근대 유럽의 삼대 버블로 꼽힌다.

실용에서 태어난 문화

◉

토기

오늘날 그릇은 여자들의 욕망을 나타내는 물건이 되었다. 아름다운 그릇에 먹기 좋게 음식을 담아내는 것도 즐거운 일이지만 그냥 그릇을 모으는 데 많은 시간과 돈을 투자하기를 아끼지 않는 사람들도 있다. 그릇에 대한 여자들의 욕심은 끝이 없다. 살림에 눈을 뜬 여자라면 누구나 아름다운 그릇에 음식을 담아 성의껏 세팅하는 일에 싫증을 내지 않는다. 그것은 맛있는 음식을 보다 먹기 좋게 담아내는 것 외에도 흔히들 말하는, 음식을 눈으로 먹는다는 말과 일맥상통하는 면이다. 아름다운 것을 싫어하는 여자들이란 없으니까.

이처럼 어느덧 그릇이란 단순히 음식을 담는 기능 외에도 그릇을 사용하는 사람의 미적 감각, 생활수준 등을 드러내는 척도로서 심지어 예술의 영역으로 취급할 수 있을 정도의 문화로 자리매김 되었다.

그렇다면 사람들은 언제부터 그릇에 음식을 담아낸다는 생각을 하게 되었을까? 태초의 인류는 나무에서 막 채취한 열매나 사냥을 한 고

기를 그냥 날것 그대로 먹을 수밖에 없었다. 그러다가 불을 발견하게 되면서 인류의 식생활에는 큰 변화가 일어나게 된다. 음식을 익혀 먹을 수 있게 된 것이다. 그냥 불에 그을려 구워먹는 방식 외에도 찌거나 삶는 등 다양한 조리법이 개발되기 시작했다.

이렇게 음식을 가열해서 먹는 방식은 섭취할 수 있는 음식의 종류를 비약적으로 증가시킴으로써 인류의 식생활을 아주 획기적으로 바꾸어 놓았다고 해도 과언이 아니다. 이렇게 음식을 조리하게 되면서 가열한 음식을 담거나 저장하기 위한 도구가 필요하게 되었다. 그렇다고 처음부터 오늘날과 같은 형태의 그릇이 생겨난 것은 아니다.

처음에는 음식을 조리할 때 화로나 달군 돌을 이용했으나 약 9,000년 전 농사라는 형태로 곡물이 재배되기 시작하면서 점토로 모양을 만들어 불에 구운 뒤 단단하게 하여 사용했다. 이것이 최초의 그릇, 토기의 시작이라고 할 수 있다.

토기를 이용해 재료를 물에 삶거나 끓일 수 있게 되면서 농업도 더불어 더 번성하고 발전하게 되었다. 토기의 발명은 인류의 조리 문화, 식 문화를 획기적으로 변화시킨 하나의 사건이었다. 토기의 발명으로 인해 인류 식생활의 수준은 매우 높아질 수 있었다.

하지만 토기가 토기로서 제대로 된 모양을 갖추게 된 것은 그보다 조금 후의 일이다. 4대 문명 주변에서는 약 8,000년 전부터 토기가 사용되었다. 농경의 시작과 더불어 식량을 저장하거나 익혀 먹기 위한 용기로서 토기가 본격적으로 만들어진 것이다. 초창기 토기는 일반적으로 음식을 끓이는 데 사용하는 깊은 바리형으로 만들어졌다.

그러다가 문명이 발달하고 사람들의 욕구가 늘어남에 따라 세계 각지에서는 각자 독특한 형태와 색채가 가미된 토기가 만들어지기 시작했다. 이런 토기는 각 지역에 거주하는 사람들의 생활양식과 미의식 등을 반영하며 고유한 구조를 가지고 있어서 문화의 공통성, 계보 등을 연구하는 기준으로도 중요한 역할을 하고 있다.

현재 세계에서 가장 오래된 토기는 시베리아 아무르 강 유역의 유적지에서 발굴된 것으로 약 1만3천 년 전의 항아리형 토기다. 이것은 어유정어리 등에서 얻은 기름를 저장하기 위한 것으로 보인다.

벽화

벽에 그림을 그리거나 새기는 것은 후기 구석기 시대까지 거슬러 올라간다. 벽화는 당시 사람들의 생활 모습이나 환경 등을 짐작할 수 있게 하는 중요한 유물이다. 벽화는 인간의 본능적인 욕구, 표현에의 욕구에 의해 생성된 산물로 문자가 없던 시대에는 그림을 그림으로써 중요한 정보를 전달, 교환할 수 있었다. 무덤의 벽화는 이집트 고왕조 시대에서 시작되어 에트루리아의 고분 벽화를 거쳐 중세 기독교도들의 카타콤으로 계속되었다.

궁전이나 신전의 벽화로는 이집트의 고왕조 시대 유적인 히에라콘폴리스벽화와 크레타섬의 미노아왕조 궁전 벽화 등이 유명하다. 1세기경의 폼페이 유적의 건물 벽화들은 로마 시대의 일반 벽화의 유행을 보여 주고 있다.

동양에서는 인도의 아잔타 석굴의 벽화가 가장 오래된 것으로 전해진다. 이러한 벽화의 전통은 중앙아시아의 여러 석굴, 즉 바미얀, 호탄,

미란, 키질, 투르판 등의 석굴 벽화로 전해져 인도의 전통을 이어받으면서도 각기 개성 있는 양식으로 발전되기에 이른다.

중국에서는 한나라 이래로 궁실, 고분의 벽화 장식이 보급되었다. 그러나 5세기 이후로는 불교 사원·석굴 등의 벽화 장식이 유행하였다. 그리고 중앙아시아를 통하여 인도와 서양의 화법도 소개되었다.

중국의 벽화로서 가장 유명한 것은 돈황의 석굴 사원 내의 벽화인데 남북조 시대에서 원대에 걸쳐 풍부한 주제에 의한 많은 그림들이 가득 그려져 있어 중국 미술의 보고를 이루고 있다.

벽화의 기법은 그 역사가 오래된 만큼 납화법, 템페라, 프레스코 등 많은 종류가 응용되어 왔다. 고대 이집트나 그리스에서는 안료를 빻아 용해된 백랍에 섞어 굳힌 고형 물감을 쇠 팔레트에 녹여 뜨거운 동안

에 표면에 그리는 납화법이 사용되어 왔다. 그리고 유화가 그려지기 이전에는 안료를 물에 탄 계란 노른자나 흰자위 등의 단백질 용액의 교질에 섞어 그린 템페라 기법도 많이 사용되던 기법 중의 하나였다.

벽화는 표면이 다듬어진 돌벽이나 나무벽 따위에 직접 그리기도 하지만 회칠을 하고 그 위에 그리는 것이 보통이었다. 이 경우 벽이 마르기 전에 그리는 것을 프레스코법, 다 마른 다음에 그리는 것을 섹코법이라고 불렀다.

이외에도 법랑, 유화, 액체 규산염을 사용하는 방법 등 다양한 기법이 있다. 하지만 고대부터 가장 많이 사용되던 기법은 프레스코법이었다. 하지만 동양의 벽화들은 거의 섹코법에 의존하여 그려졌던 것으로 보인다.

한편, 돌에 새기는 경우는 대상물을 실루엣으로 나타내는 법과 선으로 윤곽·세부 등을 나타내는 두 가지가 있었다. 실루엣 그림에는 배경을 깎아서 도드라지게 하는 것과 배경을 남기고 대상물을 깎아 내는 두 종류가 있다.

벽화에 사용되는 물감은 광물질이 주로 사용되었는데 식물의 즙이나 동물의 배설물이나 인조물감이 쓰인다. 색채는 대개 백색·흑색·적색·황색·청색·녹색 등이 주류를 이루며 그 혼합색도 쓰였다.

우리나라의 벽화는 건물 벽화와 고분 벽화로 크게 나눌 수 있었는데 모두 삼국 시대부터 시작되었다. 건물 벽화에서는 사찰 벽화가 조선 시대까지 계속되었다. 그리고 고분 벽화는 고구려 시대에 크게 유행하여 그 여맥이 조선 시대까지 이어졌다.

시간과 달력

옛날 사람들은 계절이 바뀌는 것이 천체의 움직임과 관련이 있다는 것을 일찍부터 알고 있었다. 고대 이집트 사람들은 별자리 위에서 움직이는 태양의 위치를 살피는 것으로 계절의 변화를 미리 예측할 수 있었고, 초저녁 해가 진 직후 북쪽 지평선 위에 놓인 북두칠성의 모양이나 북쪽 하늘 위로 지나가는 별자리를 보고 봄이 시작되는 것을 알았다.

특히 고대 마야인들은 태양, 달, 행성을 그들의 생명을 관장하는 신이라고 믿었다. 태양을 비롯한 행성 등이 자신들을 지켜준다고 굳게 믿었던 마야인들은 신들의 움직임을 유심히 관찰할 수밖에 없었다. 그들은 결국 지구 주위를 이 신천체들이 일정한 주기로 회전한다는 사실을 발견하게 되었고 이것을 토대로 달력을 만들었다.

마야의 달력은 29일과 30일을 주기로 하는 태음월력, 6개월을 주기로 하는 태음력, 260일을 주기로 하는 탁금력, 365일을 주기로 하는 태양력 등이 있다. 마야인들이 계산해 낸 1년은 정확히 365.2420일로 우리가 첨단 천문장비로 관측해서 계산해 낸 365.242196과 거의 흡사하다. 그러니 당시 마야인들의 계산이 얼마나 정확했는지를 알 수 있다.

천체 운행의 규칙적인 주기로부터 시간의 흐름을 측정하여 만든 역법은 시간을 구분하고 날짜에 순서를 매겨 나가는 것으로, 역에 작용되는 것은 밤낮이 바뀌는 것, 사계절의 변화가 일어나는 것, 달의 위상이 변화하는 것 등이다. 이것은 태양과 지구, 달이 서로 밀고 당기며 스스로 돌고 있기 때문에 일어나는 현상이다. 고대 천문학자들도 이들의 천구 운동을 보고 하루나 한 달 또는 1년의 길이를 정하였다. 그러나 한 달과 1년이라는 주기가 1일의 정수가 안 되므로, 이것을 조정하는 방법에 따라 여러 가지 역법이 고안되었다.

'달력calendar'이라는 말은 라틴어로 '흥미 있는 기록' 또는 '회계 장부'라는 뜻의 '칼렌다리움calendarium'에서 유래되었다고 한다. 고대 로마에서는 제관이 초승달을 보고 피리를 불어 월초임을 선포하였다고 하는데, 이때 매월 초하루의 날짜를 'calend'라고 하였다. 조명이 좋지 못했던 당시의 밤길에는 초승달이 뜨는 것보다 더 반가운 일이 없었기 때문에 초승을 중요한 기점으로 생각했던 것이다.

연年·월月·일日은 각각 독립된 3개의 주기인데, 이것들을 결합시키는 방법이 쉬운 일이 아니므로 이에 대한 방안으로 각 주기에 대해 구체적으로 기록해 놓은 책을 만들게 되었다. 역서에는 천문력·항해력·농사력 등의 전문력과, 우리들이 평소에 쓰는 상용력 등이 있는데, 이

중 상용력에는 연·월·일·주뿐만 아니라 춘분·추분·하지·동지 및 각종 축제일 등이 기재되어 있고 주로 일상생활이나 종교 의식을 치를 때 사용되었다.

고대 그리스 신화에서 시간 개념은 오직 두 가지, 즉 밤과 낮뿐이었다. 그 후 계절을 상징하는 네 종류의 시간이 생겨났다. 그러다가 낮을 12시간으로 나누었다.

한편 시간에 대해 더 철저했던 로마인들은 해질 무렵부터 시작하여 시간을 24등분했는데 이것이 오늘날 하루가 24시간인 유래이다.

프랑스에서는 태양이 천정점을 지날 때를 기준으로 24시간을 나누었다. 1583년 갈릴레오가 진자의 등시성을 발견한 후로 매시간을 똑같이 나눈 것으로 추정된다.

기원전 약 2,000년경부터 중국인들은 1년이 365일로 되어 있고 매 4년마다 하루가 추가된다는 사실을 알고 있었던 것으로 추정된다. 그래서 중국식 달력에는 4년마다 한 번씩 윤달이 끼어 있었다.

역법은 기본 주기를 어디에 두느냐에 따라 달라진다. 기본 주기를 달의 삭망에 두었을 때의 역을 태음력이라 하고, 태양의 운행에 두었을 때는 태양력이라고 한다. 또 달과 태양 두 천체의 운행을 함께 고려한 것을 태음태양력이라고 한다.

역사적으로 볼 때 태음력이 가장 일찍 알려졌으며, 이어 태음태양력·태양력의 순으로 쓰인 듯하다. 당시 사람들의 시각으로 볼 때는 달의 삭망 주기가 사계의 순환 주기보다 더 뚜렷하게 나타났기 때문에 태음력이 먼저 만들어졌을 것으로 판단된다.

지구의 자전 주기는 1태양일의 기준이 되고, 지구의 공전 주기는 1태양년의 기준이 되며, 달의 공전 주기는 1태음월의 기준이 된다. 가장 널리 이용되어 온 태양력은 고대 이집트력, 고대 로마력, 율리우스력, 그레고리력으로 발전해 왔다. 그중 최초의 실용적인 역법은 이집트인들에 의해 만들어지고 로마인들에 의해 서유럽에서 1,500년 이상 사용된 율리우스력이다.

로마 제국의 정치가 카이사르Caesar, Julius는 달력에도 큰 관심을 가져 기원전 46년에 달력을 만들었다고 한다. 당시에 사용하던 로마력은 불완전한 것이었는데, 때마침 이집트를 원정했던 카이사르가 그곳에서 사용하는 간편한 역법을 알아내고 자기 나름대로 로마력을 개정하였다. 이것이 율리우스력으로 오늘날 사용되는 달력의 시초가 되었다. 율리우스력도 한때는 100년마다 하루씩 늦어지고 날짜가 맞지 않는 등 매우 혼란스러운 일이 있었지만 점차 수정되었다.

당시 로마의 위정자들은 자신의 공적이나 명성을 남기는 데 달력을 이용하였는데 카이사르도 예외는 아니었다. 자신이 탄생한 7월을 자기의 이름율리우스으로 만들었는데, 이것이 현재 July7월의 어원이다. 율리우스력은 로마 제국 영토 내에서 널리 사용되었고, 전 유럽에 점차 보급되어 16세기 말까지 쓰이다가 그레고리력으로 이어졌다.

오늘날 우리가 사용하고 있는 그레고리오 책력은 1582년 로마교황 그레고리오의 요청에 따라 천문학자 루이기 릴로가 재정한 것이다. 그는 1년을 365일 5시간 49분 12초로 정했다. 끝자리가 00으로 끝나는 해를 제외한, 4로 나누어 떨어지는 해를 윤년으로 정했다.

그레고리력은 로마 교황 그레고리우스 13세가 제정한 태양력으로 오늘날 거의 모든 나라에서 사용하는 세계 공통력이다. 가톨릭교회의 축제일인 부활축일의 날짜에 사소한 의견 충돌이 발생하여 이를 해결하기 위하여 모든 그리스도교인들이 같은 날에 기념하기로 하였고, 그 방안으로 낮과 밤의 길이가 같게 되는 춘분일을 율리우스력에 따라 3월 21일로 확정하였다.

당초 율리우스력은 많은 장점에도 불구하고 계산에서 작은 편차가 있었다. 즉, 16세기에 이르러서 천문학적인 계산보다도 약 10일이 빠른 오차가 생겨서 이를 바로잡기 위하여 1582년 개정하여 그레고리력으로 부르게 되었다. 개정 내용은 첫째로 1582년 10월 4일 다음에 곧바로 1582년 10월 15일이 따르도록 하여 위에서 설명한 10일의 편차를 제거하였으며, 둘째로 400년마다 3일의 윤일을 공제시키는 것이다.

오늘날 가장 널리 사용 중인 그레고리력은 1699년에 신교를 믿는 독일의 소국가, 1752년에는 영국과 그 식민지, 1753년에는 스웨덴, 1873년에는 일본, 1912년에는 중국, 1918년에는 소련 그리고 1923년에는 그리스에서 채택하여 사용함에 따라 전 세계로 퍼져 나갔다.

대한민국은 음력 1895년 9월 9일, 조선정부가 같은 해 음력 11월 17일을 1896년 1월 1일로 하고, 청의 연호를 버리고 태양력 채택을 기념하여 건양이라는 독자적 연호를 사용하기로 결정한 을미개혁 이래 현재까지 그레고리력을 사용하고 있다.

화폐

화폐라는 개념은 인간이 처음부터 작정하고 만들어 낸 물건은 아니었다. 농경이나 유목 생활이 시작되면서 남는 물건은 서로 물물교환을 하여 사용했기 때문에 화폐라는 개념이 필요치 않았다. 그러나 이 과정에서 어느 특정한 상품에 대한 가치가 두드러지기 시작했고, 마침내 그것으로 다른 물건들의 가치를 나타낼 수 있게 되면서 자연스럽게 화폐의 역할을 수행했던 것으로 추측하고 있다.

물물교환의 품목으로 가장 많이 거래되는 물건은 지역이나 시대에 따라 차이가 있었고 통화의 역할을 하던 물건 역시 다양했다. 유목 지역에서는 양이나 소 같은 가축이나 피혁 제품 등이, 농경사회에서는 밀이나 쌀 같은 곡물이나 올리브유 등의 기름이 통화로 사용되었다. 로마에서는 소금이 병사들의 급료로 지급되었고, 서태평양 아프리카 지역에서는 돌, 멕시코에서는 카카오, 안데스 고원에서는 코카 잎 등이 통화의 역할을 도맡았다.

그러나 통화로 사용하기 위해서는 보관이 용이하며 가지고 다니기에도 가벼워야 했다. 때문에 많은 지역에서 이러한 조건을 충족시키는 대체물로 희귀한 조개를 이용하게 되었다. 잘 알려져 있듯 조개껍데기가 그런 조건을 충족해 화폐로 많이 사용되었기 때문에 돈과 관련된 한자에는 조개 '패貝'자가 들어가게 된다. 이처럼 통화의 탄생은 물물교환을 상품의 매매로 변화시켜 나갔다.

금속을 다루는 기술이 세련되게 발달하면서 많은 지역에서 사용하던 조개화폐는 점차 사라지기 시작했다. 금속은 적은 양에 비해 교환가치가 크고 들고 다니기에도 적합했다. 게다가 닳아 없어지거나 상하는 일도 없었고 적당한 분량으로 분할할 수도 있었으니 무척이나 실용적인 것이었다. 그중에서도 특히 금이나 은은 기본적인 조건들을 만족시키면서도 생산량이 적어 가격 안정을 이루기 쉬웠고 녹슬지 않아 늘 아름다운 상태를 유지할 수 있었다.

고대 그리스 역사가 헤로도토스는 최초로 금이나 은을 경화로 주조하여 사용한 곳이 리디아였다고 썼다. 실제로 리디아의 수도였던 사르디스의 유적에서 기원전 670년경에 주조한 것으로 추정되는 금화가 발견되기도 하였다.

고대 로마 시대에는 모네타라고 불리는 신전에서 경화를 만들었다. 머니라는 어원도 바로 여기에서 비롯된 것이다. 그러나 금화는 쉽게 쓰기에는 너무 귀했기 때문에 일반적인 거래에는 주로 은화나 동화가 더 많이 사용되었다.

중세 유럽에서 금화는 국제적인 교역에서 사용되는 결제 통화였기 때문에 5~7세기에는 비잔틴의 금화가, 13~14세기에는 메디치가에서 발행한 금화가 국제적으로 사용되었다.

중국에서도 기원전 8~7세기경 철제 농기구를 본떠 만든 포화와 도화가 등장하는데 이는 일찍부터 농기구나 칼을 화폐로 사용하던 습관이 남아있는 것으로 여겨진다.

근대의 지폐 기원을 찾아 거슬러 올라가면 중세 시대 은행가들이 예금자들에게 발행해 주던 기명 영수증이라든가, 1587년 베니스에서 고안되어 통용되던 배서에 의한 양도성 영수증을 만날 수 있다. 이로 미루어 이 시기에 이미 실제적인 양도 배서에 의해 지폐의 활용이 확대되고 있었음을 알 수 있다.

그러나 진정한 지폐를 찍어낸 곳은 1656년에 설립된 스톡홀름의 '릭스 방크'이다. 그 후 두 번째로 1694년에 설립된 영국 은행이 지폐를 발행했다. 이때 법조문에 따라 지폐에 회사명을 새겨 넣었다.

프랑스에서는 1701년 루이 14세가 처음으로 지폐를 유포했다. 1800년 1월 18일에 설립된 프랑스 은행은 1803년 4월 13일에서야 비로소 조폐권을 부여받았다. 프랑스 은행과 영국 은행은 두 나라가 사회적 대혼란을 겪고 난 후에 세워졌지만 오늘날까지도 가장 안전하게 예금을 맡길 수 있는 상징적인 기관으로 자리잡았다.

오늘날 세계적으로 가장 가치가 있는 통화로 인정받는 것은 미국의 달러이다. 달러는 미국 내에서뿐만 아니라 이른바 세계 각지에서 통용되는 특별한 통화, 세계통화라 할 수 있을 정도로 가치가 있다.

무역 등 국제거래의 지불, 각국의 통화 교환 기준, 외화 준비 등에 사용하는 통화는 예외 없이 달러다. 이는 전 세계적으로 미국의 신용이 그만큼 확실하고 튼튼하다는 것을 의미한다. 미국이 신용을 갖게 된 배경에는 공업 능력과 무역액, 금융거래에서 세계 정상의 자리에 있기 때문이다. 햄버거나 코카콜라가 전 세계 사람들에게 친숙하듯 달러도 세계를 지배하는 미국의 브랜드인 것이다. 특히 제2차 세계대전 이후 20년 동안은 가장 달러의 가치가 높았던 달러의 황금 시대였다.

제2차 세계대전이 막바지에 이른 1944년 7월 전후 세계의 통화, 경제체제를 논의하기 위해 미국의 뉴햄프셔 주에서 회의가 열렸다. 이 회의에서 금 1온스는 35달러라는 교환비율이 정해졌다. 달러와 각국 통화와의 고정된 교환비율이 정해진 것이다. 나아가 시세를 감독하는

국제통화기금 IMF와 세계은행도 설립되었다.

세계대전 전의 구미 국가들은 액면금액에 상당하는 금과 교환할 수 있도록 각국 통화에 신용을 갖게 한 '금본위제'를 채택했다. 그러나 세계대전과 공황을 겪으면서 금이 해외로 유출되었기 때문에 이것은 더 이상 유지될 수 없었다.

막대한 전쟁 채무를 안고 있던 영국은 이 회의에 경제학자 케인스를 참석시켜 국제통화 방코르를 발행하여 국제결제에 사용하도록 주장했지만 미국에 의해 반대되었다.

그동안 세계의 은행을 자처하던 대영 제국의 몰락과 대조적으로 미국은 군수물자를 연합국에 공급하며 세계 60%를 넘는 금을 보유하게 되었다. 달러를 금과 교환할 수 있도록 신용을 갖게 하는 국제통화체제는 그야말로 미국에게는 새로운 희망이었다. 이러한 과정에서 파운드를 대신하는 새로운 세계통화로 달러가 탄생하게 된 것이다.

문자

문자가 생기기 전에는 모두 구두로 전승되었다. 문자가 발명되고 나서 6,000년 후인 19세기가 되어서도 세계에는 문자를 갖지 못한 지역이 있었고, 현존하는 3,000개의 언어 중에서도 문자를 갖는 언어는 100여 개에 불과하다.

문자의 발생은 그야말로 혁명적인 사건이었다. 구전적인 사회에서는 정보를 전달하기 위해 서로 대면해야 하기 때문에 문화를 전하는 시간과 공간에 한계가 있었다. 그러나 문자가 발명된 오늘날은 몇 세대에 걸쳐 계승된 문화가 교육을 통해 전승된다.

완전히 구전적인 사회에서는 언어의 의미가 매우 특수하고 지역적이며 일상적이다. 예를 들면 이누이트족은 '눈'을 발이 빠지는 눈, 금방 녹는 눈, 흩어지는 눈 등 10여 종류의 단어로 자세히 나타낼 수 있다. 반면 자신들과 관계없는 사물의 모습이나 추상적인 표현은 전달하는 언어를 갖지 못한다. 한편 지역이 한정되는 만큼 언어와 대상을 인지

하는 데 갈등이 적다.

그에 비해 다양한 시대와 지역에 걸친 기록물에서 얻어진 언어를 기록하는 현대의 사전 같은 것은 언어와 대상과의 관계가 명료하지 않은 한편, 추상적 표현이나 구체적 모습을 나타내는 언어가 많아서 복잡하기 이를 데 없다.

고대에는 의사소통의 수단이 주로 언어와 소리, 그리고 그림이었다. 소리는 기록할 방법이 없지만 문자는 일부에 그림을 그려 넣어 사람들의 행위나 사고를 기록할 수 있었다.

처음에 문자는 곡물이나 가축의 수를 기록하기 위해 사용되었다. 수확물을 신에게 바치려면 해마다 수확량을 기록해야 했고 씨 뿌리는 시기나 우기, 건기를 알기 위한 방법이 있어야 했기 때문에 문자의 발달은 농업 발달과 정착에 큰 영향을 미쳤다. 문자의 발달과 문명의 성립은 상호보완적인 관계에 있었다고 할 수 있다.

문자를 이용해 표현하는 수식어와 수식 방법이 갈수록 다양해지면서 사람들의 사고와 사상에 큰 변혁이 일어났다. 이를 구체적으로 살펴보면 첫째, 여러 가지 사항이 기록됨으로써 어느 시대나 선인들의 지혜를 토대로 사고가 시작되었기 때문에 문화 발전에 가속화가 일어났다. 둘째, 기록 내용을 통해 자기 자신에 대한 회고가 가능해져 더욱 깊이 있는 사고를 하는 사람이 나타나기 시작했다. 셋째, 공개된 기록을 토대로 논의나 비판이 일어나면서 내용이 심화되어 지혜가 확대되었고 정보 창고인 도서관이 생겨났다. 넷째, 문자로 쓰여진 경전은 신앙의 바탕이 되어 자연신의 지역적 신앙이 경전에 의해 거대 종교집단으로 성장했다. 다섯째, 문자를 터득하기 위해서는 학습할 여유가 있어야 하기 때문에 일부 여유 있는 사람들의 사회적 지위가 더욱 향상되었고 그 결과 신분제가 성립되고 정보의 편중이 시작되었다.

이집트 사원 벽면에 기록된 상형문자는 약 5,000년 동안 알려지지 않았다가 150년 전에야 겨우 해독이 이루어짐으로써 세상에 알려지기 시작했다. 1822년 9월 27일 장 프랑수아 샹폴리옹은 비명학 아카데미의 종신 서기인 다시에에게 파라오의 문자를 열 수 있는 결정적인 단서를 발견했음을 알린다.

그는 그르노블에서 라틴어, 그리스어, 아랍어, 헤브라이어를 익혔고 파리에서 코프트어, 아비시니아어 등을 수학했다. 그는 1808년부터 로제타석 사본을 14년 동안 연구했다. 이 사본은 그리스어, 고대 이집트 민용문자, 상형문자로 구성되어 있었다. 그러나 샹폴리옹은 평생 진짜 로제타석은 한 번도 보지 못했다는 것은 아이러니하다.

문자를 독점한 고대 이집트의 서기를 예로 들면 문자가 사회에 어떤 영향을 미쳤는지 알 수 있다.

토토 신이 발명했다고 하는 문자를 읽고 쓸 수 있는 사람은 일반인보다 신에 가까운 존재로서 특별한 존경과 대접을 받았다. 서기가 되면 중앙관청이나 신전에서 일하면서 많은 급료를 받았고 세금을 면제받았다.

서기가 되려면 양성학교에서 우선 구어문에 가까운 데모틱이라는 민중문자를 익힌 뒤 히에라틱이라는 신관문자를 공부한다. 그리고 신전의 비문 등으로 한정된 히에로글리프라는 신성문자를 공부했다. 어느 정도 숙련이 되면 종교의례나 종교문학, 경전, 신화, 의학, 수학, 기하학, 측량, 정치, 경제, 부기, 관청서류 등 전문분야로 나뉘어졌다. 이때 서기는 신관, 대신, 피라미드나 신전건축가, 의사로서 출세가 보장되었다.

오늘날 가장 많이 쓰이는 문자 중 하나인 알파벳은 기원전 1500년경 페니키아인들에 의해 발명되었다는 설이 압도적이다. 당시 알파벳은 22개의 문자로 이루어진 표음문자였으며 훗날 이집트, 크레타, 히타이트 등의 표의문자가 추가되었다. 그리스인들은 페니키아 문자에 모음을 더해서 알파벳을 개량했으며 로마인들은 그들이 쓰던 문자에 그리스 문자를 차용했다.

기원전 1세기경부터 알파벳 23자가 사용되었다. 그로부터 1,300년이 지난 12세기에 24번째 문자인 'W'가 게르만어에서 차용되었다. 프랑스의 문학작품 「롤랑의 노래」에서 실제 이 철자를 찾아볼 수 있다.

◉

종이

오늘날 종이는 도처에서 가장 손쉽게 구할 수 있고 가장 일상적이며 매순간 가장 사소하면서도 중요한 역할을 수행하고 있다. 종이는 언어와 기억을 전달하고 증언한다. 의사소통의 한 방법이며 지적, 경제적 교류에 있어서 빼놓을 수 없는 소재가 된다. 또는 장식하거나 포장하는 역할을 하며 소비 사회의 핵심으로서 상품 구매를 유도하기도 한다. 이처럼 종이의 역할은 무궁무진하며 그 모습은 참으로 변화무쌍하다.

종이는 인쇄술, 나침반, 화약과 함께 중국의 4대 발명품에 해당한다. 이 발명품 이전에 인류는 파피루스를 사용했다. 파피루스가 갈대의 줄기를 가느다랗게 잘라서 만든 것이라면 종이는 나무껍질에서 나오는 섬유를 이용해서 만든다.

우리에게는 채윤이라는 중국인이 종이를 처음으로 발명한 것으로 알려져 있다. 그는 105년경 궁중의 용도관계 업무와 수공업 분야의 관직을 겸했던 고급 공무원이었다. 그러나 1957년 중국 북부지방에서 발굴된 기원전 2세기경의 것으로 추정되는 고분에서 종잇조각이 발견됨에 따라 채윤보다 이미 200여 년 앞서 제지술이 완성되었음을 알 수 있다.

이후 제지술은 한국에서 2세기, 일본과 인도차이나에서 3세기, 인도에서는 7세기에 널리 전파되었다. 또 3세기 중앙아시아를 거쳐 서쪽으로도 유입되었는데 그리하여 8세기에 서아시아, 북아프리카 등을 거쳐 12세기에 유럽에 들어왔다.

제지술이 미국 땅을 밟은 것은 16세기의 일이다. 1799년 프랑스에서 로베르라는 직공이 최초의 제지기계를 발명했다. 그는 이 기계를 특허로 내겠다는 조건하에 정부로부터 8,000프랑의 보조금을 받았다. 그러나 그가 들인 공에 비해 돈이 너무 적었다. 그래서 프랑수아 아브루와즈 디도에게 특허를 팔아버렸고 디도는 이를 영국에 되팔았다. 영국에서 처음 제지 기계가 가동된 곳은 하트포드셔의 프로그모어이다.

◉

책

문자의 시작과 함께 인간의 특권인 사고를 나타내는 발명품이 바로 책이다. 근대적인 의미의 책은 문자가 출현하고 3,500년이 지난 이후에 시작되어 인쇄술이 등장하기 전까지 약 1,000년 가까이 지속된 발전의 결과였다. 이 1,000년 동안 인내심 많은 필경사들이 문화생활의 필수 요소가 된 책을 만들어냈다.

책이라는 말은 라틴어 리베르에서 유래했다. 이 용어는 본래 목재와 표피 사이의 얇은 껍질을 뜻하는 것이다. 책을 뜻하는 그리스어 비블리온은 파피루스라는 뜻을 지닌 비블로스에서 파생된 단어였다. 성서라는 바이블이 이 말에서 생겨났는데 프랑스어 비블리오필이나 비블리오테크 같은 많은 어휘도 그 어원을 공유한다.

나일 강 계곡에서 자라는 동명의 식물을 가공 처리하여 얻어지는 파피루스는 고대에서 가장 널리 사용되던 소재였지만 접기가 불편하고 양면 기록이 적합하지 못해 최초의 책은 낱장을 나란히 이어붙이

고 양끝을 나무나 상아로 된 막대기에 말아 만든 두루마리의 형태를 가졌다.

기원후 초창기부터 책의 형태가 변화하기 시작하는데 두루마리는 오늘날 우리에게 친숙한 모습인 낱장을 묶어 함께 꿰맨 코덱스의 형태로 변했다. 코덱스는 두루마리보다 훨씬 취급이 간편하고 양면 기록이 가능하다는 장점을 지녔다. 2~4세기 사이 기독교의 전파와 함께 코덱스 사용은 널리 일반화되었다. 코덱스의 등장으로 책을 대하는 관점에도 변화가 생겨 사용법에 역점을 둔 텍스트의 구조화가 이루어졌고 오늘날까지 그대로 전수되고 있다. 즉, 쪽 매기기, 각 장의 분리, 제목, 목차, 낱말 구분 등 고대의 코덱스는 점차 체계화되었다.

이 새로운 형태의 책이 성공한 데에는 또 하나의 이유가 있었는데 그것은 파피루스가 아닌 다른 재료가 사용되기 시작했다는 점이다. 그 재료란 이후 1,000년 이상 꾸준히 사용될 양피지였다. 전해지는 바로는 알렉산드리아 도서관과 경쟁 관계에 있었던 페르가논의 군주들이 파피루스 조달을 더 이상 이집트에 의존하지 않기 위해 기원전 2세기부터 양피지 산업을 육성했다고 한다.

로마 제국이 붕괴된 후 비잔틴 제국에서는 장서가 풍부한 도서관들이 번창했고 서양의 채식장식에 영향을 준 세밀화 기법이 발전되었다.

처음에는 수도원의 수도사들을 중심으로 책을 베끼는 필사가 발달하기 시작했다. 각 수도원마다 필사 전용실을 갖추고 있었고 수도사들은 그곳에서 종교적인 텍스트는 물론이고 라틴어 문장 습득에 필요한 고대 그리스, 로마의 작품을 베껴 쓰면서 삽화를 그려 넣었다.

12세기 말부터 도시가 부흥하고 학교 숫자가 증가하면서 책의 제작과 보급은 더 이상 수도원과 수도사만의 전유물이 아니게 되었다. 수도원의 스크립토리움필사 전용실은 꾸준한 활동을 이어갔지만, 13세기 대학의 비약적인 발전으로 작품에 대한 새롭고 강한 욕구가 생겨났다. 이는 책을 만드는 일에 종사하는 직업들도 아울러 발전하는 계기가 된다. 그들은 양피지 제조업자, 필경사, 채색장식가, 제본공이라는 각기 독자적인 동업조합으로 조직화되기 시작했다.

도시의 팽창과 함께 역사의 전면으로 떠오른 것은 성직자가 아닌 일반인 고객이었다. 이렇게 급속하게 늘어난 텍스트를 수용하기에 복사 필사본은 한계가 있었다. 그래서 훨씬 신속하게 많은 필사본을 생산할 수 있는 방법이 연구되기 시작했다. 그리고 마침내 구텐베르크라는 사람에 의해 최초의 인쇄술이 막을 열게 되었다. 최초의 인쇄 책자들이 대부분 고대의 텍스트를 재판한 것이었다면 르네상스 시기에는 단연코 새로운 작품들의 수가 늘어난 시기였다.

더구나 중국에서 발명된 종이가 유럽에 당도하지 않았다면 인쇄술은 비약적으로 발전하기 어려웠을 것이다. 제조 연대가 2세기 초로 알려진 중국의 발명품 종이가 지중해 연안의 회교 국가들에 의해 처음 수용되었다. 우선 에스파냐에서 시작하여 3세기에는 이탈리아로 건너갔고 그곳에서 좀 더 내구성이 강한 재질에 역점을 두고 기법의 혁신이 이루어졌다.

구텐베르크의 발명 이전에 목판술이 있었다. 적어도 한국에서는 14세기부터, 중국은 그보다 조금 늦게 금속분리 활자들을 사용해 텍스트를 증식시키는 법을 알고 있었지만 목판술의 인쇄만큼 널리 보급시키지는 못했다.

◉

비단

오늘날의 사람들은 유럽의 명품 브랜드를 소비하고, 유럽의 유명 그릇 세트를 비싼 가격에 구입하여 테이블을 꾸미고, 유럽의 마켓이나 벼룩시장에서 구한 흔치 않은 디자인의 앤티크한 가구와 소품으로 집을 꾸민다. 한때 일본 스타일의 심플한 인테리어를 젠스타일이라 부르며 유행을 탔듯이, 요즘은 북유럽 스타일이라고 하여 북유럽식 도대체 북유럽식이라는 게 정확히 무엇을 뜻하는지 알 수 없지만 패턴의 가구와 소품, 침구 등으로 집을 꾸미는 것이 유행이다.

이처럼 사람들이 열광하는 유럽의 도자기나 의상들의 역사를 좇아가면 그 기원이 오히려 동양, 특히 중국에서부터 시작되었다는 것을 알고 있을까.

한때 유럽인들, 유럽의 부유한 계층의 사람들이 중국에서 건너간 비단緋緞 · silk을 두르고 중국의 자기에 차를 내려 마시는 것을 로망으로 삼았을 정도로 동양의 문화 수준이 높았고 사람들의 관심이 높았다.

우리가 흔히 비단으로 알고 있는 실크의 기원은 고대 중국이다. 전설에 따르면 실크는 기원전 3500년 전 중국의 황후 누조가 발명했다고 한다. 너무나 귀한 것이라 처음에 비단은 중국의 왕실에서만 쓰였고, 큰 공을 세운 공신에게 내리는 특별한 하사품으로도 사용되었는데 나중에 중국 사회 전역으로 퍼져 나갔다. 뿐만 아니라 실크로드로 불리는 길을 통해 전 세계까지 그 위상을 떨치게 되었다.

비단은 그 질감과 특유의 은은한 광택으로 인해 고급 옷감이라는 인식이 크게 자리잡고 있었고, 때문에 수요가 급증하게 된다. 중국의 상인들은 타국과 활발한 무역을 통해 적극적으로 비단을 세계 각지로 보낼 수 있었다.

2007년에 중국 장시성의 한 고분에서 발견된 복잡하게 짜여 염색된 비단 천은 동주 시대기원전 771~기원전 256, 즉 지금으로부터 2,500여 년 전의 것으로 판명되었다. 이 발굴로써 학자들의 심증만 있던 중국의 비단산업의 오랜 역사가 사실로 입증되었다.

비단은 일찌감치 중국의 주요한 무역품이었는데, 기원전 1070년경의 이집트 미라에서도 비단이 발견되었을 정도다. 중국의 비단은 인도뿐만 아니라 근동을 넘어 중동, 유럽, 북아프리카까지 수출되었고, 수익 면에서나 인기 면에서나 단연 최고의 교역품으로 손에 꼽혔다.

이런 까닭에 중국의 황제들은 비단직조법을 극비에 부쳐 중국의 전매품으로 삼았다. 그러나 기원전 200년경, 우리나라에도 비단직조법이 알려지고, 기원후 50년경에는 삭막한 고원인 타클라마칸 사막의 허텐에, 그 이후 140년경에는 인도에도 비단직조법이 알려지게 되었다.

우리나라는 기원전 1170년경 중국의 은나라가 멸망하자 고조선으로 건너온 기자에 의해 처음으로 양잠과 비단 직조기술이 보급되었다.

고대 가야는 인도와 비단 교역을 했었으며, 통일신라시대에는 일찍부터 중국 당나라와의 교역을 통해 비단을 사고팔았고, 직조기술까지도 받아들였다. 이어 통일신라시대에는 한층 발달된 견직기술로 우리나라도 찬란한 비단 문화를 만들게 되었다. 하지만 고려 시대와 조선시대에는 국가적으로 비단 소비를 제한하여 직조술이 크게 발전하지 못하였다.

피륙 중에서 최상품인 비단은 고가의 화려한 의상 제작 소재일 뿐만 아니라, 국가나 개인 간의 교제용 증여품이나 통화를 대신하는 지불수단으로 역할과 용도가 확대되었다. 따라서 일찍부터 유럽에서는 희귀한 진품으로 선망하는 교역품으로 손꼽았다.

선사 시대 중국에서 발생한 양잠법은 서로 다른 방법과 루트를 통한 잠종의 전파와 더불어 기원전 2~3세기경에 실크로드 오아시스로 남도 주변 여러 나라에 전해지고, 3세기 말에는 서북 인도와 카슈미르에, 4~5세기경에는 페르시아와 시리아에, 끝으로 6세기 중엽에는 비잔틴에 각각 전파되었다.

이 양장법의 전파 루트는 곧 비단의 서전 루트이기도 하다. 19세기 말 이래 스웨덴의 헤딘1865~1952과 영국의 스타인을 비롯한 서구 탐험가들과 중국 고고학자들의 노력에 의하여 서역 일대에서 한대에서 당대에 이르는 시기에 생산된 견직물 유물이 대량 출토됨으로써 비단의 서전상과 그 루트가 점차 밝혀지고 있다.

흔히 말하는 실크로드는 중국에서부터 유럽까지 실크가 오고갔던 교역로를 말하는 것으로 인류의 가장 오래된 교역로로 꼽힌다. 동서 문물의 교통로가 된 실크로드는 흔히 비단길로 알려져 있는데, 흉노의 서역 지배로 비로소 본격적으로 열리기 시작했다.

로마의 유리 제품, 아라비아의 향료, 호탄의 옥 등 진귀품과 과일, 모피, 약재류가 중국의 비단, 곡물 등과 교환되어 실크로드를 누볐다.

실크로드와 함께 인류 역사의 오래된 교역로로 꼽히는 차마고도는 실크로드를 설명할 때 꼭 함께 설명되곤 한다. 차마고도는 차와 말을 교역하던 중국의 높고 험준한 옛길로 중국 서남부에서 윈난성, 쓰촨성에서 티베트를 넘어 네팔과 인도까지 이어지는 육상무역로이다. 윈난성, 쓰촨성의 차와 티베트의 말을 교환했다고 하여 차마고도라는 이름이 붙었다.

이 길을 따라 물건을 교역하던 상인 조직을 마방이라고 하는데, 수십 마리의 말과 말잡이인 간마런으로 이루어지며 교역물품은 차와 말 외에 소금, 약재, 금은, 버섯류 등 다양했다.

근대 들어 차마고도를 따라 도로가 많이 건설되었지만 아직도 일부 마방이 활동하고 있다. 차마고도의 일부인 조로서도는 새와 쥐가 다닌다는 뜻의 좁은 길을 말한다. 하늘을 나는 새도 넘기 어렵다고 하여 조령산이라 하는 산이 차마고도의 일부에 걸쳐서 있다. 차마고도의 전체 길이는 무려 곤명에서 망강까지 1,100km, 청도에서 라싸까지 2,400km 정도이다.

한편 실크로드를 통해 가장 큰 이익을 얻었던 것은 바로 흉노였다. 중국 북방과 서역에 걸쳐 광대한 국가를 건설한 흉노가 바로 실크로드를 지배함으로써 정치적, 경제적 부강을 누릴 수 있었다. 흉노는 한편으로는 중국과 교역으로, 다른 한편으로는 파미르 서쪽의 복속한 서역 국가로부터의 세금 징수와 페르가나와 파르티아를 왕래하는 대상무역으로 막대한 경제적 이익을 획득했다. 실크로드를 장악한 흉노 경제의 번성과 문화 교류는 1924년 러시아 지리학회 소속의 코즐로프 탐험대가 울란바토르 북부의 노인울라 유적지를 발굴함으로써 여실히 증명되었다.

이 유적지는 기원전 1세기 초, 흉노 동부 지역에서 퉁구스-몽골 주민들을 통치하던 흉노 귀족들에 속한 것으로 추정되었다.

이 유적의 출토품은 크게 세 분류로 나눌 수 있는데, 첫째는 중국에서 온 물품, 둘째는 이란 및 러시아 남부에서 유입된 것, 셋째는 흉노

자체의 문화 유품 등이다.

중국의 것으로는 한대의 각종 비단과 칠기, 한자가 새겨진 옷감, 차 등이 있고, 서쪽에서 전해진 물품으로는 이란풍 문양의 카펫, 황금색의 스키타이 청동제품, 석영의 일종인 마노, 호박 등이 출토되었다.

흉노는 실크로드를 모태로 동은 중국과 만주, 한반도, 서는 파미르 서쪽의 여러 나라와 교역을 하고 있었다는 사실이 밝혀졌다.

중국의 한 무제는 흉노에게 패한 대월지와 연합해 흉노를 제압하고 서역으로 통하는 교통로를 확보하길 원했다. 군사동맹을 맺기 위해 파견된 사신 장건은 갖은 고생 끝에 대월지에 가서 흉노를 치자고 대월지 왕을 설득했지만 소용이 없었다. 대월지는 중국 전국 시대에서 한나라 때까지 중앙아시아 아무다르야 강 유역에서 활약한 이란계 또는 투르크계의 민족이었다. 이들은 전국 시대 말기에는 서몽골로부터 간쑤 서부, 황허 상류, 동투르키스탄, 중가리아, 서투르키스탄의 일부에까지 미치는 대세력이었다.

장건의 설득에도 이들이 동의하지 않았던 것은 비옥한 땅에서 풍요를 누리고 있었던 대월지로서는 굳이 한나라와 동맹하여 흉노를 공격할 까닭이 없었기 때문이었다. 그렇지만 장건의 여행은 헛되지 않아 그의 서역에 관한 정보 보고는 한나라가 대외 정책을 세우는 데 중요한 역할을 했다. 이를 바탕으로 한나라의 영토 확대와 서역 개척에 지대하게 공헌한 인물이 바로 곽거병이다. 또 당 현종 때 안서도호부 부절도사로서 고구려 유민의 아들인 고선지는 힌두쿠시 고원의 험준한 길을 타고 파미르 고원을 넘어 서역을 정벌했다.

대월지는 이후 기원전 3세기 말 흉노가 갑자기 일어나자 그 압박에 쫓겨 서쪽으로 이동하여 아무다르야 강 북안에 중심을 두고 그 남쪽의 대하를 지배하였다. 흉노를 치자고 했던 장건의 제안을 거절했던 대월지는 대신 지방의 통치에 힘써 파미르·힌두쿠시의 남북에 토착제후인 다섯의 흡후를 두고 다스리게 하였다. 그리고 기원후 1세기경 다섯 흡후의 하나인 귀상흡후가 대두하면서 대월지를 대신하여 쿠샨왕조를 세웠다. 또한 황허 상류 유역에는 대월지의 잔존 세력이 남아 있어서 이들을 소월지라고 하였다.

실크로드는 동양과 서양을 잇는 문명 교류의 길로 경제적인 의미뿐만 아니라 종교적으로도 중요하다. 당나라 태종 때 현장법사는 갖은 고생을 하면서 천신만고 끝에 인도에 들어가서 구법을 하고 많은 진귀한 불교경전을 가지고 실크로드를 통해 장안으로 돌아왔다. 혜초는 해상 실크로드를 따라 인도에 가서 순례하고, 험난한 서역의 길을 돌아 육상 실크로드를 통해 당나라 장안으로 왔으며, 『왕오천축국전』이라는 불후의 기행문을 남겼다.

실크로드라는 이름은 독일의 지리학자 리히트호펜Richthofen, 1833~1905이 명명했다.

신발

〈원숭이와 꽃신〉이라는 동화를 보면 옛날 먹을 것이 넘쳐나고 풍요로운 마을에서 원숭이들이 살고 있었다. 이것을 배 아프게 생각하던 오소리는 어느 날 꾀를 내었다. 오소리는 예쁜 비단신을 구해 원숭이들이 살고 있는 마을로 찾아갔다. 오소리는 온갖 감언이설을 하며 비단신을 원숭이에게 공짜로 나눠주었다. 오소리가 건네 준 비단신을 신은 원숭이들은 돌부리에 차여도 아프지 않고 자갈밭을 뛰어도 다치지 않는 것이 신기하고 편안하여 푹 빠져들고 말았다. 새봄이 오고 신발이 낡아져 다시 맨발이 된 원숭이로 돌아가려니 굳은살이 다 없어져 버린 발바닥은 아픔을 견디지 못하게 되었다. 이번에는 원숭이들이 직접 오소리를 찾아가 아쉬운 소리를 하게 된다. 처음에 잣 다섯 송이에서 시작한 비단신의 값은 점점 엄청나게 불어나고 원숭이는 스스로 비단신을 만들어 보려고 하지만 잘 되지 않는다.

이야기가 전해 주려는 교훈과는 다른 이야기이긴 하지만 신발의 일반적인 정의는 가혹한 자연환경으로부터 인간의 신체를 보호해 주며 신체 일부가 되어 인간의 활동을 돕는 것이다. 그러나 인류가 직립보행을 시작한 이래 400만 년이란 긴 세월이 흘렀지만 신발을 신기 시작한 것은 불과 수천 년밖에 안 되었다. 더구나 현존하는 신발 중 가장 오래된 고대 이집트 고왕국 시대의 샌들은 귀족이나 승려, 전사들처럼 특별한 신분이나 계급, 직업을 가진 사람들만 사용했다. 민중들은 맨발로 생활하는 게 일반적이었다.

당시의 신발은 신체를 보호해 주는 역할보다는 지위나 계급을 상징하는 것이 더 큰 의미였을 것이다. 신발류는 기후, 풍토나 문화에 따라 여러 가지 종류로 구분되지만, 주로 샌들이나 나막신, 짚신처럼 개방형과 구두, 운동화 같은 폐쇄형으로 나뉜다.

신발은 수렵이나 어로를 생업으로 삼던 산간지대 사람들이나 북방계 민족들이 동물을 잡아 살점은 먹이로 삼고, 가죽은 의류나 발싸개로 이용하던 습관에서 비롯된 것이라고 한다. 한 장의 생가죽을 발에 감고 그 위를 끈으로 동여맨 형태의 모카신이 그것의 원형이다.

모카신이란 아메리카 원주민 중 일부가 신던 특정 신발을 지칭한다. 이와 비슷한 형태의 신발은 아제르바이잔의 유적, 히타이트 인들이 남긴 돌을새김, 스키타이나 페르시아 등지에서도 찾아볼 수 있으며 멀리 기원전 13세기까지로 거슬러 올라갈 수 있다.

유럽에서는 그리스 로마 시대는 온난하고 건조한 풍토를 반영하여 샌들이 유행했지만, 게르만 민족의 대이동 이후로는 긴 끈이 달린 북방계의 모카신이 정착해 나갔다. 생가죽은 그대로 두면 썩기 쉬우므로 털을 뽑고 표피를 긁어낸 뒤 무두질이라는 공정을 거쳐 내구성 있는 가죽으로 바꿔줘야 하는데 처음에는 생가죽을 씹기도 하고 동물의 기름이나 뇌수를 바름으로써 무두질을 했다고 한다.

모카신 형태의 신발은 바닥에 딱딱한 밑창이나 뒷굽을 대지 않기 때문에 울퉁불퉁하거나 불기가 많은 길을 걷기에 적당치 않았다. 그 때문에 나무 바닥에 가죽을 댄 것이라든지 네덜란드의 크롬프 같은 나막신도 오래전부터 노동화로 이용되어 왔다.

8세기에 이슬람교도들이 이베리아 반도로 진출한 이래, 지중해 지방에서 생산되는 옻나무 속 식물인 슈마크의 탄닌을 이용해 염소 가죽을 무두질하는 피혁 제조 기법이 베르베르 인들에 의해 코르도바로 전해졌다. 그 이전에도 이곳에 야생 양의 껍질로 만든 가죽이 없었던 것은 아니었지만 코르도바에서 이름을 취한 것으로 보이는 이 코드반은 말의 엉덩이 가죽을 식물의 탄닌으로 무두질한 것이다. 소가죽보다 내구성이 뛰어날 뿐 아니라 부드럽고 광택이 있어 가죽으로서는 최고급품이었다. 이 덕분에 코르도바는 중세 유럽에서 무두질 기술의 선진 지역으로 대접받으며 신발 제조의 중심지로 떠오른다.

11세기 말부터 13세기 말에 이르는 십자군 원정은 견직물이나 피혁, 염색기술과 같은 이슬람의 선진 문물이 전래되는 기회를 제공한다. 그 결과 왕실이나 귀족, 기사, 성직자들을 비롯하여 도회지의 돈 많은 상인들은 아시아의 호화찬란한 각종 장신구들을 도입하여 한껏 멋을 냄으로써 권력과 부를 과시했다.

서아시아 지역의 신발은 끝이 뾰족하다는 특징을 가지고 있었다. 이는 당시 유럽에서 유행하던 고딕 양식과 잘 맞아떨어지는 스타일이었다. 그런 이유로 십자군전쟁 후 유럽에서는 앞을 꼬챙이처럼 뾰족하게 만들어 새의 부리 모양을 연상케 하는 구두가 유행했다. 사람들은 경쟁적으로 구두코의 길이를 늘이기 시작했다. 그 결과 끝을 사슬에 매어 정강이에 연결시키지 않으면 걸음을 걷지 못할 정도까지 길어진다. 마침내 15세기 중반, 영국과 프랑스에서는 국왕이 명령을 내려 구두코의 길이를 규제하게 된다.

한편, 부드러운 가죽이나 아름다운 비단 신발은 보석이나 자수로 장식되었다. 막상 걸음을 옮길 때는 그 신발 밑에 패튼이라 불리는 나막신 형태의 샌들을 덧신어야 했다.

신발은 의상과 마찬가지로 그것을 신은 사람을 상징했기 때문에 상류계급은 새로운 기술을 터득한 제화공이나 바느질꾼을 고용해 서로 화려함을 뽐냈다.

『구약성서』에 다윗의 조부가 죽은 아들의 토지와 미망인을 차지하는 이야기가 나온다. 그중에 "신발을 벗어 상대에게 건네주는 것은 친족으로서의 책임을 이행하고 양도할 것임을 확인하는 절차"라는 대목이 있다. 신발을 주고받는 행위는 결혼, 양도, 소유의 증거로서 권력과 소유를 종교적으로 상징한 것이다. 또한 『구약성서』에서도 신이 "에돔에 신을 던지고 블레셋에 목소리가 울려퍼지게 한다."고 말하는 대목이 나오는데 이 역시 종교적 지배 및 소유권을 나타낸 것이라 일컬어진다. 오늘날에도 유럽 일부 지역에는 결혼식 때 신부의 신발을 던지는 풍습이 남아 있는 곳이 있다.

르네상스 시대로 접어들자 부리가 뾰족한 신발이 밀려나고 끝이 넓게 퍼진 소가죽 구두와 가운데만 뾰족한 오리너구리 신발 등이 유행하게 된다. 여성용으로는 터키에서 주로 신던 초핑을 본따 두꺼운 코르크나 나무 밑창을 댄 것이 유행했다. 이 신발을 신으면 옆에서 부축해 줘야만 간신히 걸을 수 있었는데 여성이 혼자 걷는 것을 금지한다든지 남성이 옆에서 팔을 부축해 주는 풍습도 바로 여기서 기인했다고 한다.

17세기가 되면 귀족 남성들 사이에서 퀄로트가 유행한다. 루이 14세는 각선미도 자랑하고 가슴을 펴서 당당한 자세도 과시할 겸 높은 힐을 즐겨 신었다고 한다. 18세기에는 루이 15세의 애인 퐁파두르 부인이 구두 바닥에 굴곡을 넣어 S자형으로 만든 오늘날 유행하는 하이힐의 원형이 되는 신발을 처음 신기 시작했는데 당시는 루이 힐이라는 명칭으로 불렸다. 그러나 프랑스 혁명 뒤에 자취를 감췄다가 1875년에 좌우에 서로 다른 힐을 댄 현재의 구두 모양을 하고 새롭게 등장하게 된다.

◉

화장

요즘 인터넷이나 텔레비전, 잡지 등 여러 매체를 통해 마치 전혀 다른 사람인 것처럼 메이크업을 통해 외모가 변화된 여성들의 동영상이나 그 비법을 알려주는 프로그램과 콘텐츠가 인기다.

오늘날 여성들의 화장은 더 이상 얼굴의 불완전한 부분을 교정하거나 감추는 역할로 만족하지 않는다. 메이크업은 이제 독자적인 예술이 되었다.

성경 「에녹」서에 따르면 칼과 방패, 갑옷을 만드는 방법을 인간에게 알려 준 이는 천사 아자젤이었다. 아자젤은 이외에도 여러 가지 금속과 금속을 다루는 방법, 팔찌와 장신구, 안티몬으로 눈 주위를 칠하고 눈꺼풀을 분으로 꾸미는 방법, 진기하고 아름다운 보석과 온갖 염료를 주었다. 그에 따라 세상은 변화하게 되었다고 전해진다.

아자젤은 신을 거역한 천사들의 우두머리로 사막의 악마로 표현되기도 한다. 때문에 아자젤이 전해 준 미용과 화장 기술은 천사와 악마

사이에 있는 성격의 것으로 여겨졌다. 한동안 몸치장에 대한 관심은 육신의 유혹에 빠진 인간에게 내릴 재앙의 원인이라고 보는 시각이 두드러졌다.

그러나 고대 이집트에서의 미용술은 천대받지 않았던 것으로 보인다. 오히려 기원전 3000년부터 미용술은 성직자 계층에게만 허락된 고유한 영역이었다. 입문식이나 장례식에서 몸을 단장하는 절차는 하나하나마다 상징적 의미와 의학적 기능을 지녔다.

이집트인의 몸단장은 향료를 푼 욕조에서부터 시작되었다. 그들은 나일 강의 진흙으로 몸을 문질렀고 표백토와 재를 섞은 반죽으로 각질을 제거하고 향유로 마사지를 했다. 몸은 금빛을 띤 황토색 기름으로 윤기를 띠게 했고 상반신과 관자놀이 정맥들은 금빛과 차가운 대조를 이루는 푸른빛으로 부각시켰다. 검은 미묵을 칠한 눈은 물고기 형태처럼 길게 늘여 그렸고 눈꺼풀에는 녹색 공작석, 터키옥, 테라코타, 구리의 검은 산화물, 숯 등을 빻아 강한 색을 덧입혔다. 이집트 벽화에서 흔히 볼 수 있는 모습이다. 이들은 손질된 손톱과 발톱에도 적갈색 헤나 염료를 입혔다. 이 염료는 사막의 먼지로부터 손톱과 발톱을 보호했으며 상징적인 의미도 지녔다.

반면 호메로스 시대의 그리스인들은 미용에 큰 관심을 보이지 않았다. 그리스 신화에 따르면 여성의 아름다움은 온화하고 조화로운 아프로디테와 그와 반대로 인간을 기만하기 위해 창조된 판도라가 관장하는 것으로 생각했다. 따라서 화장하는 여인은 조화로운 아름다움의 섭리를 따르는 것이 아니라 판도라처럼 자연의 섭리를 어기는 일종의 후브리스정상을 벗어난 태도로 생각했다. 특히 스파르타에서는 리쿠르고스가 화장품을 근절시켰고 여자들의 풍속을 타락시키는 신체 채색물의 사용을 금지했다. 헬레니즘 시대가 되어서야 여인들의 외출이 차츰 빈번해지면서 금지 조치가 완화되었다.

1453년 비잔틴이 몰락하고 고대 수사본들이 이탈리아어로 번역되면서 로마 제국의 화장품 제조법과 미용법이 유럽에도 전해졌다. 이렇게 되찾은 지식 덕분에 얼굴과 육체에 대한 관심이 되살아났는데 그중에서도 큰 영향을 미친 것은 피타고라스의 조화에 관한 법칙과 아름다움에 관한 플라톤 학파의 이상주의였다.

이 시기에는 중세 아름다움의 원형이었던 어린 아가씨에 대한 이미지는 사라지고 포동포동하고 성숙한 여인의 모습이 대신 아름다움의 표본으로 자리를 차지했다.

15세기 인쇄술이 발달하자 처방전과 제조법의 전파는 더욱 가속화되었고 미용에 관한 조언을 하는 대표적인 두 부류가 생겨났다. 살레르노의 의학에서 비롯된 조제법들의 전문가이자 식이요법론자인 의사와 기적적인 미용크림들을 비밀리에 발명하고 선택된 소수에게 젊음의 묘약과 마술적인 처방을 전하는 귀부인이 바로 그들이었다.

아름다움에 관한 저술을 주도했던 이 두 부류는 두 종류의 담론, 즉 화장술에 관한 의학적이고 위생학적인 한계를 규명하는 실증적이고 과학적인 담론과 주술을 이용해 영원한 아름다움을 누리도록 하는 속임수로 이루어진 마술적인 담론을 이끌었다.

문신

40,000년 전부터 신석기인들은 자기 부족과 동물 떼를 알아보기 위해 문신을 새겼다고 한다. 1991년 10월에는 활과 화살 그리고 청동도끼를 가진 한 사냥꾼이 냉동된 상태로 오스트리아와 이탈리아 사이에 있는 알프스 산에서 발견되었다. 이 사냥꾼은 기원전 3300년경에 죽은 것으로 추측되고 있는데, 그의 몸에는 모두 58개의 문신이 새겨져 있었다. 그것은 모두 선이나 점의 형태를 지닌 단순한 무늬였는데, 이 알프스 냉동 시신의 문신이 지금까지 발견된 문신의 증거 중에 가장 오래된 것으로 생각된다.

4,000년 전 이집트의 미라에도 문신을 새긴 흔적이 남아있다. 고대 문신의 흔적은 이집트 미라들의 피부에 남겨진 것이 우리에게는 제일 잘 알려진 것이다. 이집트 학자들은 3왕조와 4왕조 시대에 문신이 이집트의 중요한 관습 중 하나일 것으로 추측하고 있다. 이집트에서 문신을 한 미라는 여러 지역에서 발견되는데 그 가운데 가장 잘 보존된

것이 11왕조 시기 테베의 여신 하토르의 여사제였던 아무네트의 미라이다.

이 미라의 팔과 허벅지에 평행선의 무늬들이 새겨져 있다. 특히 배꼽 아래쪽에 새겨진 타원형 문양들이 눈길을 끄는데 이 문양과 유사한 것이 아무네트와 함께 발견된 조상들이다. 이집트 학자들이 '죽음의 신부'라고 부르는 이 작은 조상들의 배꼽 아래에도 유사한 문신이 있다. 풍요와 재생의 상징으로 알려진 이 조상에는 기하학적인 문신들이 새겨져 있다.

제2차 세계대전 이후 고고학자들은 남부 시베리아의 알타이 산맥에서 아주 잘 보존된 스키타이 족장의 미라를 발견했다. 스키타이는 기원전 6세기에서 기원전 3세기까지 남부 러시아 지역에서 활약한 유목민으로 이들의 문화는 여러 유목민족들에게 영향을 주었으며 한국과 일본의 문화와도 관련이 깊다.

이 스키타이 족장의 미라가 흥미로운 점은 그의 몸에 문신이 새겨져 있었다는 점이다. 족장의 몸에는 서로 다른 토템 동물들을 표현한 문신이 새겨져 있었는데 그것은 스키타이인들의 나무 조각물이나 장신구, 자수나 직물 등에서 발견되는 문양과 같은 것이었다. 이들은 나무와 장신구 등에 토템 동물들의 문양을 새기듯이 몸에도 그런 무늬를 새겼던 것이다.

스키타이 미라와 함께 고고학적 유물로 중앙아시아 지역에서 주목된 것이 파지리크 무덤군이다. 1948년 러시아 인류학자 세르게이 이바노비치 루덴코가 중국과 러시아 국경 북쪽 약 120마일 지점에서 일련의 무덤군을 발견했다. 이 무덤들은 기원전 6세기에서 2세기에 걸쳐 동유럽과 서아시아 스텝 지역에 거주한 철기 시대 유목민 파지리크족 전사의 무덤이었는데 여기에서도 족장은 문신을 한 채 발견되었다.

이 족장의 온몸에는 동물들이 서로 연결된 형태로 문신이 새겨져 있었는데 가슴에는 그리스 신화의 독수리 머리와 날개에 사자의 몸을 지닌 그리핀과 유사한 동물이, 오른쪽 팔에는 당나귀와 산양과 사슴 두 마리, 오른쪽 다리에는 큰 물고기와 양 네 마리, 그리고 괴수, 이런 식으로 무수한 동물들이 등장한다.

1993년 여름, 시베리아 우모크 고원에서 발견된 또 다른 파지리크족의 미라 역시 이전에 발견된 족장의 미라와 유사한 신화적 동물들이 문신으로 새겨져 있었는데 우모크의 미라는 여성이었다.

20세기 러시아의 시베리아 도형수를 비롯해 나치에 의해 감금된 포로들, 19세기 영국의 탈옥수 등도 몸에 문신을 새겼다. 이는 옛날 로마의 보통법에 따라 죄수와 노예에게 문신을 새겼던 문화에서 비롯된 것이다. 유럽이 기독교 사회로 접어들면서 문신은 점차 금지되었고, 그에 따라 문신술도 자취를 감추었다. 그러나 유럽을 제외한 타 지역에서는 문신술이 계승되어 나갔다. 그 한 예로 신대륙 발견을 위해 대탐험을 떠난 유럽인들이 아메리카 인디언과 폴리네시아인들과 접촉하면서 문신술이 부활했다.

참고적으로 문신을 '새기다'라는 동사가 1769년 불어사전에 등록되었다. 탐험가 제임스 쿡이 폴리네시아 지역을 참사하며 그곳에서 차용해 온 단어이다. '문신술'이라는 단어 역시 같은 경로를 거쳐 전해진 낱말로 1778년 사전에 등재된다. 18세기와 19세기에 문신을 새긴 아메리카 인디언들, 폴리네시아 인들, 그리고 유럽의 문신을 새긴 사람들은 서커스 판과 장터 등지에서 대중의 호기심 대상이 되었다. 또한 세계의 항구 도시에는 어디나 문신 새기는 가게가 문전성시를 이루었다고 한다. 이곳에서 백인 선원들은 문신을 통해 그들의 상상의 날개를 펼쳤으며 어떤 문신은 한 편의 문학작품을 그림으로 표현했다고 할 정도로 독창성이 돋보였다. 한편 1891년에는 미국에서 전기문신기가 최초로 특허 출원되었다.

불 성냥

그리스 신화에 따르면 인류에게 처음 불의 혜택을 준 사람은 프로메테우스이다. 프로메테우스는 제우스의 불을 훔쳐다 인간에게 줌으로써 신 중의 신 제우스가 내린 금기를 어겼다.

신화의 내용은 이렇다. 프로메테우스는 신을 공경할 인간과 짐승들을 창조하고 그의 동생인 에피메테우스는 피조물들에게 각자가 살아가는 데 필요한 선물을 배분하기로 한다. 그래서 새에게는 날개를, 사자에게는 날카로운 이빨과 발톱을, 거북이에게는 딱딱한 등껍질을 선물했다.

그런데 에피메테우스가 아무 생각 없이 손에 잡히는 대로 이것저것 줘 버리다보니 마지막에 창조된 인간에게는 돌아갈 선물이 없었다. 에피메테우스는 뒤늦게 그 사실을 깨닫고에피메테우스의 뜻은 '뒤늦게 깨닫기' 형인 프로메테우스에게 난감한 상황을 이야기했다. 자신의 창조물 중 인간을 가장 사랑했던 프로메테우스는 궁리 끝에 인간에게 금지된 불을 훔쳐다 주기로 결심한다. 제우스는 불이 인간의 손에 들어가면 위험한 상황이 초래되리라는 것을 염려하여 그것을 엄하게 금지하고 있었다. 그러나 프로메테우스는 속이 빈 회향나무에 불을 숨겨 인간에게 건네주었다. 불을 훔친 곳에 관해서는 여러 설이 있는데 제우스의 번개, 헤라의 부엌 아궁이, 아폴론의 태양마차, 헤파이스토스의 대장간 등이다.

인간에게 불이 전달된 또 다른 이야기는 헤시오도스의 『신통기』에서 엿볼 수 있는데 불 도둑의 사건을 다르게 설명하고 있다. 그것은 인간이 신에게 드리는 제사에서 비롯된 일이었다는 것이다. 소를 올려 제사를 드림으로써 처음으로 인간이 신과 협정을 맺을 때 프로메테우스는 인간의 편을 들기 위해 제우스를 속였다. 그는 살코기와 기름진 내장은 뻣뻣한 가죽으로 싸고 뼈다귀는 기름진 덩어리로 싸서 제단에 올려놓고 제우스의 선택을 기다렸다. 제우스는 술책을 꿰뚫어보았으나 인간을 벌할 생각으로 뼈다귀를 선택했다. 기름덩어리에 싸인 뼈다귀를 확인한 제우스는 분노하여 인간에게 불을 금하는 벌을 내렸고 프로메테우스는 제우스 몰래 인간에게 불을 훔쳐다 주었다는 것이다. 그 벌로 프로메테우스는 3,000년이나 지속되는 벌을 받았고 인간들도 제우스가 벌을 내릴 계획으로 보낸 판도라에 의해 평생 불행을 껴안고 살아가게 된다는 것이 신화 속 불의 유래에 관한 이야기다.

실제로 최초로 불을 사용하기 시작한 인류는 피테칸트로푸스이다. 1891년 네덜란드의 으젠느 뒤부아가 자바 섬 트리닐에서 피테칸트로푸스의 흔적을 처음 발견했는데 이것이 바로 그 유명한 '자바원인'이다. 호모 사피엔스의 조상인 피테칸트로푸스는 50만 년 전부터 원시

도구를 제작했으며 분명히 불도 사용했다. 그러나 문제는 그들이 불을 피웠다는 흔적은 어디에도 없다는 것이다. 아마도 그들은 그저 산과 늪에서 자연 발생한 불을 보존했던 차원에 그친 듯하다. 무스테리안기, 즉 10만~3만5천 년 전 구석기 중기부터 인간이 불을 피우는 법을 터득했다는 점은 의심의 여지가 없다. 그들이 사용했던 방법은 가장 원시적인 기술인 마찰과 충돌이었다.

최초의 인공 발화법은 마른나무와 나무를 마찰하여 불씨를 얻는 방법이었다. 인간이 불을 사용하게 된 것은 다른 동물에 대한 인간의 우위를 입증하는 것으로 인간은 불로부터 많은 혜택을 얻었다. 음식을 익혀 먹게 되었으며 실내에 화덕을 설치하여 추위에 떨지 않아도 되게 되었다.

이렇게 유용한 불을 꺼지지 않게 잘 보관하면서 운반하는 것은 대단히 어려운 일이었기 때문에 인간은 점차 불이 있는 근처에 정착하는 생활 형태를 갖게 되었다. 일정한 곳에 정착한 인류는 식량 확보를 위해 수렵, 채취 수준에서 벗어나 농경 생활을 시작했으며 도구를 발명하게 되었다.

음식 문화는 물론이고 인류 생활의 전반적으로 큰 변화를 불러온 불의 발견을 보다 쉽게 도와주는 성냥을 발명한 것은 1827년 영국의 약제사 워커가 염소산칼륨, 황화안티몬, 전분, 아라비아 고무를 두약으로 하는 마찰성냥을 만들면서 시작되었다. 이 성냥은 유럽 각지에서 제조, 판매되었는데 불이 잘 켜지지 않는다는 큰 단점이 있어서 널리 사용되지 못했다.

1831년 프랑스의 소리아가 노란 인을 두약으로 하는 성냥을 만든 후 눈 깜짝할 사이에 유럽의 전역으로 퍼져나갔다. 덴마크의 작가 안데르센의 동화 〈성냥팔이 소녀〉가 쓰여진 것은 1848년으로 소녀가 사용했던 성냥이 아마도 이 황린 성냥이었을 것이다. 그러나 황린 자체의 독성이 강하고 발화성이 높아서 1912년부터 제조가 중지되었다.

1845년 오스트리아의 슈로테에 의해 처음으로 붉은인으로 만든 성냥이 등장했다. 적린은 황린보다 독성이 낮았지만 가격이 비쌌기 때문에 발화점이 높다는, 즉 자연발화하지 않는다는 장점이 있었음에도 불구하고 큰 도움이 되지 못했다. 더구나 당시에는 순수한 적린이 만들어지지도 않은 상태였다. 순수한 적린은 1851년 영국 올브라이트가 생산에 성공하여 같은 해 영국의 만국박람회에 출품하였다. 1855년 스웨덴의 룬드스트롬, 독일의 뵈트거 등이 적린을 사용한 작은 상자에 측약을 바르고 두약을 마찰시켜 불을 일으키는 원리의 안전성냥을 개발했다. 그 결과 스웨덴은 성냥 산업의 세계 우위를 차지하게 된다.

지도

현존하는 가장 오래된 지도는 미국 하버드대학의 '셈족 박물관'에 소장되어 있다. 이 지도는 제1, 2차 세계대전 사이에 하버드대학 고고학 탐사팀이 바빌로니아 북쪽에서 320킬로미터 떨어진 가수르라는 마을을 발굴하던 중에 출토되었다. 전문가들은 이 문제의 지도가 이라크 북부 지방을 그린 것으로 추정하고 있다. 테라코타판인 이 지도의 크기는 가로 70mm, 세로 90mm이며 제작 연도는 4500여 년 전쯤으로 추정된다.

그리스의 역사가 헤로도투스와 지리학자 스트라보에 따르면 바다와 하천이 다 그려진 완벽한 지구를 보여주는 지도를 처음 제작한 사람은 아낙시만드로스라고 한다. 기원전 6세기경 밀레토스에 살았던 헤가테가 아낙시만드로스의 지도를 최종 완성했다. 헤가테는 지구가 평평한 원반처럼 생겼다고 믿었다.

1507년 알자스의 지도 제조사 마르텡 발트시뮬러는 아시아 대륙과

또렷이 분리된 신세계를 처음으로 지도에 그려 넣었다. 피렌체 출신의 아메리고 베스푸치의 여행담을 듣고 영감을 얻은 그는 신대륙 남쪽을 아메리카라고 불렀다. 1569년 메르카토르는 이 지명을 신대륙 전체로 확대시켰다.

8세기 이후 무슬림 상인들이 인도양 교역의 주역이 되었다. 그들은 페르시아만의 시라프, 바스라 등을 중심으로 동아프리카에서 인도, 동남아시아, 중국에 이르는 광활한 해역을 활동 무대로 삼았다. 이러한 상황에서 무슬림의 바다지도가 탄생하게 되는데 기초가 된 것이 지중해를 사이에 두고 유럽과 아프리카가 마주보고, 인도양을 사이에 두고 아시아와 아프리카가 마주보는 '프톨레마이오스 세계지도'였다.

12세기에는 모로코에서 출생하여 이베리아 반도의 코르도바에서 공부를 한 무슬림 지리학자 이드리시가 세계지도를 제작하였다. 인도양 주변에 관한 풍부한 지식을 지닌 대지리학자 마수디를 연구하던 중 로제르 2세의 명령에 따라 만든 것이다.

이드리시의 세계지도 역시 기본적인 틀은 프톨레마이오스의 세계지도에 두고 있었다. 그러나 그때까지 지중해와 함께 '내해'로 여겨지던 인도양을 무슬림 상인의 활발한 교역활동을 반영하여 '외양'으로 간주하고 있었다는 점에서 큰 특색이 있다.

무슬림의 대항해 시대에 이어 중국인의 대항해 시대가 있었다. 그러나 원이 홍건의 난에 의해 멸망하고 명이 성립되면서 중국인의 대항해 시대는 막을 내렸다. 명은 해금정책을 펼쳤기 때문이다.

명은 민간상인의 해외통상을 금지하고 정부가 주도하는 감합무역을 통해 바다의 질서 재편을 시도했다. 명은 유목민이 구축한 유라시아 제국으로부터 벗어나 바다 세계에서 후퇴하여 중화질서의 재편을 꾀했던 것이다.

명대 초기 중국인의 대항해 시대의 종말을 알리는 대대적인 시도가 있었다. 영락제 때 무슬림 환관 정화로 하여금 2만7천 명의 선원으로 이루어진 사상 최대의 대함대를 이끌고 인도양을 항해하도록 한 것이었다. 정화함대는 6회에 걸쳐 동지나해, 남지나해, 인도양을 항해했다. 8천 톤으로 추정되는 목조선 '보선' 등 42척의 배를 거느리고 선원만 2만7천 명에 달하는 대함대였다.

정화는 인도 서해안의 카리카트와 페르시아만의 호르무즈를 항해하고 무사히 돌아왔다. 이 항해에서 사용된 바다지도는 무슬림 상인들이 완성한 인도양 바다지도와 중국인이 만든 동남아시아 바다지도를 조합한 것인데 기본적으로는 프톨레마이오스 지도의 틀을 사용하고 있다. 바다의 역사 속에서 축적되어 온 지식체계가 통합된 것이다.

이 정화함대가 사용한 바다지도에는 사실 두 가지 방법이 조합되어 있었다. 우선 중국 연해에서 수마트라 섬까지 바다지도의 대부분이 들어가 있고 중국인이 실시했던 연안항법에 도움이 되도록 연안 각지의 산, 도서 등이 상세하게 기술되어 있다.

다른 한편 수마트라 섬에서부터 인도양까지는 간략한 바다지도이고 프톨레마이오스의 세계지도와 마찬가지로 인도양을 사이에 두고 아시아와 아프리카가 마주보고 있다. 또한 무슬림 천체항법의 기준이 되도록 주요 항구 도시의 위도를 표시하는 큰곰자리, 작은곰자리 등

별의 고도각이 기입되어 있다.

몽골 제국 시대 육지와 바다의 네트워크가 연결되고 나침반, 바다지도 등 아시아의 바다 관련 기술이 지중해 세계에 전파되었다.

중국에서 전해진 나침반을 이용하여 항해에 나선 이탈리아 인은 '포르트라노형 지도'라 불리는 고유한 바다지도를 만들었다. 포르트는 이탈리아어로 '항구'를 뜻한다. 포르트라노는 '수로지' '항만의 지침'이라는 뜻이다.

이 바다지도는 지도 위의 방위반에서 32개의 방위선이 그물망처럼 교차하고 항구와 항구를 잇는 항로의 각도와 지도에 첨부된 축도를 사용하여 거리를 파악할 수 있다는 특색이 있다. 1300년경 사용된 '피사도'가 최초이다. 또한 1385년 마주르카 섬의 유대인 아브라함 크레스케스에 의해 제작된 '카탈루냐도'는 지중해 각지의 정보를 담은 '포르트라노'로 유명하다.

포르투갈의 엔리케 항해왕자의 아프리카 서해안 탐험사업으로부터 시작된 항해 사업이 활발해지면서 포르트라노 기법을 토대로 한 바다지도가 많이 제작되었다. 마침내 아프리카, 대서양 연안의 이미지가 세계지도 위에 투영되기 시작한 것이다.

육지와 항구와 방위를 기록한 포르트라노에도 개량이 이루어져 바다지도에도 많은 정보가 담기기 시작했다. 예를 들면 1504년판 데 라 코사의 지도에는 수심이 기입되어 있다.

인장

인장은 소유권을 밝히기 위한 도구로 사용된 것으로 매우 오래된 역사를 가지고 있다. 도시가 성장하고 지배층이 많은 부를 소유하게 되면서 자신의 소유물에 대해 명백한 표식을 나타낼 필요가 있게 되었던 것이다. 이와 같은 이유에서 인장은 약 6,500년 전 메소포타미아 남부의 수메르인 사회에서 처음 등장하였다.

점차 교역이 왕성해지면서 계약이라는 개념이 생겨났고 정당한 거래임을 나타내는 계약서에 도장을 찍기 시작했다. 이로써 소유권 확인과 이동이 인장에 의해 보장받게 된 것이다.

이러한 인장은 통치자의 위엄과 권력을 나타내기 위한 상징으로도 사용되었는데 법률이나 행정문서에 왕과 관료의 인장을 찍기 시작했다. 인장은 부와 권력의 소유권을 나타내는 상징으로서 지배계층에게 매우 유용한 것이었다.

인류가 만들어낸 여러 문명 중에 핵심은 단연코 '언어'와 '문자'이다.

각 문명에는 점토, 갈대, 나무, 천 등 문자를 기록하기 위한 고유한 재료가 있었고 재료에 따라 글자의 형태도 각기 다른 개성을 가지고 있었다.

이집트에서는 파피루스라는, 메소포타미아에서는 클레이 태블릿, 즉 점토판을, 인더스에서는 면포, 중국에서는 길게 자른 대나무와 나무판 등이 이용되었다. 이러한 고유한 재료 위에 쓰여진 문자 역시 각기 다른 특색을 가지고 있었다.

이와 더불어 문서에 찍는 인장도 여러 문명이 작성한 문서의 재료와 미의식, 종교관 등을 반영하여 고유한 특징을 가지고 있었다. 인장에는 처음부터 신성함을 나타낼 필요가 있었기 때문에 그것이 인장의 형태, 그림, 소재 등에 투영되었다.

이집트에서는 스카라브라고 부르는 쇠똥구리를 본떠 만든 인장이 이용되었다. 고대 이집트에서는 스카라브가 똥을 굴리는 모습과 태양의 운행을 결부시켜 스카라브가 태양의 움직임을 관장하는 신성한 동물이라고 생각했기 때문이다.

메소포타미아에서는 대리석과 사문암에 성스러운 짐승이나 나무를 새긴 '원통인장'이 이용되었다. 이 원통인장은 부드러운 점토판 위로 굴려서 도안이 찍히도록 만든 것이었는데, 원통 가운데에는 구멍이 뚫려 있어서 보통 때에는 실에 꿰어 목에 걸고 다닐 수 있는 장식 목적으로도 만들어졌다.

인더스 문명에서는 활석으로 만든 사방 수센티미터, 두께 1센티미터의 사각형 인장이 이용되었다. 표면에는 소나 각종 동물 등 신성한 도안과 여전히 해독이 되지 않고 있는 인더스 문자가 새겨지고 뒷면에 구멍이 뚫린 작은 손잡이가 달려 있었다.

발견된 인장에 새겨진 인더스 문자의 수는 400종류, 약 1만3천5백 개에 이른다. 인더스 문명의 인장은 짐을 보낼 때 문서나 물건을 넣었던 주머니를 봉하기 위해 붙였던 '봉니'라는 점토 위에 찍거나 목면 등의 천에 찍었던 것으로 생각되지만 확실하게 밝혀진 바가 없다.

중국에서는 가늘고 길게 자른 나무나 대나무 문서의 앞면과 뒷면에 표지가 되는 판을 대고 끈으로 묶어 한 권의 책으로 만들었다. 이 때 묶은 끈의 매듭에 점토를 발라 완전히 굳기 전에 인장을 찍고 문서를 마음대로 읽을 수 없도록 했다. 정보를 관리하기 위한 용도로도 인장이 쓰였다.

동아시아 세계에서 인장은 관인으로 황제가 신하에게 주는 황제의 권위를 상징했다. 옥, 금, 은, 동 등 인장에 쓰인 재료나 끈의 형태, 색깔에 따라 등급이 복잡하게 나뉘었다. 예를 들어, 한대의 인장은 황제는 옥새에 호랑이 모양의 손잡이, 황후는 금새에 호랑이 모양의 손잡이, 제후왕은 황금새에 낙타 모양의 손잡이를 달았다.

이러한 인장 제도는 차츰 주변의 여러 민족으로 확산되어 동아시아 세계에서는 인장이 국제 질서를 유지하기 위해 이용되기 시작했다. 다시 말해 천하의 지배자임을 자인하는 중화 제국의 황제는 자신의 지배하에 들어온 수장에게 중화 제국의 관직과 지위를 나타내는 인장을 주어 복종하도록 하고 독자적인 국제질서를 만들어낸 것이다.

향수

향수의 정의를 살펴보면 라틴어 퍼뭄에서 나온 말로 퍼Per:through와 퓨뭄fumum:smoke에서 나온 합성어이다. 신을 숭배하던 시대에 인간이 신의 재단에 나아갈 때 신체를 청결히 하고 향내를 풍기는 나뭇가지를 태웠다는 향수의 기원이 명칭에 고스란히 남아 있다.

5,000년 전 인류 역사에 나타나기 시작한 향수는 인류가 사용한 가장 오래된 화장품의 한 종류이다. 여러 가지 종류의 의식 또는 종교적 의식 등 필요에 의해 사용되기 시작한 것이 오늘날은 일상적으로 쓰이고 있다. 오늘날의 향수는 조합된 향료를 에틸알코올로 20~25% 희석해 사용하는 방향 제품을 모두 일컫는다.

나뭇가지를 태워 냄새를 피우고 4~5천 년 전 신의 제단에 나아갈 때 잎의 즙을 짜서 몸에 발랐다는 것이 향수의 기원이다. 인류가 향을 즐기기 시작한 것은 문명의 시작과 거의 동시에 이루어졌다고 할 수 있다. 메소포타미아, 이집트, 그리스 등 고대문명 국가들의 유적에는 반드시 향료를 사용한 기록이나 증거가 남아 있을 정도다. 특히 이집트는 향료가 발달했는데 인류 최초의 향으로 발견된 것은 이집트의 투탕카멘 왕의 무덤 안에 있었다.

석고로 만든 항아리에 채워진 향고는 20세기 발견 당시에도 은은한 향기가 남아 있어서 전 세계를 놀라게 했다. 향고는 손에 묻히면 녹는 끈끈한 물질로 고대 이집트 왕조에서는 마르지 않는 강처럼 자신의 영혼을 지키기 위해 향을 애용했다. 시체의 부패 방지, 보존을 위한 약품으로도 사용되었던 것이다.

고대 이집트의 향수는 그리스 로마에까지 전해지는데 향수를 이야기할 때 빼놓을 수 없는 인물이 바로 클레오파트라이다. 로마에서 시저를 잃은 후 옥타비아누스를 유혹했던 그녀는 향유와 향고를 늘 가까이 했다. 당시 그녀는 매일 시돈산 감송유를 몸 전체에 바르고 양손에는 한번에 4백 데나리온의 향고를 발랐으며 목욕 후에는 장미, 수선, 백합 등의 향내가 담긴 향유를 사용했다고 전해진다. 또한 언제나 집안을 향으로 가득 채워두었고 향료가 들어 있는 사탕과자나 음료수 등을 먹었다고 하니 지금도 그녀의 미용법 중 매일 우유로 목욕했다는 목욕미용법이 전해지고 있다.

그 후 향수는 이집트 문명권을 거쳐 그리스와 로마 등지로 퍼져 귀족계급의 기호품이 되었다. 당시의 상인들은 부피가 작고 값이 비싼 향료를 화폐 대용으로 사용하였다고도 한다.

어쨌든 뭔가를 태워서 향기를 만드는 일은 중세 시대까지 이어졌다. 14세기 유럽에 흑사병이 강타했을 때 당시 사람들은 마당이나 길거리에서 소나무나 로즈마리를 태워 질병의 확산을 막으려고 했었다. 또 당시에는 질병을 예방하기 위해서뿐만 아니라 체취를 감추기 위해서도 향수를 사용했다. 중세 유럽 사회는 목욕을 즐겨 하는 문화가 아니었기 때문에 향수를 뿌려 땀 냄새와 몸에서 나는 냄새와 섞이도록 했다.

근대적 의미의 향수가 나온 시기는 1370년경으로서, 지금의 '오드 투알레트'풍의 향수인 '헝가리 워터'가 발명되었다. 이것은 헝가리의 왕비인 엘리자베스를 위해 만들어진 것으로서 증류향수이며, 최초의 알코올 향수이다. 그 뒤 1508년 이탈리아의 피렌체에 있는 성 마리베라의 도미니크회 수도사가 향료조제용 아틀리에를 개설, '유리향수'를 제조하면서부터 그 전성기를 맞게 되었다. 1533년에는 피렌체의 명문가문인 메디치가家의 딸 카트린 드 메디치와 프랑스의 앙리 2세가 결혼하면서 그녀의 조향사인 L.비앙코가 프랑스로 건너가 파리에서 향료·향수 가게를 열었는데 이것이 최초의 향수 전문점이다.

향수가 산업으로서 발전하기 시작한 시기는 17세기 프랑스의 루이 14세 시대부터라고 할 수 있다. 당시에는 피혁 제품이 주류를 이루고 있었는데, 가죽을 부드럽게 만드는 무두질 기술이 보급되어 있지 않았기 때문에 가죽에서 나는 특유의 악취를 없애기 위한 향료와 향수가 필수품이었다.

오늘날 향기의 고향으로

알려진 남프랑스의 그라스 지방은 피혁 제품의 생산지로 유명했던 곳으로, 무두질한 가죽의 부가가치를 높일 목적으로 향료를 사용했다. 프랑스 궁정에서도 많은 향수가 애용되었는데, 주로 오렌지 꽃과 히아신스가 애용되었다고 한다.

특히 루이 14세는 향수에 남다른 관심을 보였다고 전해진다. 한편, 오 드 콜롱eau de colon은 18세기 초 독일의 쾰른에서 제조된 향수이다. 이것은 나폴레옹 원정 때 파리에 전해지면서 크게 유행한 것으로 14세기 로즈마리와 알코올로 만들어진 헝가리 향수가 그 유래이다. 그 뒤, 1709년 이탈리아 출생의 G.M.파리나가 독일의 쾰른으로 이주한 뒤, 베르가모트유, 오렌지유, 장미향의 네롤리유 등으로 화장수를 만들어내어 제품화하였다. 이것은 오 드 콜로뉴콜로뉴는 쾰른의 프랑스어 발음, 즉 '쾰른의 물'이라는 이름으로 판매되었다. 당시 이 제품은 유럽 전역에 걸쳐 크게 유행하였다.

19세기 중엽에 이르러서는 산업화의 진전과 더불어 화학합성 향료가 개발되면서 향수의 대량생산이 이루어졌다. 이전까지는 천연 향료만을 사용하여 왔던 탓으로 향료와 향수는 귀족 계급의 전유물로 여겨져 왔으나 합성 원료의 등장으로 향료·향수의 대중화가 이루어진 것이다.

최초로 합성 향료를 만든 프랑스의 화학자 모리나드는 귀족 계급의 전유물이었던 향을 대중화하는 데 크게 공헌한 인물이다.

고대 우리나라 사람들 역시 향료를 신성시하고 사용했다. 기원전 2333년 개국했다는 단군신화에 의하면 첫 주거지는 태백산 꼭대기 단

수 아래였다. 단은 박달나무로서 향나무를 총칭하며 고대인들이 향나무 근처를 첫 주거지로 삼고 그것을 경외한 것은 향나무의 그윽한 냄새도 그렇지만 사시사철 푸른 특성과 강인한 생명력을 연결하여 생각했기 때문이다.

우리나라 사람들의 향수 사용에 관한 이야기는 삼국 시대에 이르러서야 구체적으로 전해지고 있다. 삼국 시대의 향수와 향료의 사용은 고고학적으로 입증되는데 고구려의 쌍영총 고분벽화 동쪽 벽에는 아홉 사람이 걸어가는 그림이 있는데 맨 앞에 걸어가는 소녀가 향로를 머리에 이고 두 손으로 받들고 있다.

그 향로는 밑이 둥글고 넓적한 그릇 같은 형태에 둥글고 긴 막대꼴의 대가 세워지면서 종발 같은 것이 올려진 모양으로 세 줄기의 향연이 피어오르고 있다.

또, 석굴암 안쪽 둥근 벽 둘레에 새겨진 지혜제일 사리불과 신통제일 목련은 손잡이 향로를 들고 있다. 석굴암보다 앞선 비암사사유반가석상의 받침은 둥근 단지형의 향로이다. 혜공왕이 771년에 완성한 에밀레종에는 연꽃송이 모양의 향로가 새겨져 있다.

우리나라는 서기 372년경 고구려 승려가 또, 서기 382년경에 백제의 승려가 중국에 파견되어 불교를 들어오게 되고 그때마다 고도한 문화가 발달되었다. 이때 불교와 함께 향료도 수입되었다고 한다. 그리하여 사원에서는 향을 피우게 되었고 이것이 점차 민간의 상류계층으로 퍼지게 된 것이 향을 사용한 시초였다고 한다.

향료 사용의 대중화는 신라 시대의 귀부인들로부터이며 그때 향낭이라고 부르는 향료주머니를 만들어 몸에 지녔다. 처음에는 인도, 중국에서 수입된 향료만을 사용하였으나 얼마 후에는 향기 좋은 꽃잎이나 줄기, 나무껍질, 뿌리 등을 말려서 분말을 만들어 유지에 배합해서 작은 도자기 용기에 담아두고 손끝에 묻혀 사용하였다고 한다. 이것이 순수하게 우리나라에서 천연향료를 사용한 시초라고 볼 수 있다.

우리나라에 근대 개념의 향수가 소개된 것은 개항 이후이다. 우리나라에서는 향수의 사용이 광범위하고 고려 시대에는 중국에 예물로 보낼 정도로 제조 기술이 우수했지만 알코올에 용해시키는 기술은 서양보다 뒤떨어졌기 때문에 큰 발전을 이루지는 못했다.

◉

단두대

지금은 사라진 유물이 되었지만, 역사서를 통해 단두대에 대해 읽거나 들어본 사람이라면 그 기원을 프랑스 대혁명 때 기요틴이라는 사람에 의한 것으로 알고 있다. 실제로 단두대를 표기하는 영문 역시 Guillotine이라 쓴다. 하지만 단두대는 프랑스 혁명보다 더 이전에 스코틀랜드에서 메이든이라는 명칭으로 사용되고 있었으며, 이 메이든은 1581년 모튼 섭정기를 공고히 하는 데 크게 기여했다. 그 때문인지 그 견본이 에딘버러 고고학박물관에 소장되어 있는데 이 기구의 마지막 희생자는 아질 후작과 그의 아들 아질 백작이었다.

뿐만 아니라 단두대는 중세 독일과 13세기 이탈리아에서도 무섭게 사용되며 그 이름을 널리 알렸다.

하지만 우리에게 단두대의 역사로 익숙한 인물은 프랑스의 기요틴이라는 사람으로 그는 1789년 국민의회 앞에서 사형수의 고통을 줄이는 가장 효과적이고 효율적인 방법은 단두대가 유일하다는 이론을 펼

치며 적극 권장했다.

그는 작자 미상의 한 책에 그려진 밀라노의 처형 방식에서 아이디어를 얻어 단두대를 제안했다고 한다. 그의 역할은 여기에서 그치지 않고, 이후 1791년 말 프랑스 정부에서는 루이 박사에게 단두대를 완성하라는 임무를 적극적으로 내렸다. 여기서 단두대의 별명인 '루이제트'와 '퍼티트 루이종'이라는 단어가 나왔다.

비세트르에서 시체들을 대상으로 여러 차례 실험을 거쳐 만족한 결과를 얻은 후 프랑스 정부는 1792년 4월 25일 최초로 악명 높은 도둑 니콜라 자크 펠르티에를 단두대형에 처했다. 그리고 널리 알고 있듯이 프랑스 대혁명을 통해 그들의 왕과 왕비 루이 14세와 마리앙트와네트 역시 단두대에서 처형을 당했다.

단두대는 프랑스 대혁명 이후 공포정치를 단단히 다지는 역할을 하며 말 그대로 무척이나 공포스러운 악명을 휘날렸다. 아이러니한 것은 단두대를 제안하고 권장했던 시초인 기요틴은 공포정치 하에 자신의 이름이 붙은 이 기구에 의해 목이 잘릴 뻔했으나 가까스로 살아났다는 것이다. 대부분의 사람들은 기요틴 박사가 단두대에 의해 처형되었다고 알고 있지만 그것은 사실이 아니다.

후일 그는 무고한 인명을 앗아가는 이 기구의 사용을 반대하는 시위를 벌이기도 했다. 이후 1981년 10월 10일 프랑스에서 사형제도가 폐지되면서 단두대는 역사 속으로 영원히 사라졌다.

◉

망원경

렌즈에 확대하는 힘이 있다는 것을 안 것은 2,000년 전 그리스 프톨레마이오스 클라디오스까지 거슬러 올라간다. 실제로 안경용 또는 확대용으로 쓰이는 렌즈는 중세 이탈리아에서 많이 만들어졌으며, 14세기경 베네치아는 렌즈 제조의 중심이었다.

망원경을 최초로 만든 사람은 1608년 네덜란드 미델부르흐의 안경장 한스 리페르헤이이며 1608년 특허를 신청한 것으로 알려져 있다.

그가 망원경을 발명한 것에 대해서는 다음과 같은 일화가 전해진다. 하루는 그가 가게 앞에서 두 어린이가 안경용 렌즈 2개를 가지고 가까운 교회의 탑을 보니 크게 보인다고 말한 것에 착안하여 2개의 렌즈를 통에 끼워 망원경을 만들었다는 설이다. 그는 그 망원경으로 장사를 해 볼 생각으로 주정부에 신청하여 1608년 10월 2일 전매권을 얻었다.

이렇게 해서 네덜란드에서 망원경을 만들어 벨기에에서 판매한다는 이야기는 당시 베네치아에 살던 갈릴레이에게까지 전해졌다. 그는 곧바로 같은 모양의 것을 만들어서 천체를 관찰하여 많은 새로운 사실을 알아냈다. 갈릴레이의 공적은 망원경을 만들었다는 사실보다 처음으로 망원경을 천체 관측에 사용하여 그때까지 눈으로는 관찰할 수 없었던 천체와 우주의 모습을 최초로 탐색했다는 데 있다.

갈릴레이가 1609년 최초로 만든 망원경의 통은 납이었고 대물렌즈는 평볼록, 접안렌즈는 평오목렌즈였으며 배율은 3배였다. 또 1610년 1월 갈릴레이는 스스로 연마한 렌즈를 사용한 네 번째 망원경으로 목성의 주위에 네 개의 위성이 돌고 있다는 것, 목성이 고르게 밝은 원반이 아니고 밝기와 빛깔이 다른 무늬를 가지고 있다는 것, 또 태양면에 흑점이 있다는 것 등 천체에 관한 많은 새로운 사실을 발견했다.

갈릴레이는 망원경을 만들어 천체 관측을 한 성과를 인정받아 파도바대학의 교수가 되었다. 그는 그의 생애를 통해 만든 많은 망원경의 대부분을 피렌체의 대재벌 메디치가의 메디치 2세에게 바쳤다. 그 가운데 최대의 것은 대물렌즈 지름이 56센티미터, 초점거리 1.7미터, 배율은 30배의 것이다. 갈릴레이가 만든 망원경은 모두 대물렌즈는 평볼록렌즈를, 접안렌즈는 평오목렌즈를 사용했다. 이 형식은 오늘날 갈릴레이식이라고 하는 망원경의 원조다.

이러한 갈릴레이식 망원경은 상이 정립이지만 시야가 좁다는 단점이 있었다. 이 결점을 보완한 것이 케플러식 망원경이다.

케플러의 망원경은 1611년 발간된 케플러의 저서 내용에서 찾은 것으로 대물렌즈와 접안렌즈를 다같이 볼록렌즈로 사용한 것이다. 이렇게 하면 상은 비록 거꾸로 맺히지만 시야가 넓고 높은 배율이 얻어진다. 이것이 오늘날 일반적인 케플러식 망원경이다.

J.케플러는 이 망원경에 볼록렌즈 1개를 더 쓰면 도립상을 정립상으로 만들 수 있다는 이론을 내놓았다. 이것이 정립대안경 또는 지상용대안경이라고 하는 망원경으로 지상의 풍경을 보기 위해서 사용되는 것이고 천체용으로는 도립상이라도 불편하지 않으므로 사용되지 않는다. 케플러는 스스로 망원경을 만들지는 않았지만 그의 이론에 의거하여 케플러식 망원경을 최초로 만든 사람은 1615년 독일의 제수이트파의 성직자 C.샤이너였다.

17세기 후반에는 이 방법이 사용되어 매우 긴 망원경이 유행했다. 1655년 C.하위헌스가 만든 구경 57mm, 초점거리 3m의 망원경, 1671년 J.D.카시니가 만든 구경 137mm, 초점거리 11m의 망원경을 비롯하여 독일의 J.헤벨리우스가 만든 초점거리 49m의 망원경까지 있었다.

반사망원경의 기초 실험을 시작한 사람은 1616년 N.추키이다. 그는 빛을 오목거울에 받아서 이것을 반사시켜 볼록렌즈에 의해 상을 맺게 하였다. 1663년 J.그레고리가 반사망원경의 원리를 생각해 내어 안경장 J.콕스로 하여금 만들게 했으나 성공하지는 못했다. 실제로 반사망원경을 만들어 사용한 사람은 우리에게 만유인력의 법칙으로 유명한 아이작 뉴턴이었다. 그는 그레고리식 망원경에서 착안하여 1668년 반사망원경을 만들었는데 안타깝게도 기록으로 남아있지는 않다.

1671년에 만든 두 번째 것은 주경이 15.2cm이고 그 1/4의 금속경과 대안렌즈로는 평볼록렌즈를 사용했다. 이것이 대안경의 바로 앞에서 빛이 45도로 꺾여 옆에서 들여다볼 수 있게 된 뉴턴식 망원경이다.

금속을 써서 만든 반사망원경으로 큰 것은 W.허셜이 1783년에 만든 것과 1789년에 만든 것이 있는데 그는 이것을 이용하여 천왕성과 그의 위성 2개, 토성의 위성 2개를 발견했다. 굴절망원경의 대물렌즈를 굴절률이 다른 두 종류의 유리로 만들어 색수차를 없앤 이른바 색지움렌즈는 영국의 광학기기상 J.돌론드가 처음으로 만들어 1758년에 특허를 냈다. 그 후 돌론드는 새로운 망원경 제작회사를 설립하여 유럽 각지에 제품을 공급했다.

◉

시계

시계는 문명의 발생 당시부터 약 6,000년이나 사용되었다. 그 후 과학기술이 발달됨에 따라 균형바퀴라고 부르는 템포바퀴를 사용하여 제어하는 기계시계가 고안되었으며, 더 나아가 진자시계, 템포시계, 전기시계, 소리굽쇠시계, 수정시계, 원자시계 등이 만들어졌다.

해시계는 인류의 생활이 시작되었을 무렵 이집트에서 사용된 시계로서, 태양빛에 의해 생기는 그림자를 이용하여 시각을 표시하는 것으로 그노몬이라고 하였다.

이것은 유럽에서 많이 사용되었으나 기원전 600년경에 중국에서도 사용되었다. 처음에는 막대를 수직으로 세워 그림자의 이동으로 시각을 표시하였고, 후에는 그 막대가 북극성을 가리키도록 기울임으로써 보다 정확한 시각을 알 수 있었다. 해시계는 18세기경까지 사용하였다.

그러나 해시계는 태양이 있을 때만 쓸 수 있고 날씨가 좋지 않거나

야간에는 사용할 수가 없다는 단점이 있었다. 때문에 태양을 이용하지 않고서도 시각을 측정할 수 있는 시계가 필요하였다. 그래서 고안된 것이 물시계로 기원전 1400년경 고대 이집트에서 쓰였다. 밑바닥에 작은 구멍이 뚫린 그릇에 물을 채우고 물이 일정하게 규칙적으로 새어 나오면 수면이 내려가므로, 그릇 안쪽에 새겨 놓은 눈금으로 시각을 표시하였다. 기원전 500년경 그리스에서도 클렙시드라라고 하는 일종의 물시계가 사용되었는데, 이것은 물을 퍼내는 주방용품의 이름이었다.

한편 이집트의 알렉산드리아에 살던 크테시비오스는 밤낮은 물론, 여름이나 겨울에도 사용할 수 있는 자동식 물시계를 고안하였다. 이 시계는 커다란 원통 용기 위에서 조금씩 일정한 속도로 물이 들어가게 되어 있고, 그 용기 속의 상부에는 인형을 올려놓은 대가 들어 있다. 물이 불면 이 장치가 수면에 의해 밀어 올려져서 인형이 점점 상승하면서 인형이 가지고 있는 지시봉으로 원통에 새겨진 눈금을 가리켜 시간을 알게 한다.

우리나라는 1424년 장영실이 세종의 명을 받아 물시계의 일종인 누각을 만들었다. 현재 덕수궁에 설치되어 있는데, 물시계 연구 자료로서 세계적으로 유명하다.

모래시계는 물과 같은 원리를 이용하여 작은 구멍에서 모래가 떨어지는 것을 이용한 방법이 4~16세기까지 사용되었다. 모래가 떨어지는 시간으로 시각을 표시하는 것인데, 장구와 같은 모양의 유리그릇을 만들어 모래가 아래로 떨어지는 것으로 시각을 표시하고, 다 떨어지면 다시 뒤집어 시각을 측정한다.

불시계는 물질이 탈 때의 속도는 물질의 종류에 따라서 다르지만 같은 물질일 때는 타는 시간이 거의 비슷하므로 타 없어진 정도를 보고서 시간을 측정할 수 있다는 이론을 적용한 것이다. 시간을 측정하는 초시계와 타 없어지는 기름의 양을 보고서 시간을 측정하는 램프시계는 900년 알프레드 왕 시대부터 이용하였고, 16세기경 에스파냐 왕실에서는 일반 시민에게 야간시간을 알리기 위하여 램프시계를 이용하였다. 중세에는 초시계와 램프시계가 널리 보급되었다.

기계시계는 14세기 초부터 만들어졌는데, 지금까지 설명한 고대의 시계와는 달리 동력을 사용한다. 일명 중량시계라고도 한다. 무거운 추를 동력으로 삼고 있으며, 교회 건물 위에 걸어 놓아 건물 전체를 장식하는 동시에 모든 사람에게 시간을 알렸다. 그 후 차차 별과 달의 운행, 만년력 등을 표시하여 여러 가지로 복잡하게 만들어 비싼 값으로 팔았다.

1364년 프랑스에서는 찰스 5세가 독일의 기계기술자인 H.드비크로 하여금 파리에 커다란 대형 시계를 제작하게 하였는데, 이 시계는 높이가 3m나 되며 현존하는 시계 중에서 가장 오래된 기계시계이다. 이 시계는 드럼에 노끈이 감겨 있고, 노끈에는 추가 달려 있다. 무거운 추의 무게로 드럼이 회전하고 그 회전을 기어장치로 1개의 지침에 전하는 구조이다.

그 후 이탈리아의 갈릴레이가 1583년 흔들운동의 등시성을 발견하였고, 이것을 1656년에 네덜란드의 수학자 C.하위헌스가 처음으로 시계에 응용하였다. 이리하여 시계에 흔들이를 응용하기 시작한 다음부터는 그 정밀도가 대단히 높아지게 되었다. 1676년 보통 8일 감기의 괘종시계에 사용되고 있는 앵커를 사용한 퇴각식 탈진기가 R.후크에 의하여 발명되었다. 그리고 이 탈진기는 싸게 제작되므로 널리 사용되었고 오늘날까지 사용된다. 시계에 분침이 달리게 된 것도 이 퇴각식 앵커 탈진기가 발명된 후부터이다.

1715년 G.그레함은 앵커 탈진기를 개량하여 직진식 탈진기를 발명하였다. 1500년 독일의 P.헨라인에 의하여 태엽이 발명된 후로는 각 부품의 개량과 함께 시계는 점점 정교해지고 소형화되어 운반에 편리한 휴대용 시계가 탄생하였다. 앞에서 말한 탈진기는 진자시계용 퇴각식 탈진기였으나, 휴대용 시계의 탈진기는 레버식 탈진기를 사용하게 되었는데, 이것은 1755년경 영국인 T.머지가 발명한 것이다.

그렇다면 오늘날 휴대하기 편하고 패션의 일부로서 받아들여지고 있는 손목시계는 누가 제일 먼저 만들었을까? 여기에는 두 가지 서로 다른 이야기가 있다.

첫 번째는 1899년 10월 아프리카에서 보어 전쟁이 일어났을 때 한 영국 국군장교가 회중시계를 손목에 밴드로 묶고 다녔다는 이야기를 접한 스위스의 오메가사가 1902년에 손목시계를 제작하였다는 것과,

두 번째는 항공술의 선구자인 브라질의 알베르토 산토스 두몬트와 그의 친구 이야기로 알베르토는 비행기 조종간을 놓지 않고 시간을 알 수 있는 방법이 없을까 고민했다. 그때 그의 친구이자 왕실 전속 보석 세공사이며 보석 세공의 일인자였던 루이 카르티에가 그를 위해 1906년 최초의 손목시계를 만들어 주었다. 이후 카르티에는 귀족들을 대상으로 화려한 모델의 손목시계를 제작해 시장에 내놓기 시작했다는 것이다.

그러나 손목시계가 널리 유행하게 된 것은 1915년 이후의 일이다. 스위스 태생의 장 샤누이는 1918년 프랑스 안시에 정착해 보석가게를 열었다. 그는 제1차 세계대전 당시 프랑스 군인들이 작은 체인이 달린 회중시계를 차는 것을 보고 손목시계 제작 사업에 뛰어들게 되었다. 그 후 그의 제품은 대량생산되어 매우 싼 가격에 보급되었다.

피임약

기원전 제2천년기에 제작된 고대 이집트의 파피루스를 보면 당시 사람들은 악어똥, 꿀, 아라비아고무, 천연사이다 등으로 만든 고약을 질 위에 붙였다는 기록이 있다. 놀랍게도 이렇게 해서 임신을 피할 수 있었다고 한다.

우리와 더 가까운 시기인 11세기에 이르면 아비센느가 20여 가지의 피임 기술을 서술한 바 있다. 또한 16세기 중엽 이탈리아의 해부학자 팔로페가 콘돔을 발명했다. 그는 어떤 장처리공이 암양의 맹장으로 콘돔을 만드는 것을 보고 영감을 얻었다. 그 후 1677년 레벤후크에 의해 정자가 발견되면서 성교 후 질을 세척하는 피임법이 행해졌다.

1820년 영국의 프랜시스 플레이스가 최초로 가족계획을 소개했다. 그는 영국 노동자들에게 몇 가지 피임법을 제시했는데 그중에는 중절 성교도 포함되어 있었다. 1881년 네덜란드에서는 뤼테르스와 알레타 야코브스가 최초로 피임 상담실을 열었다. 그들은 독일의 멘지가 발명한 페서리 사용을 권장했다.

그러나 이 모든 피임기구 중에서 1840년부터 가장 애용되고 있는 것은 콘돔이다. 가황법의 발견으로 고무의 강도와 탄성이 향상되었고 그 결과 현대적 콘돔이 탄생했다. 1870년부터 영국에서는 이러한 콘돔을 대규모 생산하는 공장이 가동되었다. 약 100년 후 에이즈의 출현으로 인해 사람들은 공포에 사로잡혔고 콘돔의 사용이 얼마나 중요한가에 대해 다시금 생각하게 되었다.

1956년 존 록과 민추웨이 창이 하버드대학 교수 그레고리 핀커스와 공동으로 발명한 생리적 피임법이 확산되기 시작했다. 또 경구피임약 시대도 열렸다. 1959년에는 질 내에 삽입하는 피임기구가 발명됨으로써 피임 세트 발명의 마지막 장을 열었다고 할 수 있다.

1990년 말 미 보건당국은 '노플랜트'라는 이식용 조직편 사용을 허가했다. 이 기술은 1987년부터 스칸디나비아 반도에서 이용되어 왔는데 국부 마취로 팔 밑살을 조금 째고 그 속에 이식용 조직편을 고정시키는 방법이다. 이렇게 하면 짧게는 1년에서 5년까지 피임이 가능했다.

숟가락 젓가락

놀랍게도 인류는 아득한 옛날부터 다양한 형태의 숟가락을 사용해왔다. 재료로는 나무가 가장 많이 쓰였는데 중세 때 숟가락은 손칼과 함께 사용되었다. 또 이 시기에 고급 숟가락이 등장했는데 어떤 것의 손잡이는 암사슴의 다리를 본떠 제작되었다. 15세기에는 사자나 용의 콧대를 연상시키는 손잡이가 달린 숟가락도 등장했다. 그러나 16세기 이후 스타일이 점차 소박해지기 시작하면서 오늘날과 같이 간소하고 기능적인 형태로 변했다.

숟가락은 비교적 많은 나라에서 사용해왔지만 젓가락은 아시아 지역, 특히 우리나라를 비롯해 중국과 일본에서 가장 많이 쓰이는 도구이다. 세계 인구의 15억 명 이상이 젓가락을 사용하지만 한, 중, 일 세 나라가 젓가락 사용 인구의 80% 이상을 차지한다고 한다.

젓가락을 처음 발명한 나라는 중국이다. 중국에서는 젓가락을 콰이즈라고 부르는데 그들이 젓가락을 사용한 지는 대략 3,000여 년 정도

된다. 젓가락을 사용하기 전에는 역시 손으로 밥을 집어 먹는 과정을 겪었고 뜨거운 죽이나 국은 나뭇가지를 사용해서 마셨다고 한다.

중국 사람들이 젓가락을 사용한 역사는 기원전 16세기에서 11세기의 상나라까지 거슬러 올라간다. 『사기』 미가세가를 보면 은 주왕이 상아젓가락을 사용했다는 기록이 있다. 주왕은 상나라 말 군왕으로 중국이 젓가락을 처음 사용한 것은 3,000년 전 이상임을 추정하는 근거가 된다.

또한 공자 시대의 역사 문헌에서는 수프 혹은 국에서 음식을 '꼭 집는 것'에 대해 언급하는데 이러한 기록은 일종의 젓가락이 사용되었음을 지적하는 것이 아닐까 추측할 수 있다.

젓가락을 사용했다는 기록 중에는 항우와 유방의 대결, 초한이 패권을 놓고 다투던 시절에 나온 이야기도 있다. 역이기가 6국의 왕을 봉해 주나라 시절 봉건제 부활을 제안하자 장량이 젓가락을 부러뜨린 후 그 계책의 문제점을 이야기했다는 내용이 있다.

한나라 초기까지는 젓가락으로 식사하는 것이 일반적인 관습이 되었음이 분명하다. 중국 후난성 창사에서 그 시대 무덤이 발견되었는데 거기에는 젓가락을 포함하여 옻칠을 한 식기 세트까지 발굴되었다.

선진 시대에는 젓가락을 'jia'라고 불렀고 진한 시대에는 'zhu'라고 했다. 고대 중국 사람들은 금기를 중요시 여겼는데 'zhu'의 발음이 정지하다는 뜻의 발음과 같아서 상서롭지 못하다는 이유로 이후에 'kuai'라고 부르기 시작했다.

어떤 중국 학자들은 젓가락이 처음 사용된 것은 음식을 먹기 위함이 아니라 요리를 하기 위한 목적이었을 것이라고 한다. 익히지 않은 음식 재료를 잘게 썰어서 잎사귀에 싼 다음 막대기를 사용해서 불에 달군 조약돌을 그 쌈 속에 넣었다는 것이다. 이런 방법을 사용하면 요리사가 요리할 때 불에 데지 않을 수 있었다. 그 후의 역사를 보면 요리용 그릇에서 음식을 꺼내기 위한 목적으로 젓가락이 사용되었다.

초기의 젓가락은 썩기 쉬운 나무나 대나무로 만들었다. 젓가락을 많이 사용하는 대표적인 한, 중, 일도 제각각 모양이나 그 재료가 다르다. 중국은 이들 중 가장 길고 뭉툭한 형태를 하고 있다. 아무래도 중국 음식이 가장 기름지고 데이는 위험이 높기 때문일 것이다. 주요 재질도 사기나 나무같이 열 전도가 낮은 것들이 주를 이룬다. 끝이 뭉툭한 것은 음식을 집어 자기 밥그릇으로 가져가거나 먹을 때 떨어뜨리지 않기 위해서다.

일본은 젓가락이 짧고 끝이 뾰족하다. 일본인이 주로 먹는 쌀이 점도가 낮다보니 밥그릇을 잡고 밥을 쓸어 먹는 문화가 발달했는데 젓가락이 길면 먹기에 불편하기 때문이다. 생선을 많이 먹는 일본인은 젓가락으로 생선의 살과 뼈를 잘 발라 먹는 기능을 해야 하기 때문에 끝이 뾰족하고 나무로 만들어진다.

우리나라의 젓가락은 중국이나 일본에 비해 납작한 형태이다. 그리고 길이는 중국보다 짧고 일본보다 조금 길거나 비슷하다. 우리나라의 젓가락 재질은 금속이 많다. 예전에는 놋쇠를 주로 사용했으나 오늘날은 스테인리스 스틸을 주로 쓴다.

유화

오늘날에는 수채화, 아크릴화, 유화 등의 물감이 공장에서 제조되어 편리하게 사용할 수 있도록 튜브나 작은 통에 담겨져 판매되고 있다. 그런데 물감 생산의 공장화가 이루어지기 이전 미술가들은 직접 안료를 광물이나 식물에서 추출하여 사용할 수밖에 없었다.

기원전 1300년경부터 이집트인들은 기름에 수지를 녹여서 벽화를 그렸다. 플리니우스는 이때 쓰인 기름들을 목록으로 작성하기도 했다. 10세기에 출간된 헤라클리우스 개론에는 유화 제작기법이 총 네 장에 걸쳐 설명되어 있다.

안료에 기름을 섞어 사용하는 유화가 널리 보급되기 이전, 그러니까 중세와 초기 르네상스 시대 때 미술가들은 벽에 회칠을 하여 그렸던 프레스코화와 달걀 노른자를 안료에 섞어 사용했던 템페라를 사용해서 그림을 그렸다. 이들 재료의 특성상 한번 그린 부분은 수정이 불가능했기 때문에 미술가들에게는 숙련된 솜씨가 필요했고 자신이 원하는 그림을 그리기 위해서는 숙련된 손재주뿐만 아니라 좋은 재료를 선택하는 전문적인 지식도 필수였다.

최고의 미술가들은 그들만의 독특한 비법을 가지고 있었고 그것은 스승에서 제자로 은밀하게 전수되었다. 미술가들에게 기술 혹은 기법이 얼마나 중요한지를 보여주는 일화도 있다.

지오르지오 바사리가 전하는 바에 따르면 안드레아 델 카스타뇨라는 피렌체의 미술가가 베네치아 출신으로 피렌체에서 작업하던 도메니코 베네치아노에게서 유화 사용에 대한 비법을 슬쩍 훔친 뒤 그를 살해했다고 한다. 그런데 사실 카스타뇨는 베네치아노보다 4년이나 먼저 세상을 떠났으니 그 이야기는 꾸며낸 이야기에 불과하지만 그럼에도 불구하고 이러한 에피소드는 당시 미술가들에게 있어서 자신만의 고유한 회화 기법이 얼마나 중요한 것이었는지 잘 보여준다.

르네상스 미술가들에게 유화라는 기법은 엄청난 충격이었다. 부드럽고 선명한 색감, 더욱이 사용의 편리성은 미술가들이 원하는 모든 기술적인 부분을 충족시켜 주었다.

벽에 그렸던 프레스코화는 그 제작 과정이 무척이나 번거롭고 오랜 시간을 요구했다. 젖은 석회가 마르기 전에 작업을 마쳐야 했으므로 시간적으로도 여유가 없었고 더구나 한번 그린 후에는 수정이 불가능하다는 단점이 있었다.

그래서 화가들은 미리 작품의 구도와 형태를 밑그림 형태로 그려놓았는데 13세기에서 15세기 토스카나 지방의 미술가들은 암갈색의 물감으로 '시노피아'라고 부르는 초벌 그림을 그렸다.

15세기 중반 이후부터 시노피아 대신 '카르토네'라는 두꺼운 종이가 사용되었다. 카르토네 위에 미리 실물 크기의 밑그림을 그린 후에 최종적으로 그려질 벽면에 종이를 대고 송곳으로 구멍을 뚫어 그곳에 목탄가루를 뿌렸다. 이렇게 목탄가루가 만들어 낸 점선이 밑그림의 흔적을 화면 위에 나타내주면 그것을 토대로 그림을 그렸다.

이렇게 번거로운 절차에 따라 그려졌던 프레스코화에 비해 아마씨에서 추출된 린씨드유에 안료를 용해한 유화 기법은 색의 덧칠이 가능하기 때문에 수정이 용이할 뿐만 아니라 색의 농담도 자유자재로 조절할 수 있었다. 유화물감의 출현은 사실적인 표현과 정밀한 세부 묘사를 추구했던 르네상스 화가들에게는 그야말로 획기적인 기술혁명이었다.

일반적으로 유화를 발명한 사람으로 바사리는 플랑드르 출신의 화가 반 아이크를 지목해왔다. 벨기에 겐트의 '켄트 제단화'와 영국 런던 내셔널 갤러리가 소장하고 있는 '아르놀피니 부부'의 초상으로 유명한 반 아이크는 1430년대 유화물감을 사용하면서 이를 널리 보급시킨 장본인이기는 하지만 유화기법은 이미 중세 때부터 알려져 있었다. 이러한 주장을 뒷받침하는 근거로 12세기 독일 출신의 수도사 테오필루스가 1100년에 집필한 『여러 가지 기술에 대하여』라는 책을 들 수 있다. 이 책은 일종의 미술 입문서인데 이곳에는 물감을 만드는 방법과 색을 다루는 방법 등이 상세하게 기술되어 있다. 이 책의 20장에서 29장까지는 유화물감의 제작과 사용 방법 등이 수록되어 있다. 예를 들어, 20장에는 아마씨를 압착해 기름을 짜내고 여기에 안료를 푸는 방법 등이 기술되어 있다.

테오필루스의 이러한 설명은 중세인들에게 유화물감이 보급되지는 않았지만 아마 그 이유로는 유화물감보다 모자이크나 프레스코화가 중세인들이 회화를 사용한 목적에 더 부합하기 때문일 것인데, 이들은 분명히 기름을 안료와 섞어 그림을 그리는 방법을 알고 있었다.

비록 플랑드르 출신의 반 아이크가 유화 발명가라는 사실은 잘못된 것으로 판명되었지만 그를 통해 유화가 널리 보급된 것만은 확실하다.

1550년 미술가의 생애를 집필한 바사리는 반 아이크의 유화 작품에 대해 언급하고 있다. 바사리는 그의 작품이 색채의 청명함과 완벽한 명암 조절, 그리고 표면의 광택 등을 이유로 화가가 안료를 풀 때 송진을 이용했을 것이라고 추측했다.

그렇다면 여기서 한 가지 의문은 어떻게 플랑드르의 유화기법이 대략 200여 킬로미터나 떨어진 이탈리아의 토스카나까지 전해졌을까 하는 것이다. 열쇠를 지니고 있는 사람은 안토넬로 다 메시나라는 인물로 시칠리아 출신의 메시나는 오랫동안 플랑드르에 머물며 유화기법을 배웠다. 그는 회화의 새로운 기술을 베네치아에 전했고 이를 도메니코 베네치아노가 전수해 피렌체로 건너갔다는 이야기가 있다. 그는 피렌체의 산타 마리아 델 피오레 교회에서 그림을 그렸고 그가 가져온 유화기술은 자연스럽게 피렌체의 미술가들에게도 전파되었다.

◉

향불

향은 고대 인도나 이집트 같은 더운 지방에서 처음 사용되었다. 인도의 경우 초기에는 습한 인도의 기후에서 종교행사 시 종교행사의 장엄함을 나타내는 한편 벌레를 쫓고 악취를 지우기 위한 실용적인 용도로 사용되었으나, 불교가 동방으로 전래되면서 본래의 기능보다는 장엄함을 돋우는 효과가 더 부각되었다.

이집트의 경우 땀과 같은 여러 악취를 지우고 미용의 한 종류로서 향이 사용되었다. 이집트의 경우 태우는 향은 종교의례에서 주로 사용되었고 보통은 몸에 바르는 향을 사용하였다.

동아시아에서는 향의 냄새는 부정을 쫓고 정신을 맑게 하여 신과 통한다 하여 제사 시 빠지지 않는 필수요소로도 자리 잡았으며, 심신수양의 한 방법으로 방에 향을 피우고 명상을 하거나, 다른 사람을 만날 때 몸에 차기도 했다. 일본의 경우 중세 헤이안 시대 때 누구의 향이 더 향기로운지를 겨루는 시합이 귀족여성들 사이에서 유행하기도 하였다.

유럽에서도 아기 예수의 탄생 시 동방박사들이 가져온 선물 중 유향이 포함되어 있었을 정도로 이미 종교의례에서 중요한 역할을 차지하고 있었다. 유럽의 교회에서 늘 유향을 피워댄 덕분에 성당에 가는 것으로도 일종의 아로마테라피 효과를 받았을 정도였다고 한다.

향은 사전적으로는 크게 향목과 연향으로 나뉜다. 향목은 향나무를 잘게 깎아 쓰는 것으로, 옛날에는 자주 썼으나 지금은 별로 쓰지 않는다. 현충원 같은 곳에서 행사가 있을 때 자세히 보면 숯이 담긴 큰 향로에 작은 가루들을 집어 뿌리는 것을 볼 수 있는데, 이것이 그런 종류이다.

연향은 우리가 흔히 보는 긴 향이 대표적으로, 재료 분말을 뭉쳐 일정한 형태로 만든 것이다.

불교에서 향은 육법공양 중 두 번째 공양물로 여러 생 동안 덮어둔 참모습을 발견함을 의미한다. 향은 자신의 몸을 태움으로써 그 연기는 하나로 융합되는데 그것은 희생과 화합을 의미하며 이를 통하여 많은 사람들에게 훈훈한 향기와 즐거움을 주게 된다. 이것은 영혼의 심지에 진리의 불을 붙이는 구도자들이 취해야 하는 삶이며, 자기보다는 남을 위해 사는 대승불교의 정신으로 궁극적으로는 해탈을 성취한다는 의미로 해탈향이라 한다.

고대 유대교에서도 의식을 거행할 때 향을 피웠다. 성경에 아론의 아들 둘이 다른 불을 사용해 분향하다가 살해당했다는 기록이 있는 것으로 봐서 분향은 고대 유대교에서 아주 중요한 의식이었을 것이다.

향의 본산지라 할 수 있는 인도에서는 여전히 향을 힌두교제례뿐만 아니라 일상생활에서도 널리 쓴다.

제의 때 피우는 향

차례의 첫 번째 순서인 '강신'은 '내릴 강降', '귀신 신神' 자를 쓴다. 즉 혼령을 하늘에서 인간세계로 하강하도록 유도하는 절차다. 따라서 대문과 방문을 열고, 집안에는 향불을 피운다. 촛불을 켜는 집도 있으나, 충북의 경우 차례 때는 안 켜는 집이 더 많다.

추석 차례 등 제사 때 향을 피우는 것은 하늘 높은 곳에 있는 혼령을 부르기 위한 역할을 한다. 예학에서는 향을 사르면 그 연기가 하늘로 올라가고, 그 연기 냄새를 맡은 혼령이 후손 집으로 하강한다고 여겼다. 민속학에서는 명절 무렵의 돼지 멱따는 소리도 혼령을 부르는 신호로 보기도 한다.

향을 피우는 이유는 부정을 제거하고 정신을 맑게 함으로써 신과 통한다 하여 중국이나 한국에서는 모든 제사 의식에 맨 먼저 향불을 피웠는데, 이것을 분향이라고 하며 지금도 행하고 있다.

가톨릭에서 피우는 향

천주교에서 전례 시 사용하는 유향은 북아프리카의 홍해 일대가 주산지로 유향목의 수액을 건조시켜 알갱이 형태로 만들어서 유통된다. 대개 향로 안에 숯과 유향을 넣고 뚜껑을 닫은 채 사용한다.

가톨릭에서는 향이 기도라는 의미도 가지고 있는데 일반적으로 사제가 입당 후 곧 제대 전체와 십자가를 향해 분향한다. 만약 부활초가 있다면 부활초에도 분향한다. 또 복음선포에서 복음선포대와 복음서에도 분향한다. 그리고 성찬의 전례 때 빵과 포도주를 바치는 기도를 한 후 제대에 분향하고 복사가 사제에게 분향한다. 곧이어 봉헌이 끝나면 향복사가 교우들에게 분향한다. 그리고 거양성체, 거양성혈 때 복사가 성체와 성혈을 향해 분향한다. 마지막으로 성체거동 때나 성체강복 때 분향한다. 그 외에도 특별히 공경을 표할 때에 분향한다.

이때 우리가 일반적으로 보는 탁상식 향로가 아닌 사슬에 달린 원형 또는 병형의 향로에 향목을 태워 분향한다. 또 사슬에 달린 이동식 향로이다 보니 연기를 내기 위해서 허공을 치듯이 향로를 흔드는데 그래서 그런지 가톨릭에서는 "향을 피운다/태운다"라고 하지 않고 "향을 친다"라고 많이 표기한다.

분향의 종교적 역사적 관점에서 보면, 이것이 사용되는 기능은 매우 다양하였다. 분향의 원래적이고 자연적인 기능은 첫째는 방향 효과에 있다. 즉, 주변 악취를 없애기 위해 향을 피우고 또한 직접적으로는 사람들에게도 사용되었다.

둘째는 향은 특히 매장과 구마식에서 영들을 멀리 쫓아내는 구마적 의미로 이방종교에서 드러난다.

셋째는 기도의 상징이다. 위로 올라가는 연기는 하느님께 올라가는 기도의 표지로 볼 수 있다.

넷째는 확산의 상징으로 향기로운 냄새처럼 퍼지는 실재를 언급한다.

다섯째는 존귀함의 상징이다. 전통적으로 라틴 예식에서, 향은 향로에 그것을 집어넣은 주례자에게 또는 복음서에게 존귀함과 공경의 표지로 사용되었다.

여섯째는 희생제사의 감각할 수 있는 표지인데, 신약의 제사의 전주로서 '분향'은 '깨끗한 봉헌'과 함께 언급된다. 이러한 봉헌의 상징은 성서 여러 곳에서 자주 등장하는 의미이다.

일곱째는 씻음과 정화하는 데에도 사용한다. 예를 들자면, 에티오피아 전례에서 정화의 상징으로 성작에 분향한다.

그러나 분향은 12세기 이후부터 한때 그것의 원래적 의미를 상실하게 되어, 기본적으로 대축일의 요소로만 간주되었다. 그래서 분향은 장엄 미사에만 유일하게 허용하였다. 분향은 축제나 특별한 경우에만 하는 하나의 장식처럼 여겨졌던 것이다. 이처럼 중세 때에는 사람이나 물건이나 특별하게는 제대를 향한 존귀함과 존경의 표지인 뜻하는 어떤 원래적 특성을 상실하였던 것이다. 그러나 제2차 바티칸 공의회의 전례 개혁의 결과로 분향은 다시 제 의미를 되찾게 되었다.

취미로서 향 피우기

오늘날은 의식이나 특별한 날에만 향을 피우는 것이 아니라 좀 더 대중적으로 인기를 얻고 있다. 향기로 마음의 안정을 얻고 치유하기 위한 테라피의 용도로 쓰이는 것이 대부분이며 일부는 그냥 좋은 향에 대한 고상한 취미쯤으로 인기를 얻고 있기도 하다.

고대 이집트에서는 종교 행사를 위해 향을 피우기 시작했다. 당시의 이집트인들은 허브 식물을 약용, 식용, 미용, 의식용으로 사용했던 것으로 알려져 있으며 고고학자들은 고대 이집트인들의 묘지에서 또는 그들의 주거지였던 곳에서 많은 종류의 약용 식물들을 발견했다.

가장 오래된 기록으로는 기원전 2890년 파피루스에 남겨져 있는 것이다. 그 기록에 의하면 고대 이집트인들은 식물로부터 추출한 여러 가지 성분들을 이용해 알약이나 가루약, 연고, 좌약, 약용크림, 물약, 고약 등을 만들어 사용했으며, 식물의 재나 연기를 치료에 이용하기도 했었다. 그들이 사용한 약용식물로 현재까지 전해져 내려오는 것들 중에는 아니스, 카스터, 시더, 코리안더, 쿠민, 갈릭, 그레입, 워터멜론 등이 있다.

이집트의 피라미드 안에서는 수많은 고약이나 화장품 용기들, 그리고 오일 병들이 발견되고 있다. 이집트인들의 의학지식은 고대 그리스, 고대 로마 시대에도 전달돼 왔는데, 병사들은 전쟁 시 '미르'로 만든 고약을 상처 치료용으로 상비하고 있었을 만큼 일반적으로 허브 치료약은 많이 사용됐다.

그리스인도 아로마 오일을 사용했는데 주로 의학적으로나 미용의 목적이었다. 그리스 의사인 페다시우스 디오스코리데스는 서구 세계의 표준의학으로 최소한 1,200년 된 허브 요법에 대한 책을 썼다. 그가 언급한 많은 치유법은 여전히 오늘날에도 아로마테라피에서 사용되고 있다.

로마인은 그리스인으로부터 많은 의학 지식을 받아들여 세계 목욕문화의 중심인 로마와 함께 방향식물의 가능성을 계속해서 발전시켜서 사용했다. 목욕 후에 로마인들은 오일을 바르고 마사지를 받았다고 한다. 십자군 기간 동안 방향제 식물 오일과 향기에 대한 지식은 극동과 아시아까지 퍼졌고, 장미의 에센스를 증류하는 증류 방법을 처음으로 사용했다고 알려진 사람은 아비세나980~1037라는 의사였다고 한다.

고대 중국 문명은 이집트인과 같은 시기에 방향 식물의 형태를 사용했을 가능성이 크다. 선능의 『약초집』은 기원전 2700년 무렵에 기원한 중국에 남아있는 가장 오래된 의학서적으로 300가지가 넘는 식물에 대한 정보를 담고 있다. 중국인들은 방향 허브를 사용하고 방향 나무를 태우고 신에게 존경의 의미로 향을 올렸다고 한다.

앞서 언급했듯 프랑스 화학자인 르네 모리스 가테포스는 실험실에서 손을 데어 라벤더 오일에 손을 담갔다가 화상이 빠르게 치유되는 것에 깊은 인상을 받아 정유의 치유력을 연구하기 시작했다. 1937년에 그는 오일의 항균성 효과에 대한 책을 출간하고 아로마테라피라는 단어를 만들어냈다. 비슷한 시기에 다른 프랑스인 알베르 꾸레는 정유의 의학적인 사용법에 대한 책을 출간했다.

아이우베다라고 알려진 인도 전통 의학은 3,000년 이상 시술됐는데 주요한 양상중의 하나가 아로마 마사지다. 콘키스타도레스가 남미를 침입했을 때, 더 많은 약초와 아로마 오일을 발견하게 됐다고 한다. 아즈텍은 식물 요법으로 유명했다. 스페인들은 몬테주마의 식물원에서 발견된 약초의 풍부함에 놀랐다고 한다.

북미 원주민 또한 아로마 오일을 사용했고, 허브 요법을 만들어 냈는데, 19세기가 돼서야 유럽과 영국의 과학자들은 정유의 인체 내의 박테리아에 대한 효과를 연구하기 시작했다고 한다.

도자

불과 몇년 전까지만 해도 신혼살림을 준비하는 예비 신부들의 필수 준비물 중에 하나가 영국의 명품 P 그릇 세트였다. 지금은 너무 흔해진데다 또다른 브랜드의 그릇세트가 인기를 얻고 있지만. 오늘날 흔히 말하는 명품도자기는 영국이나 독일, 프랑스 등 유럽의 제품들이 대다수이다. 세트구성을 모두 구비하면 수백만원에서 천만원대를 호가하는 고가의 사치품이 된 도자 그릇에 대한 욕망은 식을 줄 모른다. 그렇다면 도자기의 역사, 그 기원은 어디에서 출발했을까?

도자기로서 최초로 만들어진 것은 토기라고 하며, 그 기원은 옛 신석기 시대로 거슬러 올라간다. 이집트에서는 이미 기원전 5000년경부터 토기가 있었다고 전해지고 있으며, 동양에서 가장 오래된 토기로서는 중국의 채색토기가 있다. 오늘날의 도자기는 중국 고대의 토기로부터 시작된 것이다.

토기와 도기 그리고 도자기의 구별은 보통 유약이 입혀져 있는지 또는 구워진 불의 온도에 따라 구별한다. 비교적 낮은 온도500~600℃에서 구워진 것은 토기, 중간 온도600~1000℃에서 구워진 것을 도기, 그리고 1300℃ 이상의 온도에서 구워진 것을 도자기라고 한다.

도자기의 유약도 저화도유라고 하는 800~900℃의 낮은 온도에서 녹는 것과 고화도유라고 하는 1,200~1,300℃의 높은 온도에서 녹는 것이 있다. 세계 어느 나라에서나 예로부터 저화도유가 발달하였으며, 동양 최고의 유약은 한나라의 녹유라고 한다. 이것은 어두운 녹색의 구리를 발색제로 사용하여 만든 저화도유라고 하며 최근 알려진 바로는 전국 시대부터 이미 있었다고 한다.

유럽의 여러 나라와 이집트, 시리아, 이란, 이라크 지방에서는 근세까지도 저화도유밖에는 알지 못하였지만, 동양에서는 은나라와 주나라 시대부터 1,200~1,300℃의 높은 온도에서 도자기를 구워내는 방법을 알고 있었다. 이것이 더욱 발달하여 한나라와 육조 시대에는 청자 및 천목이 제작되었다. 당나라와 송나라 시대에는 각지에서 동양풍의 독특한 도자기인 청자, 백자, 천목류의 것이 만들어져서 서양 사람들을 놀라게 하였다. 그때 유럽 사람들이 차이나라고 도자기를 부른 것은 진나라에서 들어온 물품에서 유래했다.

중국의 도자기가 유럽으로 유입된 18세기 이후부터 영국은 중국식 자기를 모방하기 시작했다. 18세기경 중국에서 유럽으로 도자기가 전해지면서 당시 재력가들 사이에서는 중국이나 일본의 도자기 한 세트와 배 한 척을 바꿀 정도로 도자기 수집 열풍이 불었다.

당시 작센공국의 아우구스트 2세도 도자기 마니아로 도자기를 개발하는 데 많은 노력을 기울이게 되었는데 이 결과, 유럽에서는 독일 작센주에 있는 도시인 마이센에서 가장 먼저 도자기를 만들게 된다. 그 당시에는 세계적으로 중국과 우리나라, 일본 정도만이 도자기를 만들 수 있는 기술을 가지고 있었다.

유럽에서 도자기는 독일에서 가장 먼저 만들어졌지만 흔히 본차이나 bone china라고 부르는 도자기는 중국의 도자기를 칭하는 말이 아니라 영국식 도자기이며 오늘날 가장 유명하다. 본차이나는 소를 비롯한 동물의 뼛가루를 섞어서 구워낸 연질의 도기로 다른 이름으로는 골회자기라고도 불리며 견고하고 가벼우며 맑은 빛이 도는 반투명의 도자기다. 이 본차이나의 탄생으로 도자기의 종주국이 중국에서 영국으로 전환되었다고 말하는 사람들도 있다. 영국에서는 카올리나이트를 구할 수 있는 곳이 없었기 때문에 대용품으로 소뼈를 사용한 것이 그 시초라고 한다.

'본차이나'라고 알려진 것을 최초로 발명한 사람은 토머스 프라이로, 1748년 런던 동쪽의 보우Bow에 있는 보우 도자기 공장에서였다. 그는 질 좋은 도자기를 만들기 위해 질 좋은 도자기를 만들기 위해 45%의 골회소뼈 가루를 사용하여 품질 면에서 유럽이나 중국에서 수입한 자기와 경쟁할 수 있을 만큼 성공을 거두었다.

유럽의 도자기는 차 문화와 깊은 관련을 가지고 있고, 특히 영국에서 도자기의 발달과 홍차문화의 발전은 서로 떼어놓고 생각할 수 없을 정도로 긴밀한 것이었다.

그와 함께 프랑스에서도 도자기를 개발하여 유럽에서는 마이센의 도자기와 함께 유럽 현대 자기의 시초가 된다.

◉

맥주

오늘날 전 세계적으로 가장 많이 소비되는 술의 종류인 와인이 그리스의 술이라면 맥주는 이집트의 술이라고 볼 수 있다.

기원전 3000년경, 맥아를 빻아 빵을 만들어 먹었고 검은 머리의 사람들이라고 부른 소아시아의 수메르 인들이 빵 반죽이 심하게 발효되어 나온 즙, 즉 천연맥주를 처음 마셨을 것이라고 추측하는 이들도 있지만 그리스 신화의 디오니소스가 와인의 신으로 추앙받듯이, 이집트의 대지의 여신 아이시스태양의 신인 오시리스의 부인가 인간에게 제조법을 처음 알려 주었다고 하는 신화에서부터 맥주의 역사는 시작된다고 한다.

인류가 보리와 그 밖의 곡식들을 재배하기 시작함과 동시에 발효법이 나타났다고 해도 과언이 아니다. 신석기 시대 말기부터 사람들은 곡물을 발효시켜 맛좋은 음료를 만들어 마셨던 것으로 추정된다.

아주 오랜 옛날부터 메소포타미아, 칼데아, 아시리아 등지에 살던 사람들이 발효음료를 마셨다는 흔적이 남아 있다. 이집트에서도 발효음료를 흔하게 찾아볼 수 있었고 그들은 그것을 신에게 올리는 제물로 썼다. 그 후 고대 그리스, 로마 시대 때 발효음료는 널리 보급되었다.

한편 로마가 골 지방을 침략하기 400여 년 전부터 골로아인들도 보리, 밀, 호밀싹 등을 재료로 해서 만들어진 음료를 마시곤 했다. 그들은 이 음료를 '세르보아즈'라고 불렀는데 풍요의 여신 '케레스'에게 감사드리며 붙인 이름이었다.

맥주라는 뜻의 BEER에 관한 어원에 대해서도 말이 많은데, 근세까지만 해도 사람들이 맥주는 독일에서 자라는 식물, 즉 맥주열매라고 칭해지는 BIOR에서 만들어지기 때문에 BEER가 되었다는 믿음이 굳건했다. 어떤 이는 맥주의 어원은 '마신다'라는 의미의 라틴어 'Bibere'에서 왔다고 보는 편이 훨씬 합리적이라고도 한다.

대부분의 술이 약제적인 기원과 물 대신의 기능을 했던 것처럼 이집트인들은 다양한 방법으로 맥주를 즐겼다고 알려져 있다. 벌레에 물리거나 가벼운 외상에 소독약으로, 체증이나 위장병 등에 다른 재료를 가지고 새로운 실험을 했다.

무역과 전쟁 등으로 인한 교류가 활발해지면서 그리스, 로마인들도 이집트인들이 전한 맥주를 즐기기 시작했고, 천하통일을 꿈꿨던 시저의 군대는 지금의 중유럽 지방인 갈리아 지방과 영국에 맥주를 전파하는 데 혁혁한 공을 세웠다.

엄격한 도덕성과 신을 근본으로 하는 암울한 중세 사회로 넘어오면서 아이러니하게도 대규모의 농작이 가능하고 섬세한 노동력을 확보

할 수 있는 수도원이 술 제조의 본산이 되어 갔다. 많은 와인 제조비법이 수도원에서 이루어진 것과 같은 맥락으로 맥주양조는 수도원의 주된 수입원이 된 것이다.

그 후 맥주의 본고장이라 할 수 있는 독일의 프라이징 지역에 본격적인 최초의 맥주양조장, 바이헨슈테판이 1040년 설립되어 본격적인 상업생산에 돌입했다. 흔히 맥주의 아버지로 손꼽히는 필스너는 지하 석회동굴에서 맥주를 반 년 이상 숙성시키는 방법으로 기가 막힌 맛을 찾아내었다. 필스너가 보헤미아 지방에서 자리를 잡아나가면서 맥주는 상류 귀족들을 위한 고급 음료로 그 상품가치를 인정받기 시작했다.

현재 세계적으로 가장 맥주가 맛있다고 인정받는 독일은 양조의 역사가 고대까지 거슬러 올라간다고 하는 자타가 인정하는 맥주의 본고장이다. 독일에는 크고 작은 1,364개의 맥주공장이 있고, 현재도 각기 독자적인 전통기술로 계속해서 맥주를 제조하고 있다.

독일 맥주는 1516년 바이에른공 윌헬름 4세가 제정한 '맥주순수령麥酒純粹令'으로 주원료인 대맥과 물 이외의 부가적인 원료 사용을 금지한 이후로 '순수한 맥주'가 그 특징이 되고 있다.

19세기에 이르기까지 바이에른의 맥주는 담색과 농색의 중간인 갈색 빛깔의 Brown Beer가 지배적이었다. 그 후 이를 토대로 색이 짙고 고미苦味가 약하며 맥아 향내가 짙은 뮌헨타입의 맥주가 나타나 이 지역의 탄산을 많이 함유한 경도가 높은 수질에 힘입어 이후 독일의 대표적인 타입을 이루었다.

독일 맥주는 일반적으로 짙고 풍부한 맛을 주며, 부드러운 촉감과

온화한 향기를 지녀 그 품질의 우수성을 세계에 자랑하고 있다. 또한 각 지방의 수질, 원료, 기후, 생활습관에 따라 양조방식을 달리하고 있어 그 종류도 수없이 많고 원맥즙의 농도 또한 다양하다. 또한 독일에는 브라우마이스터라고 불리는 맥주 양조 기술자가 있고 전문적으로 그들을 양성하는 기관도 있어, 고품질의 맥주를 양조하는 데에 온힘을 쏟고 있다.

무더위에 시원한 맥주 한잔은 순식간에 갈증을 날려버린다. 이처럼 특유의 시원한 풍미로 사람들을 매혹시킨 맥주가 서민의 음료로 사랑받게 된 것은 산업혁명 이후의 일이다. 산업혁명을 통해 부를 쌓아 새로운 계층으로 떠오른 상업 부르주아 세력이 맥주의 대중화를 앞당겼다.

한편 맥주의 맛과 보관에 가장 결정적인 공로를 세운 인물은 바로 파스퇴르다. 19세기 루이 파스퇴르가 발견해낸 저온 살균법은 지금까지 발효균을 살균하지 않은 생맥주가 환골탈퇴할 수 있는 중요한 기초를 제공하였다. 그 뒤 맥주의 풍미를 더욱 돋보이게 만드는 고랭지 식물 호프를 이용한 제조법, 비열처리 등의 과학적인 접근으로 지금의 다양한 맥주 맛을 즐길 수 있게 된 것이다.

맥주에 관해 한 가지 의외의 사실은 세계에서 가장 맥주 소비량이 많은 나라는 독일이 아니라 체코라는 것이다. 체코 맥주의 주종은 '필스너'라고 하는 라거 계열 맥주로 필스너또는 필스너 스타일는 전 세계 맥주 생산량의 90% 이상을 차지하고 있으며 라거 맥주의 효시라 할 수 있다.

1842년 필스너가 처음 만들어진 곳이 바로 체코의 플젠Plzen으로, '필스너'라는 맥주의 이름은 플젠이라는 지명에서 나온 것이다. 필스너 맥주는 밝고 투명한 황금색으로 깔끔한 맛, 뒷맛에서 느껴지는 고급스러운 홉의 쓴맛이 특징이다. 플젠에서 만들어지는 필스너 맥주는 '필스너 우르켈'이라는 이름으로 팔리고 있다. '오리지널 필스너 맥주'라는 뜻이다.

체코의 필스너 맥주는 독일로 건너가 독일식 필제너를 탄생시켰다.

체코 맥주 양조의 역사는 13세기 이전으로 거슬러 올라간다. 1295년 도시가 설립되는 것과 거의 동시에 그들만의 맥주 전통이 시작되었다. 따라서 플젠과 맥주, 둘은 절대로 뗄 수 없는 서로가 서로에게 귀속되는 사이라고 생각할 수 있을 정도다. 벤체슬라우스 2세 왕에게 맥주를 양조할 수 있는 권한을 부여받은 260명의 시민들은 집에서 각각 맥주를 빚어 마시고, 또 내다 팔았다.

좋은 맥주를 만든다는 건 늘 어려운 일이었으므로 종종 마실 수 없는 수준에 이르렀을 때는 시의원들이 맥주의 상태를 직접 체크하기도 했다. 오크로 만든 나무의자를 가져와 맥주를 부은 뒤 한 시간 동안 앉아 있는 방법을 썼는데, 엉덩이와 의자가 진득하게 붙지 않는다면 나쁜 맥주로 취급하고, 양조권을 빼앗았다.

이후 플젠의 양조업자들은 독일 바바리아 지방에서 맥주 양조로 평판이 높은 요세프 그롤을 초청해왔다. 그는 자신의 방식을 따랐지만, 로컬의 재료로만 만들다보니 의도했던 것과 완전히 다른 새로운 맥주가 탄생했다. 하얗고 두꺼운 거품, 맑고 투명한 황금빛, 쌉싸래하면서도 달고 청량한 세계 최초의 라거 맥주는 이렇게 탄생하게 된 것이다.

현재 전 세계 맥주의 90퍼센트를 차지하는 그 맥주의 효시가 바로 1842년 10월 15일에 플젠에서 탄생한 필스너 우르켈이다.

맥주의 역사는 필스너 우르켈을 기점으로 전과 후로 나뉜다. 그전에는 무조건 맥주라면 탁하고 짙은 에일에 불과했지만, 라거는 투명한 황금빛에 깊고 강한 끝 맛, 가벼운 청량감, 부드러운 목넘김이 특징이기 때문이다.

술과 축제는 '바늘과 실'과 같다. 특히 명주名酒의 생산지에서는 수확을 축하하기도 하고 오랜 관습의 전통을 지키기 위해 축제를 열어왔다. 그래서 어느 민족, 국가, 지역이든 술과 관련하여 그들 나름의 예식을 치른 뒤에 마시고, 노래하고, 춤추는 풍속과 축제를 소중히 여기고 있는 것이다.

맥주와 관련된 가장 대표적인 축제는 독일 뮌헨의 맥주 축제인 '옥토버페스트'로서 세계적으로도 널리 알려져 있다. 이 축제는 9월 말에서부터 10월에 걸쳐 약 2주일간 진행되며 전 세계의 맥주 애호가들이 약 600만 명 이상 모인다고 한다. 그 기원은 1810년 바이에른의 황태자와 테레사 공주의 결혼을 축하하는 축하연에 시민들이 합세한 것이 시초이다. 지금은 가을의 수확을 감사하며 서로 맥주를 주고받는 축제로 확대되었다.

대회장인 '테레즈이엔 비제'의 광장에는 4,000명 이상을 수용할 수 있는 대형 텐트의 '비어홀'이 들어서고, 전 세계에 그 명성이 알려진 유명 메이커의 맥주를 비롯하여 이날을 위해 특별히 양조된 특선 생맥주가 이 기간에 600만 리터나 소비된다고 한다.

배

일반적인 상식으로 무거운 물체는 물에 가라앉는다. 그러나 사람이나 화물을 적재하고 운반하는 구조물인 배는 이 상식을 뒤집는다. 그 자체만의 무게도 상당한데 거기에 사람과 물건을 운반하기까지 하니 그 무게는 상상 이상이다. 하지만 배는 물에 가라앉기는 커녕 유유히 물 위를 가로질러 대양으로 연결된 곳이라면 전 세계 어디든 가지 못할 곳이 없다. 이런 원리는 아르키메데스의 '배가 밀어낸 물의 무게와 같은 뜨는 힘이 위쪽으로 작용한다'는 설명, 즉 부양력으로 이해가능하다.

선박의 역사는 인류의 역사와 함께 같이 변화되어 왔다. 선박의 추진방식에 따른 변천은 선박의 발달과 밀접한 관계가 있는데 노를 젓는 사람의 힘에 의존했던 노선 시대, 바람의 힘을 이용하던 범선, 그리고 기계의 동력으로 움직이는 동력선 시대로 구분된다. 노선 시대는 원시 시대부터 10세기경까지 수천 년 동안 이어져 왔고 범선은 19세기 동력선이 보편화되기 전까지 약 400년에 불과한 역사를 갖고 있다.

원시 시대에는 뗏목이나 통나무배를 만들어 바다나 강을 건넜다. 대략 기원전 6000~4000년경이 인류가 처음 배를 사용한 시기로 추측하고 있다.

역사상 가장 조선술이 발달했던 나라 중 하나는 이집트이다. 이집트의 벽화나 유물에서 배에 관한 그림이나 흔적이 빠지지 않을 정도이다. 일찍부터 문명이 발달한 이집트에서 조선술은 많은 기술 중에 하나였고 그 기원은 기원전 4000년대 말 이집트 나일 강 하구에서 사용된 파피루스라는 풀을 엮어 만든 갈대배가 있다. 그러다가 넓은 천으로 돛을 달아 바람의 힘으로 다니는 돛단배가 만들어져 8세기 말까지 주로 쓰였다. 기원전 1500년경, 동지중해를 지배한 크레타인의 배, 특히 그 후손인 페니키아인의 배에 관해서는 거의 알려진 바가 없지만 이들 민족이 군함과 상선, 노를 사용한 갤리선과 범선을 최초로 구별한 것이 아닐까 추측하고 있다. 갤리선은 폭이 좁고 밑이 얇기 때문에 선체를 길게 만드는데 이러한 배의 모양은 세로 방향의 강도가 약하다. 한편 추진력을 높이기 위해 노를 1단이 아닌 2~3단으로 배열하게 되었는데 이 배는 본질적으로 노를 사용하지만 돛도 사용했는데 주로 가로돛이었다.

1300년까지 지중해의 배는 의외로 선체의 형태가 거의 변하지 않았지만 돛의 형태는 가로돛에서 세로돛으로 바뀌었다. 이 세로돛으로는 강한 바람을 다루기에 좀 더 편리했을 뿐 아니라 바람의 방향에 관계없이 배를 추진시킬 수 있었다.

로마는 육군을 중심으로 군사력을 유지했으므로 군선이나 해전술을 크게 발전시킨 것이 없었다. 그들은 그리스의 갤리선을 군선으로 그대로 전승해 사용했다. 로마가 강해지고 나서도 그들의 해군은 정복지의 해상세력으로 조직되어 있었다. 다만 로마 시대의 갤리선 단수는 크게 늘어났는데 4~5단 갤리선은 물론이고 16단 갤리선까지도 기록에 나타나 있다.

바다를 정복한 민족으로 가장 많이 거론되는 바이킹은 일찍이 덴마크 북부에서 북유럽 스칸디나비아 지방에 정착한 게르만의 일족인 노르만으로서 처음에는 어업과 수렵에 종사했는데 스스로 바다의 전사, 바이킹이라 부르며 점차 바다로 진출했다. 바이킹족은 그 추장이나 귀인의 장례를 세 가지 방법으로 치렀는데 첫째는 시체를 화장하여 배 모양의 돌무덤에 매장하는 것, 둘째는 유해를 그 자신의 배에 실어 불태워 바다로 떠내려 보내는 것, 셋째는 배를 육지에 끌어올려 유해와 함께 땅 속에 매장하는 것이었다. 이 중 세 번째 방법으로 매장된 배의 무덤이 오늘날 '바이킹의 배무덤'으로 스칸디나비아 전역 특히 노르웨이 해안지방에 집중되어 발견되고 있다.

15세기와 16세기의 유럽은 해외 식민지 건설과 세계 교역의 팽창을 가져온 마젤란, 콜럼버스, 바스코 다 가마 등의 탐험가들이 이룬 항

해 시대를 맞았다. 이것은 또한 1588년 드레이크가 에스파냐의 무적 함대를 격파한 데서 드러나듯 해전의 양상을 바꾸게 만들었는데 다양한 범선들은 20세기까지도 그 명맥을 유지했다. 그러나 범선은 아무리 기술의 발전이 이루어진다한들 결국에는 바람에 의존할 수밖에 없었기 때문에 한계가 있었다.

1796년에 영국의 와트가 오늘날 쓰이는 기관과 같은 증기기관을 만들었고 철구조선과 기선은 19세기 초가 되어서 출현하기 시작했다. 1807년에는 미국의 풀턴이 증기기관과 외륜을 장비한 클레르몽호로 허드슨강의 뉴욕과 알바니 사이를 항해하는 데 성공했다. 외륜이 지닌 비효율성은 1836년에 회전날개인 스크루가 발명되고 나서야 극복되었다. 스크루에 대한 아이디어는 사실 18세기부터 연구되었으나 외륜이 더 우수하다는 것이 증명된 것은 1836년 영국의 프랜시스 페팃 스미스가 만든 배와 스웨덴에서 욘 에릭손이 만든 배가 등장한 후였다.

프로펠러를 사용하기 위해서는 성능이 향상된 기관과 금속 선체가 필요했지만 1850년 이후로는 대부분 배에서 프로펠러를 사용하게 되었다. 그 후 증기터번, 디젤 기관 등이 쓰이게 되어 배는 크고 빠른 속력을 낼 수 있게 되었다.

현대에 와서 선박은 여객과 화물을 적재하는 정도에 따라 여객선, 화객선, 화물선의 형태로 분화되었다. 여객선은 항공기의 발달로 대양을 오가는 목적보다는 순양 유람선의 용도로 더 많이 쓰이며, 자동차의 발달로 인해 자동차와 여객을 나르는 도선이 생겨나게 되었다. 화물선도 처음에는 잡화의 운송을 주목적으로 하는 일반 화물선이, 국제

간의 교역이 활발해지면서 전용선화가 되어 냉동화물선, 석탄 운반선, 목재 운반선, 광석 운반선 등 세분화 되었다.

특히 제2차 세계대전 후 원료 및 공업 제품의 수송을 위해 살물선, 칩 운반선, 자동차 운반선, 시멘트 운반선 등의 전용선이 등장했고, 유조선은 1885년에 건조되었으나 제2차 세계대전이 끝난 후 유류 소비가 증가됨에 따라 급격히 대형화가 되었다.

◉

카메라

오늘날은 문자나 텍스트보다 영상이나 사진이 새로운 정보전달의 매체로 힘을 지니게 되었다. 카메라, 영화, 텔레비전 등의 영상혁명은 인간의 사고, 정보처리, 전달 등에 커다란 변화를 가져다주었기에 가히 하나의 혁명이라고 부를 만하다.

암상에 작은 구멍을 뚫으면 반대편 하얀 벽이나 천에 거꾸로 된 화상이 찍힌다는 사실은 이미 오래전부터 알려져 있었다. 이러한 작용을 이용하여 '카메라 옵스큐라'라는 도구가 만들어졌다. 이는 간단히 말하면 카메라를 크게 만들어 렌즈를 개방상태로 놓아둔 것이라 할 수 있다.

1550년경 카르다노는 선명한 화상을 얻기 위해 볼록렌

즈를 사용하기 시작했다. 렌즈를 통해 들어온 풍경이 불투명 유리 위에 깨끗하게 재현되었는데 종이를 대고 그림을 그릴 수도 있었다. 들라크루아, 마네 등의 화가도 그림을 그릴 때 보조적으로 카메라 옵스큐라를 사용했다고 한다.

1822년 프랑스의 발명가 조제프 니에프스가 은으로 도금한 금속판에 아스팔트를 발라 세계 최초의 사진 발명에 성공했다. 그러나 아스팔트가 굳기 위해서는 여섯 시간에서 여덟 시간이나 걸렸기 때문에 실용화되기는 어려웠다. 니에프스의 협력을 얻어 실험을 계속하던 극장 무대화가 루이 다게르는 1837년 프랑스 과학아카데미에서 은도금을 한 동판에 요드를 부착시킨 것을 감광판으로 사용해 발표했다.

처음에 다게르는 은판을 요드 증기에 쬐어 얇은 피막을 만들고 카메라의 영상에 비춰보았다. 그러자 잠상이 생겼는데 그는 수은 증기를 이용하여 부상시켜 상이 사라지지 않도록 약품을 처리하는 방법을 발명했다. 바야흐로 오늘날 우리가 알고 있는 '사진'이 등장하게 된 순간이었다.

1853년 필름은 취급이 편리한 건판으로 바뀌었다. 1885년 다시 셀룰로이드를 기본으로 하는 필름이, 이어서 롤필름이 출현하여 사진 촬영과 현상이 점점 쉬워졌다. 1936년이 되자 사진보도지 『라이프』가 처음 등장하게 된다.

19세기로 들어서면서 사진술의 발달로 인해 이와 관련된 직업들도 덩달아 빛을 보게 되었다. 당시 크림전쟁과 미국의 남북전쟁으로 사진기록은 하나의 기회를 얻고 있었다. 이 두 전쟁 덕분에 오늘날 '르포르타주'라는 새로운 영역이 개척되었다.

크리미아에서는 영국의 로저펜튼과 미국의 매튜 브래디와 알렉산더 가드너가 전쟁의 참상을 사진에 담을 수 있었다. 이 전문가들은 암실로 개조한 화물 운송차에서 축축한 콜로디온 판을 현상하곤 했다. 남북전쟁 때 조지 버나드는 공식 사진기자 자격으로 남부 윌리엄 셔먼 장군을 따라 이동하며 전쟁의 생생한 장면을 카메라에 담았다. 그는 불타 버린 애틀랜타 도시의 모습도 찍었다. 그 후 75년 뒤 영화제작자 빅터 플레밍은 이 영상을 〈바람과 함께 사라지다〉의 배경에 응용하기도 했다.

블루진

1950년대부터 전 세계에 알려지며 일약 스타가 된 블루진은 이제 남녀노소, 지위고하를 막론하고 가장 사랑받는 옷이 되었다. 그러나 실제로 청바지의 역사는 100년의 세월을 넘어선다. 그 신기원의 출생지는 미국으로 그 시조는 바바리아 출신의 이민객 리바이 스트라우스이다.

스트라우스와 함께 청바지의 신화 창조에서 빼놓을 수 없는 인물이 금속 리벳을 창안한 제이콥 요페스이다. 요페스는 러시아 태생으로 제이콥 데이비스라는 이름으로 미국에 귀화했다.

청바지의 대명사가 되어 버린 리바이 스트라우스사를 건립한 이민자 스트라우스는 1847년 맨 처음 뉴욕에 도착했다. 그는 장사꾼 기질이 풍부한 인물로 뉴욕에 정착할 당시 17세에 불과했다. 이후 그는 1850년 아메리카 대륙 일주에 올랐고 당시 골드러시가 한창이던 캘리포니아 주 샌프란시스코에 정착했다. 그는 이곳의 소규모 작업장에서

텐트 천을 이용하여 사금 채집업자들의 바지 제작을 시작했다.

이후 스트라우스의 바지에 흡족했던 사금 채집업자들이 이 제품을 리바이스라 부르기 시작했다. 이후 농부, 벌목공, 철도 시공업자, 카우보이들 사이에서 리바이스는 폭발적인 인기를 누리기 시작했다.

한편 1872년 제이콥 데이비스는 스트라우스에게 편지를 써 공동 특허를 제안했다. 그는 청바지의 결점을 보완하는 방법으로 자신이 창안한 구리 리벳을 부착할 생각을 했다. 이들의 발상은 곧 고객들로부터 좋은 반응을 얻었다.

1873년 두 사람은 기술제휴 협정을 맺고 본격 생산에 들어갔다. 1874년 한 해 동안 리바이스사는 리벳이 달린 청바지를 6,000여 벌 이상 판매했다. 뿐만 아니라 조끼, 점퍼, 재킷 등 품목도 다양해졌다. 그중 '501 더블엑스블루 데님웨이스트오버롤' 모델은 최고 인기 상품이었다.

평생 독신으로 지낸 리바이 스트라우스는 1902년 세상을 떠났고 그의 사업은 조카들이 물려받았다. 이후 1920년 말 리바이스 501 모델은 최다 판매모델로 입지를 굳혔다. 그러나 청바지의 비약적인 흥행은 1950년대에 이르러서야 시작되었다. 은막의 주인공 말론 브란도, 제임스 딘, 존 웨인 등이 청바지를 입고 등장함으로써 인기는 그야말로 하늘을 찌를 듯했고 이 시기 미국 전역의 학교에서 청바지 착용을 규제하는 교칙을 내세울 정도였다.

1957년 미국 내 청바지 생산은 내수용으로 1억5천만 벌을 기록했다. 1967년 내수용 2억 벌, 수출용 1억9천만 벌이 기록되었다. 이후

1977년 미국 내 판매량만 5억 벌에 달했고 해외 수출량은 3억 벌을 넘어섰다.

한때 사회학자들은 청바지 열풍이 갖는 사회적 의미에 대해 면밀한 연구를 펼쳤다. 이들의 연구 가운데 '청바지는 자유와 자아를 표현하는 것이다'는 분석도 나왔다. 또 청바지는 '기존의 가치를 거부하는 표상'이자 '아메리칸 드림에서 고무된 문화적 메시지'로 해석되기도 했다.

프랑스에서는 1949년 '캘리포니아의 신상품'이라는 남성 패션에 관한 리포트에서 처음 블루진이라는 용어가 소개되었다.

◉

아스피린

세상의 많고 많은 약 중에서 사람들이 가장 많이 사용하는 약은 무엇일까? 세계에서 가장 많이 사용하는 약은 소염진통제라고 한다. 인류가 진통과 소염을 목적으로 약을 사용한 역사는 무척 길다. 이집트에서 발견된 파피루스에는 이미 기원전 1500년 무렵에 버드나무와 포플러나무 껍질을 사용하여 통증과 열을 치료했다고 기록되어 있다.

뿐만 아니라 의학의 아버지로 칭송 받는 그리스의 히포크라테스도 기원전 400년 무렵에 포플러나무와 버드나무 껍질을 사용했다는 기록이 있다. 그 후로도 버드나무와 포플러나무 껍질은 진통과 해열 목적으로 꾸준히 사용되어 왔는데, 버드나무와 포플러나무 껍질에서 효과를 나타내는 성분인 살리실산은 맛도 나쁘고 위장장애가 매우 심하다는 것이 단점이었다.

독일의 화학자인 펠릭스 호프만의 아버지는 관절염으로 살리실산을 복용하면서 위장장애로 고생하고 있었다. 호프만은 아버지를 위하여 1897년에 위장장애가 적은 물질을 합성했는데 그것이 바로 아세틸살리실산이다. 그 뒤 아세틸살리실산은 아스피린이라는 이름으로 시판되었다. 아스피린Aspirin이라는 이름은 아세틸Acetyl과 버드나무의 학명Spiraea에서 앞부분을 따서 만들었다. 지금은 아세틸살리실산보다 아스피린이라는 이름이 훨씬 널리 알려져 있다.

펠릭스 호프만 박사가 1897년 8월 10일 독일 부페르탈의 바이엘 연구소에서 세계 최초로 아세틸살리실산을 합성하는 데 성공하자 칼 두이스버그 전무와 바이엘 제약연구소 소장인 하인리히 드레서 교수를 포함한 바이엘의 모든 관계자들은 몇 번의 실험 끝에 그 가치를 인정하게 되었다.

아세틸살리실산은 1898년 발표된 최초의 임상시험 결과에서 통증 완화에 효능이 있음이 밝혀지면서 제품으로 생산되기 시작했다. 바이엘의 브랜드 아스피린은 1899년 3월 6일에 독일 베를린에 있는 임페리얼 특허 사무소에 등록상표 제36433호로 등록되었고, 미국에서는 1900년 2월에 특허를 획득해 생산, 판매되기 시작했다.

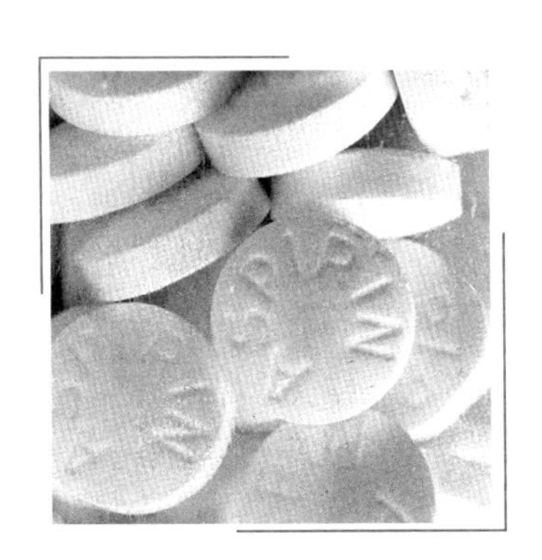

초기의 아스피린은 가루 형태로 250g씩 병에 담겨 약국에서만 판매되었다. 그러나 곧 많은 회사들이 아스피린 복제품을 만들기 시작했고, 바이엘은 아스피린을 복

제품과 차별화하기 위해 1914년부터 약품을 정제 형태로 개발했다. 이렇게 해서 아스피린은 정제 형태로 생산된 최초의 의약품 중 하나가 되었다.

정제된 아스피린은 외부가 단단하면서도 물에는 쉽게 용해되고, 가루약이 매번 무게를 달아서 복용을 해야 하는 것과 달리 그 양을 표준화할 수 있다는 장점이 있었다.

아스피린은 정제 형태로 보급되면서 더욱 광범위하게 사용되기 시작했다. 의사들은 환자들에게 아스피린을 두통, 치통, 신체적 통증, 동통, 감기나 독감으로 인한 발열 등에 사용하도록 권유했고, 아스피린은 '누구나 쉽게 살 수 있는 인기 통증 완화제'가 되었다.

한편, 아스피린 개발 특허를 둘러싼 논쟁도 지속되었다. 1949년 바이엘의 연구원이었던 유대인 출신의 아서 아이첸그룬 박사는 펠릭스 호프만 박사는 연구를 돕는 보조연구원이었을 뿐이라며, 자신이 아스피린의 최초의 임상시험 책임자이니 발명특허가 자신에게 있다고 주장했다.

아서 아이첸그룬은 펠릭스 호프만이 바이엘에 근무할 당시 바이엘의 제약팀장이었으며, 아스피린 개발에 지대한 공을 세웠으나 유대인이라는 이유로 아스피린 개발자에서 이름이 지워졌다는 설이 있다. 아서 아이첸그룬의 주장으로 논란이 계속되자 바이엘은 보도자료를 통해 이를 전면 부인하고 아스피린을 개발한 것은 펠릭스 호프만이라고 입장을 정리했다.

아스피린의 통증 완화 효능은 입증되었지만 이 약이 어떻게 구체적으로 인체에 작용하여 효과를 내는지는 펠릭스 호프만 박사가 1897년 개발한 이후 70여 년 동안 명확히 밝혀지지 않았다. 아스피린은 효능을 인정받아 상용화가 먼저 되고, 효능이 어떻게 발휘되는지에 대해서는 상용화된 지 수십 년 후에야 밝혀지게 된 '독특한' 의약품인 셈이다.

아스피린은 이처럼 실험실에서 제조된 의약품으로 '살리실산염'과 더불어 화학약물 치료의 새로운 장을 열었다고 할 정도로 놀라운 발명이었다.

자원과 기술

◉

금

프로이트에 의하면 "황금은 인간의 깊숙한 잠재의식 속에 있는 본능을 만족시켜 상징으로서 이용하도록 촉구하는 어떤 힘을 가지고 있다."고 했다.

금은 화학적으로 매우 안정된 물질로 녹이 슬지 않고 그 색상을 영원히 유지하지만, 다른 광물에 비해 산출량이 적어 예로부터 무척이나 귀하게 여겨왔다. 때문에 인간은 오랜 옛날부터 금에 매료되어 왔으며 고대문명에서는 종교적 의미나 권력을 상징하는 물건으로 이용되었다. 화폐가 생겨난 이후로도 금은 가장 귀한 통화의 수단으로 사용되며 금본위제의 기본통화로서 세계를 하나로 연결하고 있다.

결코 녹이 스는 일이 없는 금은 영원한 생명을 지닌 신을 상징하는 물질로 여겨진다. 반짝이는 황금색은 만물에 생명을 부여하는 태양의 색깔과 비슷해서 고대인들은 황금과 태양을 동일시했다. 이집트 신화 속에서 황금은 신의 육체를 뜻했다. 신이자 황금의 호루스매의 형상을 띠는 최고 신라는 칭호를 가지고 있던 파라오는 죽으면 황금 신체를 가진 신이 된다고 생각해왔다. '라' 혹은 '레'라는 이름으로도 불렸던 이집트의 태양신 석비에는 "우선 처음에 레가 말했다. 내 육신은 황금이다."라는 글귀가 적혀 있다. 그런가 하면 테베의 아몬 신은 그가 내뱉는 숨결에 향료의 냄새가 배어나오고 그 살이 황금으로 덮여 있다는 찬가로 찬양받았다.

1922년 발굴된 투탕카멘 왕의 황금 마스크는 중량이 무려 10.23kg이나 된다. 또한 두꺼운 한 장의 황금판으로 만들어진 유체가 담긴 황금 관은 두께가 0.25cm에 중량은 110.4kg이다. 그 밖에도 황금을 입힌 침대, 금으로 만든 스커트, 금으로 만든 지팡이를 들고 있는 왕의 조상 등을 보면 신화 속의 이미지를 그대로 재현해 놓은 듯하다.

다른 민족의 경우에도 그리스 신화에는 태양신 헬리오스가 아침에 네 마리 말이 끄는 황금 이륜마차를 몰고, 일몰 후에는 거대한 황금 사발을 타고 세계를 돌아 동으로 돌아온다고 묘사하고 있다. 유대 민족의 『구약성서』에는 솔로몬 왕에 대해 그가 신에게 바친 신전 내부를 순금판으로 덮고 그 문에 황금 빗장을 걸었다고 설명한 부분이 나온다.

아메리카에서 문명을 이룬 민족의 하나인 잉카인들은 황금을 태양의 눈물, 은을 달의 눈물이라고 생각했다. 에스파냐인들이 약탈한 쿠스코 태양신전은 다른 이름으로 코리칸차라고 하는데 그 뜻은 '황금의 집'이란 의미다. 이 태양신전의 안뜰에는 황금 정원이 있는데 그곳의 흙은 금모래이며 그 위에는 금 옥수수가 자라고 있었다고 한다. 잉카인들은 태양의 일부인 황금이 햇빛의 은혜로 작물의 풍작을 약속해

준다고 믿었다.

오리엔트 지역 중에서도 특히 이집트는 오랜 옛날부터 뛰어난 금 세공기술을 지니고 있었다. 또한 리비아, 누비아, 콥토스 등 풍부한 금 생산지를 보유하고 있었다.

황금은 통상 및 교역을 통해 이동했지만 황금의 이동을 촉발시킨 또 하나의 수단은 전쟁과 약탈을 통한 것이었다. 고대에 축적된 각지의 황금은 기마민족을 비롯한 신흥세력에 의해 수시로 약탈당했다. 그렇게 약탈당한 황금의 대부분은 대제국으로 성장한 페르시아 왕조의 손으로 들어가게 된다. 이후 황금은 마케도니아의 알렉산더 대왕에게 약탈당해 서방으로 전해져 헬레니즘 시대를 여는 기초가 되었다.

알렉산더 대왕 이후 새로운 세력으로 떠오른 로마가 세계의 부를 쥐고 지중해의 패권을 장악하지만 축적한 금과 은을 제국 안에 쌓아두는 데에는 실패한다. 자신들의 제국 방위를 위한 군사비와 상류사회의 사치품 구입 등을 이유로 금과 은이 인도양으로 유출되면서 결국 로마는 막대한 재정문제를 안게 된다. 그 후 15세기 말경, 드디어 파란만장한 대항해 시대가 시작된다. 이 새로운 시대를 여는 핵심 요인의 하나가 서아프리카에 있다는 금에 대한 욕심 때문이었다.

평소 이슬람 상인과 교역을 통해 서아프리카 금에 매료당하고 있던 제노바 사람들은 포르투갈의 새 항로 개척에 적극 도움을 주었다. 뿐만 아니라 막대한 자금까지 제공했는데 이런 제노바 인들 중에 유명한 사람이 아시아로 금을 찾으러 온 콜럼버스였다.

콜럼버스는 1483년 서쪽을 돌아 아시아로 가는 항해를 포르투갈

국왕에게 제안했다. 그러나 콜럼버스의 제안에 관심이 없었던 포르투갈 대신 에스파냐의 이사벨 여왕이 그에게 관심을 보인다. 콜럼버스가 제안한 서쪽 항해는 전혀 새로운 것은 아니었다. 15세기에 지구구체설은 거의 상식이 되어 있었기 때문이다. 천문학자였던 토스카넬리와 친분이 있었던 콜럼버스는 유럽 서쪽 끝과 아시아 동쪽 끝의 거리가 훨씬 짧다는 설을 믿었다. 그래서 서쪽을 돌아 아시아로 가려고 했다. 그의 목표는 물론 지팡 전설이 있는 일본이었다.

일본이 황금의 나라로 알려지게 된 데에는 마르코폴로의 『동방견문록』의 소문이 크게 작용했다. 그 줄거리는 이렇다.

> "치팡 섬은 동해에 있는 큰 섬으로 상상도 못할 만큼 황금이 풍부하다. 지배자의 궁전 지붕은 모두 황금으로 덮여 있고 궁전의 모든 도로와 바닥은 손가락 두 개 두께의 황금 판이 깔려있다. 창문조차 황금으로 만들어졌다."

물론 마르코폴로가 원의 황제 쿠빌라이 밑에서 20년 간 일을 한 것은 사실이지만 그는 지팡에 가본 적이 없었다. 다만 전혀 근거가 없는 이야기만은 아니었던 것이 당시 일본에서 황금이 산출되는 것도 사실이었기 때문이다. 당시에는 중국조차도 이웃나라인 일본에 대한 정보가 부족했기 때문에 일본을 '보물섬'이라는 이미지로 생각했을 가능성이 높다. 원대에 육지상의 유라시아 대륙과 인도양을 잇는 광활한 교역 네트워크가 완성되었다. 아시아에 대한 정보와 비단이나 향신료 등의 풍부한 자원은 이 네트워크를 통해 유럽으로 흘러들어 갔고 금 산출량이 적었던 유럽에서는 당연히 지팡이라는 섬이 선망의 대상이 되어 전설로 둔갑했을 것이다.

어쨌든 이사벨 여왕의 결단으로 콜럼버스의 항해는 실현되었다. 탐험 내내 콜럼버스는 히스파니올라 섬을 지팡이라고 생각했다. 황금 장식을 한 섬 주민이 금 산출지를 지바오로 발음했기 때문에 오해한 것이었다. 게다가 그가 믿은 지도에는 카나리아 제도와 같은 위도에 지팡이 있었기 때문에 그는 죽을 때까지 자신이 미지의 대륙을 발견했다고는 생각하지 못했다. 그의 탐험 이후 지팡을 찾기 위한 에스파냐 인들의 탐험은 계속되었다.

1521년 멕시코의 아스텍 왕국이, 1533년에는 안데스 산중의 잉카 제국이 정복당하며 많은 보물을 약탈당한다. 잉카의 아타우알파 왕은 몸값으로 넓은 방 가득 순금 6톤을 모았지만 속임을 당해 살해되었다. 황금의 나라 지팡에 대한 욕망은 광적일 정도였다. 콜럼버스가 신대륙에 도착한 이래 에스파냐 사람들은 금을 마구 약탈했는데 1551년부터 1560년까지 에스파냐에는 43톤의 금이 운반되었다.

철

최초에 철이 만들어진 곳이 어디였는지는 분명하지 않다. 고고학에 의하면 철의 기원은 인류가 불을 사용하여 철보다 상대적으로 낮은 가공 온도를 갖고 있는 청동을 가공하면서부터 시작되었다고 한다. 청동기 시대에 이어 제2천년기 말 소아시아에서 중국에 걸쳐 철기 시대가 펼쳐졌다. 그러나 철은 부식하기 쉬운 성질 때문에 오래된 유품이 별로 없고 따라서 정확한 철기 문화의 시작 시기를 추정하는 데 어려움이 많다.

신석기 시대의 인류는 돌을 갈아서 무기나 도구를 만들어 사용하였으나 그 후 불을 사용하여 동이나 청동을 가공하여 돌을 대신하여 사용하였다. 청동기가 지난 후 보다 강하고 날카로운 날을 세울 수 있는 철의 시대가 시작되었다.

옛날 대부분의 오리엔트 국가들은 나무를 태운 불에 철광석을 녹여 철을 얻었다. 최초로 철을 알게 된 것은 청동기 시대에 철광석을 동광석으로 착각하여 용해로에 넣고 용해하는 과정에서 발견하게 되었다는 설이 있다. 한편으로는 고대 원시림의 산불에 의해 철광석이 환원되어 반용융 상태로 굳어진 것을 산불이 지나간 후에 장인들이 채취하여 철기로 시작했다는 설도 있다. 하지만 어떤 것도 정확한 자료로 입증된 것은 없다. 다만 고대 이집트나 바빌로니아의 기록과 유물을 통해 추측해 보면 기원전 4000년경에 이미 초보적이지만 철을 정련하는 기술이 있었다는 것 정도만 짐작할 수 있다.

일반적으로 순수한 철은 1,500℃가 넘어야만 녹는다. 탄소를 포함하는 강철은 1,150℃가 넘어야 녹는다. 이렇게 따져보면 청동기 전성시대 때, 철로 만든 무기를 지닌 히타이트의 기술은 정말 대단한 것이었다. 고대 희랍인들은 철을 '와에베'라고 불렀다. 이것은 '하늘의 산물'이라는 뜻으로 '운석'을 의미한다고 한다.

철은 동에 비해 녹는점이 높다. 목재를 연료로 사용하던 고대에 있어서 이러한 사실은 철의 완전한 정련에 커다란 장애요소였다. 그러나 철광석을 목탄과 혼합해 열을 가하면 800℃ 정도의 저온에서도 환원작용이 일어나 해면상의 철을 얻을 수 있는데 이것을 가열상태에서 두드리면 희망하는 모양으로 변형할 수 있다. 고대 제철기술도 이와 같은 방식이 아니었을까 추측할 수 있다.

기원전 1000년경 세계 곳곳에서 동보다 훨씬 단단하고 용도도 다양한 철을 만들 수 있게 되면서 철은 고대사회에 있어 중요한 역할을 하게 된다.

히타이트로부터 제철과 전차기술을 배운 아시리아는 기원전 7세기에 오리엔트를 통일해 고대 제국을 건설한다.

지중해 세계에서는 기원전 1200년경 도리아인이 철기를 들고 그리스로 침입해 폴리스 사회를 형성했으며, 유럽에서는 기원전 800년경에 원주민인 켈트인이 철의 문명을 건설했다.

그런가 하면 인도에서는 제철기술을 가진 아리아인이 기원전 1100년경 풍요로운 갠지스 강 유역으로 진출해 쌀이나 밀 같은 작물을 재배하면서 국가를 형성한다. 기원전 4세기 델리에 세워진 '쿠트브 미나르'는 직경 40cm, 높이 7.5m, 전체 무게가 6톤이나 나가는 철기둥으로 철의 순도가 높아 2,000년 이상이나 지난 오늘날까지 당시 모습을 그대로 지니고 있다.

또한 중국에서는 도시국가가 세력다툼을 하던 기원전 6세기 무렵의 춘추 시대 때 처음으로 보급된 철제 농기구를 이용해 개간지를 넓히고 경제력을 높인 나라가 영토를 확장해나갔다.

이처럼 철은 대륙 이외의 세계 모든 민족들에게로 전파되어 인류가 새로운 문화를 이룩할 수 있게 해 주었지만 반면 침략과 전쟁에서 무기로 사용되기도 했다.

고대의 제철 방식은 작은 노 속에 목탄 불을 지펴 열과 일산화탄소로 철광석을 환원한 뒤, 탄소를 머금은 해면상의 철을 끄집어내는 식이었다. 그러나 그 자체로는 사용할 수 없기 때문에 그것을 바로 두들겨 규소, 인, 유황 따위 불순물을 추려내고 그것을 다시 노에 넣어 열을 가하는 과정을 몇 번이고 되풀이했다.

이 과정에서 탄소가 이산화탄소로 바뀌어 탄소 분량 0.1% 이하의 무르고 끈적거림이 강한 철이 탄생하는데 이것을 연철 혹은 단철이라 부른다. 대장장이들이 무기나 도구들을 만들어낼 때 흔히 이 단철을 두드리는데 그것은 공기와 접촉시키기 위해서다.

한편 중국에서는 전국戰國 시대에 단철과 함께 그보다 높은 온도에서 용해된 선철 혹은 주철도 등장한다. 선철은 탄소 성분을 다량으로 포함하며 융점이 낮기 때문에 주형에 흘려 넣어 주물로 이용했는데 이 선철로 중국에서는 도끼, 낫, 호미, 괭이 따위를 주조하여 주물 문화를 꽃피웠다. 중국이 다른 지역에서는 만들지 못했던 선철 제조 기술을 가질 수 있었던 것은 상자 모양의 대형 풀무를 사용했기 때문이라 할 수 있다.

전한前漢의 무제武帝는 소금, 술과 함께 철도 국가의 전매품으로 정해 세입의 중요한 기둥으로 삼았다.

14세기 들어 플랑드르 지방에서 용광로가 등장했고 이로 말미암아 주철과 강철이 대규모로 생산될 수 있었다. 장작 대신 석탄을 사용하기 시작하면서 제련술은 현대화의 길을 걷게 되었다. 1709년 영국의 에이브라험 다비가 석탄에서 코크스를 채취하면서 제련술은 본 궤도에 올랐다.

석탄

선사 시대부터 이용된 석탄은 중국과 고대 그리스에서도 사용되었다.

석탄은 그리스 시대부터 불에 타는 돌로 알려져 있었으나 석탄은 연소할 때 심한 냄새와 연기를 내뿜기 때문에 가정에서 이용하기는 무리가 있었다. 10세기경부터 영국인들은 본격적으로 석탄을 캐내기 시작했지만 연기와 냄새로 인해 영국에서는 13세기에 석탄 사용을 금지하는 법까지 내렸을 정도이다.

그런 영국이 다시 석탄을 사용하게 된 것은 언제, 어떤 이유 때문이었을까?

1558년 영국에서는 수목벌채를 제한하는 조치가 내려졌다. 원래 섬 전체의 30% 이상을 차지하던 삼림지대가 16세기가 되어 16% 이하로 감소되면서 국가 방위에 필요한 선박 제조마저 불가능할 지경이었기 때문이었다. 때문에 영국인들은 연료로 목재 대신 다시 석탄을 사용할 수밖에 없었다. 영국에서 목재가 부족하게 된 것은 나무를 건축 재료와 선박 재료로 사용했기 때문이기도 했지만 삼림지대를 밀어버리고 그 자리에 양들을 위한 목장을 조성한 것과 제철, 제염업의 연료로도 목재를 사용했기 때문이다. 석탄을 다시 연료로 사용하게 된 이후로 런던에서는 석탄을 판매하는 장사가 직업으로 등장하게 된다.

1666년 9월, 런던에서 대형 화재가 일어나 대부분의 집들이 타버리게 되는 사건이 일어난다. 도시를 다시 재건하는 과정에서 석탄을 연료로 사용하는 집이 건축되면서 오늘날의 모습을 형성하게 되었다.

연기나 나쁜 냄새 외에도 석탄은 채굴하기가 힘들다는 문제가 또 있었다. 탄광 채굴 작업은 대부분 지하에서 이뤄지는데 이때 석탄과 함께 대량의 물이 고이기 일쑤였다. 이 지하수를 어떻게 처리해야 하는지, 탄광 안에 고이는 물의 배수 문제가 골칫거리로 떠올랐다.

이 지하수의 처리를 위해 펌프를 이용하기도 했고 말의 노동력을 이용하기도 했으나 역부족이었다. 결국은 지하수가 넘치는 바람에 얼마 가지 않아 갱도를 폐쇄할 수밖에 없었다. 이러한 중에 펌프의 동력에 말보다 증기의 힘을 이용하는 것이 더 효과적이라는 사실을 발견하게 된다.

18세기에는 토머스 뉴커먼, 와트가 배수기계의 발명에 착수했다. 와트의 발명에 의해 탄광의 배수 문제가 해결되자 이번에는 배가 다닐 수 있는 운하를 도로 한복판에 건설함으로써 지금껏 말을 이용해왔던 석탄의 운송 문제도 해결하게 되었다. 와트의 증기기관은 그때까지 사회의 기본 동력원으로 사용되어 왔던 풍력, 축력, 인력 등을 배제하는 획기적인 발명이었다.

1783년 영국에서는 석탄으로 코크스를 만들어 철 생산에 돌입했는데 영국의 석탄 채굴과 철 생산은 독일이나 프랑스보다 50년이나 앞선 것이었다. 이러한 격차는 영국을 세계의 공장으로 만드는 원동력이 되었다. 석탄을 이용한 증기의 힘을 동력원으로 이용하는 방식은 때맞춰 잇달았던 많은 기계의 발명과 맞물려 면직물 생산을 20배 이상 증가시켰고, 영국인들은 면으로 만든 옷을 입고 증기기선의 발달로 중국에서 들여온 차를 마시며 생활하게 되었다.

그러나 한편으로는 석탄 이용이 여성과 아이들을 농촌에서 밀어내면서 기술이 없는 여성이나 아이들이 탄광 노동자가 될 수밖에 없었다. 여성들은 앞에서 석탄을 실은 차를 끌고 아이들이 그 뒤를 따라 걸으며 떨어진 석탄을 주웠다. 공장 건설은 계속해서 사람들을 농촌에서 도시로 내몰았다. 그로 인해 사람들은 장시간 노동에 시달렸고 노동자의 평균 수명은 35세까지 낮아졌다. 그런가 하면 5세 미만의 도시 노동자 자녀들의 사망률은 59%에 이르렀는데 장시간 노동으로 인한 과로, 저임금으로 인한 영양실조, 환경오염 등 비위생적인 생활 터전이 사람들의 수명을 단축시켰다.

이처럼 석탄 사용은 생산력을 향상시키는 혁명을 가져왔지만 19세기 노동자들의 가정에는 비참한 삶의 원인으로 자리 잡았다.

◉

석유

석유는 지구상에서 플랑크톤이 등장하기 시작한 6억 년 전에서 백만 년 사이의 지질 시대에 만들어졌다. 중동지역의 석유는 대부분 공룡의 활동 무대가 되었던 중생대 쥐라기 시대와 백악기 시대의 지층에서 만들어졌으나, 북해 유전은 고생대 지층에서도 발견된다. 대부분의 유전은 천만 년에서 2억7천만 년 사이의 지층에서 발견되며, 하부 표면 온도가 225~350℃ 사이이다.

석유의 기원설에는 5억 년 전 수생 동식물의 유해가 물 밑바닥에 가라앉아 썩은 진흙에서 유래했다는 유기 기원설과 마그마 중의 무기물질에서 유래했다는 무기 기원설이 있다.

일단 유전이 성립되려면 근원암, 저류암, 집유구조, 덮개암이 필수적으로 존재해야 한다. 근원암은 유기물질을 석유 또는 천연가스로 전환시켜 주는 퇴적암으로 근원암의 공간이 부족하여 이동한 석유가 다공질의 사암이나 석회암에 스며든 것을 저류암이라 한다. 저류암 주변에는 석유가 다른 곳으로 빠져나가지 못하도록 매우 치밀한 암석이 둘러싸고 있어야 하는데 이를 덮개암이라고 하고 셰일이나 이암이 이에 해당된다.

또한 석유가 저류암 내에 모이게 할 수 있는 지층구조를 집유 구조 또는 트랩이라고 하는데 트랩의 대부분은 돔 모양의 구조 또는 아치 모양의 배사구조가 차지하고 있다. 유전은 이러한 여러 조건들이 동시에 갖춰져야 한다는 까다로움이 있어서 지구상에 유전의 분포는 한정되어 있다.

그래서 지금도 산유국들은 대개 강한 부를 가지고 있으며 유전을 발견하기 위한 노력도 끊이지 않는다.

심지어 제1차 세계대전 때 영국의 정치가 커즌은 "연합국은 석유의 파도를 타고 승리를 얻었다."고 할 정도로 석유는 중요한 군수물자였으며, 제2차 대전을 일으킨 전체주의 국가들의 진짜 목적의 하나도 이 석유 자원의 확보였으며 전쟁의 귀추를 결정한 것도 석유라고 말할 수 있다.

◉

고무

고무는 남미의 아마존 유역과 아프리카에서만 구할 수 있었기 때문에 값이 매우 비쌌다. 비싼 가격과 희귀성 때문에 사람들은 고무를 '검은 황금'이라고 불렀다. 그러나 비싼 몸값에 비해 오히려 이용될 수 있는 범위는 미미하다는 아이러니가 있었다.

맨 처음 고무를 발견한 것은 남아메리카의 인디오였다. 인디오 아이들이 고무로 공을 만들어 놀이를 즐기는 모습은 콜럼버스도 목격한 적이 있다고 적고 있다. 인디오들은 고무를 놀이에만 이용한 것이 아니라 나무에서 막 따낸 수액을 자신들의 손발에 바른 뒤 햇볕에 말려 얇은 껍질 형태가 되면 살짝 벗겨내어 고무장갑이나 고무신발로 이용했다. 그중에서도 특히 멕시코의 올맥인들은 아메리카 문명을 꽃피운 민족이다. 올맥인들은 '고무를 이용한 사람들'이라고 불리기도 했다.

유럽에서는 1736년에서야 비로소 고무의 존재에 대해 인식하기 시작했는데 프랑스의 해군장교 출신 콩다민느라는 수학자이자 천문학자로 유명한 인물이 있었다. 당시 프랑스 과학원은 그와 그의 동료 두 명에게 아메리카의 적도 지대에서 자오선 지도를 측정해 오라는 임무를 내렸다. 임무를 완수한 콩다민느는 최초로 아마존 강 유역을 정확히 보여주는 지도를 작성했다. 그는 이 지도 탐사를 통해 고무를 비롯해 키니네, 세균 접종 기술 등을 들여왔다.

이후 1780년부터 문방구에서도 고무지우개가 판매되었다. 영국의 과학자 조셉 프리스틀리는 우연한 기회에 주사위 모양으로 자른 고무 뭉치를 이용해 연필로 적은 글자를 문지르면 깨끗하게 지워진다는 사실을 발견했다. 그러니까 유럽에서는 고무의 첫 이용이 지우개였던 셈이다. 이 지우개는 브라질에서 수입한 고무배에서 오려낸 것을 원료로 했다. 영어로 고무를 '러버'라고 부르는 것도 여기에서 기원을 찾을 수 있다.

그 후 1840년대에 영국의 핸콕과 미국의 굿이어가 각각 고무의 가황법을 발견하면서 대량생산 라인이 가동되었다. 굿이어는 1839년 우연한 기회로 가황고무를 발견하게 된다. 그가 연구실에서 깜빡 잠이 들었을 때 그의 고무신발에 실험 중이던 약품이 흘러넘쳐 스토브의 열로 가열된 것이다. 다음날 그가 일어났을 때 고무신발의 탄성력이 놀랍게도 증대했고 강해져 있었다. 가황고무의 발견으로 온도가 올라가면 물렁해지고 내려가면 딱딱해지던 기존의 생고무의 결점이 해소되었다. 오늘날 굿이어의 발명은 미국에 있는 세계 최대의 타이어회사 굿이어 타이어의 이름으로 남아 있다.

가황법의 발명으로 고무는 공업용 재료로 주목받기 시작한다. 특히 철도차량의 범퍼류로 사용되었는데, 1830년대부터 1940년대에 걸친 산업혁명의 진전은 유럽 각국에 철도 건설을 야기했다. 그 결과 차량용 완충기, 진동 흡수재로 고무가 필요하게 되었다.

19세기부터 20세기 초반까지 거래되던 생고무는 모두 브라질의 광대한 산림지역에서 자라던 야생 파라 고무나무였다. 고무의 거래가 이루어진 곳은 마나우스라는, 아마존 강을 1,000km 거슬러 올라간 정글 속에 자리한 마을이었다. 마나우스의 고무 상인들은 1인당 세계 최고의 수입을 거두었다. 한때 그곳은 세계에서 가장 잘 사는 마을이 되어 남아메리카 최초로 전차가 달리기 시작했고 밤에는 가로등이 불야성을 이루었다. 뿐만 아니라 유럽의 대도시에서도 잘 찾아보기 힘든 호화로운 오페라하우스가 건설되었고 그 흔적은 아직까지도 남아 있다.

이러한 고무의 경제 호황도 오래 가지는 못했다. 인간이 접근 가능한 범위 내에 자라는 야생 파라 고무나무가 급격하게 감소했기 때문이다. 당시에는 손도끼로 나무껍질에 상처를 내는 조잡한 방식을 사용하여 고무 수액이 채취되었기 때문에 고무나무가 말라죽는 경우가 많았다. 그냥 고무를 채취하는 것도 쉬운 일이 아니었는데 그 수마저 줄어들자 고무업자들은 인디오들을 핍박하고 착취하기 시작했다. 장시간의 노동과 병과 부상으로 많은 인디오들이 죽어

갔고, 당시 고무상인들의 비인도적인 처우는 세계적인 비난을 받을 정도였다.

1911년을 기점으로 브라질의 고무 수출이 급격하게 감소되면서 마나우스의 번영도 끝이 났다. 마나우스의 쇠퇴에는 고무나무 수의 감소 외에도 다른 원인이 있었으니 그것은 말레이 반도 등에서 파라 고무나무를 인공적으로 재배에 성공함으로써 값싼 고무의 생산이 가능해졌다는 것이다.

고무 채취를 위해 수많은 인디오가 착취당하는 것을 적극 반대했던 영국은 고무산업의 합리성을 확립하고자 그리고 동시에 생고무를 세계적으로 독점하기 위해 아마존 유역에서 야생 고무나무 종자를 밀반입한다. 영국은 런던의 왕립식물원에서 그것을 발아시켜 영국권 동남아시아에 고무 농장을 세웠다. 이로서 말레이 반도 등이 고무나무 재배의 중심지로 떠오르게 된다.

영국에 의해 재배고무가 본격적으로 생산되기 시작한 것은 1900년경으로 제2차 세계대전 당시 일본에 의해 동남아시아가 점령되기까지 오랫동안 영국은 세계의 생고무를 독점할 수 있게 되었다. 이렇게 고무가 동남아시아의 한정된 지역에서만 채취가 가능하다는 사실은 고무를 필요로 하는 많은 나라에게 커다란 문제가 되었다. 제1차 세계대전부터 각국은 이미 군용트럭, 비행기 등 한결같이 고무가 없이는 움직일 수 없는 것들을 사용하고 있었다. 이와 동일한 문제는 제2차 세계대전 때에도 고스란히 부각되었다. 그러자 미국과 러시아 등의 나라에서는 합성고무의 대량생산 쪽에 총력을 기울여 마침내 성공을 거둔다.

고무 부족을 해결하는 데 두 가지 방법으로 고안되었던 것이 하나는 화학적 방법으로 고무를 인공 생산하는 것이고, 다른 하나는 동남아시아 이외의 지역에서 고무나무를 재배하는 것이었다.

독일은 석탄과 석회를 재료로 최초의 합성고무인 부나를 제조하는 데 성공한다. 처음엔 천연고무를 대용할 목적으로 만들어졌던 합성고무는 오늘날 아예 천연고무 생산을 앞지르고 있다. 합성고무는 그 제작 방식에 따라 신축성이나 탄력성, 쉽게 구부러지는 성질, 잘 닳지 않는 성질 중 어느 한 가지가 극대화된다는 특징을 가지고 있다. 즉, 합성고무는 용도에 따라 그에 알맞은 성질의 고무를 만들 수 있다는 이야기다. 하지만 이것은 역으로 생각했을 때 어느 한 가지 성질을 특별히 좋게 하면 다른 성질들은 나빠지게 된다는 것을 뜻했다. 그래서 천연고무는 여전히 광산이나 댐 공사현장 등에서 사용하는 거대 타이어, 점보제트기 등에 이용된다. 합성고무로는 이처럼 험한 일을 감당할 대형 타이어를 만들 수 없기 때문이다.

다이아몬드

'다이아몬드는 영원히', '다이아몬드는 여자의 가장 좋은 친구' 등 다이아몬드는 보석 중에서도 최고의 것으로 여겨지고 있다. 오늘날 남녀가 영원한 사랑과 결속을 다짐하는 결혼 서약에서도 다이아몬드는 빠지지 않을 정도다. 단단하고 아름다운 다이아몬드가 영원한 사랑을 지켜주리라는 믿음 때문이다.

다이아몬드는 수십억 년 전 지구의 지각 깊숙한 마그마 속에서, 탄소에 막대한 열과 압력이 가해져 생성되었다. 화산작용에 의해 지표까지 밀려 올라온 청점토는 파이프의 형태로 식게 되었고, 이 청점토의 광맥 안에서 다이아몬드가 발견되고 있다.

다이아몬드는 기원전 7~8세기 때 인도 드라비다 족에 의해 처음 사용되었는데, 당시에는 강한 마력을 지닌 보석으로 여겨졌다. 그때의 기술로는 다이아몬드를 연마하는 것이 불가능했고, 불에 강하면서도 쇠에는 상처받지 않는 강인함을 지닌 보석이었기 때문에 사람들은 다이아몬드를 착용함으로써 자신들이 보호 받을 수 있다고 생각하기도 했다. 따라서 전쟁에 참가할 때 가장 많이 착용하는 보석이었다.

다이아몬드의 어원이 '정복할 수 없는'이라는 뜻을 지닌 '아다마스'임을 생각하면 당시 사람들이 다이아몬드를 어떠한 보석으로 여겼는지 알 수 있다.

다이아몬드는 로마 시대에 유럽으로 수입돼 왕족, 귀족들만 소유할 수 있도록 규제되었다. 이후 18세기 초 브라질과 19세기 남아프리카에서 대규모 다이아몬드 광산이 발견되면서 다이아몬드는 대중화의 길을 걷기 시작했다.

다이아몬드는 크기보다 광채에 더 큰 가치가 있기 때문에 원석을 커팅하여 빛의 반사를 극대화시키는 연마술이 발달한 이후에야 최고의 보석으로 인정받을 수 있었다. 커팅이 잘 된 다이아몬드는 정말 눈부시게 영롱한 빛을 내뿜으며 우리 눈을 즐겁게 만들어 준다.

다이아몬드는 20세기 이전엔 권력의 상징물이었지만 왕정이 몰락하고 자본주의의 물결이 거세지면서 부와 가문을 과시하는 장식품으로 바뀌게 되었다. 미국의 부와 유럽의 문화가 만나 보석 산업은 더욱 발전하게 되는데 프랑스의 까르띠에나 미국의 티파니 같은 브랜드가 급성장한 것도 이런 배경에서이다.

지금까지의 다이아몬드 총생산량은 500여 톤에 불과하며, 채굴된 다이아몬드 중 50%만이 보석용으로 적합하며 그중에서도 성냥의 머리보다 큰 크기로 연마될 수 있는 다이아몬드는 극히 드물다.

역사상 가장 유명한 다이아몬드로 알려진 호프다이아몬드는 45.52

캐럿의 짙은 블루 다이아몬드로 저주받은 전설로 인해 세계에서 가장 유명한 다이아몬드가 되었다.

최초의 전설은 당시 세계에서 유일한 다이아몬드 산지였던 인도 남서부에서 커다랗고 아름다운 사파이어와 같은 색을 띤 다이아몬드가 발견되면서 시작되었다. 인도인들은 이 돌의 표면을 연마하여 자신들이 숭배하던 힌두교의 시타 여신상의 눈에 끼워 넣었다. 이 다이아몬드를 바라문교의 승려가 훔쳤을 때 여신은 노하여 자신의 눈을 보석으로 몸에 지니는 사람은 악운을 만나게 되리라 저주했다고 한다.

1642년, 프랑스의 여행가이며 보석상이었던 장 바티스트 타베르니에는 처음에는 112.5캐럿이었다고 생각되는 이 다이아몬드를 손에 넣게 되었다. 당시 10캐럿을 넘는 커다란 다이아몬드는 모두 법률에 의해 인도 각지 군주의 소유물로 정해져 있었기 때문에 이 다이아몬드가 어떻게 인도에서 빠져나갈 수 있었는지는 알 수 없으나 타베르니에는 이것을 프랑스의 루이 14세에게 다른 보석들과 함께 팔아버렸다.

세월이 흐른 후 타베르니에의 아들조카라는 설도 있다이 재산을 모두 탕진하자 이미 80세가 넘은 고령의 타베르니에는 새로운 부를 찾기 위하여 다시 인도로 떠나게 되었다. 일설에 따르면 타베르니에는 인도에서 갈기갈기 찢기어 그 사체는 들개의 밥이 되었다는 비참한 최후의 이야기가 전해진다.

루이 14세는 프렌치 블루 다이아몬드라 부르기로 한 이 원석의 커트를 명령하였다. 그 결과 67.50 캐럿의 페어 세이프의 다이아몬드가 탄생되었고 이 다이아몬드는 그 후 124년간에 걸쳐 프랑스 왕실의 보물 중 하나로 소유되었다.

전설에 따르면 루이 14세는 이 프렌치 다이아몬드를 단 한 번 착용했지만 그 직후에 천연두에 걸려 사망했다고 전해지며, 루이 15세는 이 다이아몬드로 몸을 장식하는 것을 삼가고 애인의 한 사람이었던 듀발리 자작부인에게 빌려주었고 이 부인은 프랑스 혁명이 한창일 때 참수되어 일생을 마쳤다고 한다. 또한 루이 16세는 이 다이아몬드가 세계에서 제일 아름다운 것이라 생각하여 몇 년 후 비극적인 최후로 역사에 이름을 남긴 그의 왕비 마리 앙투아네트와 이 다이아몬드를 자주 이용한 것으로 알려졌다. 또한 마리 앙투아네트의 친구였던 람발 공 부인도 이 다이아몬드를 자주 사용했고 이 부인은 프랑스 혁명 중에 파리 시민들에 의해 잔혹하게 살해되었다.

1792년 9월 7일, 파리 시내에 있는 프랑스 왕실의 보물창고에서 왕실의 보물 대다수가 도난당하는 사건이 일어났다. 얼마 후 도난당했던 대부분의 보물은 발견되거나 회수되었지만 이 프렌치 블루 다이아몬드만은 그 모습을 나타내지 않았다. 그 후 20년이 지난 1812년, 런던의 한 보석상이 44.5 캐럿의 짙은 블루 다이아몬드를 팔려고 내놓았다. 사람들은 이것이 행방불명되었던 프렌치 블루가 아닌가 생각하고 20년간의 행적을 추적했으나 여러 가지 추측들만이 난무하였다.

어떤 사람은 이 다이아몬드가 스페인 왕가에 팔렸을 것이라 생각했다. 왜냐하면 1799년 고야의 작품 중 스페인의 마리아 루이사의 초상화 가슴에 커다란 청색 보석이 그려져 있고 또한 같은 시기에 도난당한 샌시 다이아몬드도 스페인에서 발견된 사실이 있었기 때문이었다.

또한 어떤 사람은 프렌치 다이아몬드가 오스트리아의 브룬스 윅 공의 손에 넘어가 두 개로 나누어졌다고 생각했다. 왜냐하면 '브룬스윅 블루'라고 하는 6.5캐럿의 다이아몬드는 44.5캐럿의 '호프 다이아몬드'와 같은 색이고 67.5캐럿의 프렌치 블루에서 이 두 개의 돌을 만들 수 있는 가능성이 충분했기 때문이었다.

그러나 이런 여러 가지 추리 중 가장 유력시된 것은 도둑이 프렌치 블루를 갖고 런던으로 도망쳐 훔쳤다는 사실을 숨기기 위해 두 개로 잘라 팔았으리라는 추리이다. 당시 런던에는 프랑스 혁명 때 도망친 귀족들이 많았고 이들이 가지고 온 보석류를 돈으로 바꾸고 있었기 때문에 가장 자연스런 추리였다.

이렇게 다시 둘로 나뉜 프렌치 블루 다이아몬드는 1830년에 런던 시장에서 약 9만 달러의 가격으로 영국의 대은행가 헨리 필립 호프에 판매되었고 그로부터 약 70여 년 간에 걸쳐 호프가의 보석 컬렉션 중의 일부가 되었다. 그리고 호프다이아몬드의 전설은 본격적으로 시작된다.

호프 재벌의 최후의 상속인이 된 프란시스펠함 크린튼 호프는 몇 가지 재정상의 큰 문제에 부딪치게 되었고 이어 첫 부인이던 미국의 여배우 메이요에가 무대로의 컴백에 실패하자 다른 남자와 달아나 버리고 말았다. 1901년 재산관리인은 법에 제소하여 호프 가의 보물들에 관여된 법적인 제한을 해소시켜 부채를 탕감하기 위해 매각할 권리를 얻어냈다.

이때 호프 다이아몬드는 뉴욕의 한 보석상에 팔렸고 그 보석상은 몇 년 후 파산하고 말았다. 다음 소유자는 코로라는 이름의 프랑스인 브로커로서 그는 이 다이아몬드를 러시아의 카니토스키 왕자에게 매각한 후 미쳐 자살했다.

카니토스키는 파리에 사는 방탕아였으나 친구의 말로는 그 다이아몬드를 구입한 후 신경질적인 사람으로 변했다고 한다. 그는 이 다이아몬드를 애인인 여배우 라듀에게 빌려주었고 그녀는 처음 이 다이아몬드를 착용하고 무대에 등장하던 날 밤에 왕자가 객석에서 쏜 총에 맞아 사망했다. 왕자 자신도 며칠 후 혁명당의 손에 의해 살해되고 말았다.

다음 소유자는 부유한 이집트의 상인 하비브 베이었으나 그는 전 가족과 함께 싱가포르 바다에서 기선 충돌로 사망했다. 처음에는 이 다이아몬드도 배와 함께 침몰됐다고 생각했으나 곧 그리스의 브로커인 시몬 몬타리데스의 손에 있다는 것이 판명되었다.

이 다이아몬드는 몬타리데스의 손에서 압둘 하미드 2세란 이름의 터키의 술탄에게 판매되었다. 몬타리데스는 이 다이아몬드를 매각한 후 가족과 함께 드라이브 중 절벽으로 차가 굴러 모두 사망하고 말았다.

한편 터키에서는 이 다이아몬드를 술탄의 할렘에 있는 여인에게 착용하게 했지만 후에 그녀는 술탄의 손에 의해 처형되었다. 이 다이아몬드를 매입한 후 압둘 하미드는 자기 나라에서 혁명이 가까워졌음을 느끼고 파리에 자신의 재산 일부를 옮겨 자신도 후에 이주하리라 생각했다. 술탄은 자신이 가장 신뢰하는 신하와 짜고 이 호프 다이아몬드를 포함한 커다란 보석 몇 개를 외국으로 반출하려고 했다. 그가 가장 믿을 수 있다고 생각한 그 부하는 이 보물을 프랑스에서 전부 팔아 착복하려는 생각을 했고 이 계획을 실행하기 위해 그는 술탄이나 자신만큼 태연히 이런 행동을 할 수 있는 청년 한 명을 고용했다.

파리로 향하던 중 청년은 타고 있던 기차에서 으슥한 장소를 찾아 그 보물들을 숨겼다. 그리고 자신의 발에 권총을 쏘고 소동을 일으켜 자신의 보물이 도난당했다고 울부짖었다. 소동이 진정되고 청년은 보물을 꺼내 몰래 가지고 도주했다.

그 다음의 상황에 대해서는 두 가지 이야기가 있다. 하나는 이 변절한 청년이 이 보물들을 프랑스의 한 전당포에서 적당한 금액을 받고 팔았다는 설이며, 또 다른 이야기는 이 청년은 혁명의 당사자인 젊은 장교들의 대리인을 자처하여 보물을 직접 하비브란 인물에게 매각했다고 알려져 있다. 세리트 하비브는 이 보물들을 1906년 6월에 파리 시내에서 '콜렉션 하비브'란 이름으로 공개하여 팔아버렸다. 1909년 하비브는 프랑스의 여객선 루센느호에 승선하여 싱가포르 근처의 리오 해협을 지나다 배가 침몰하여 사망했다.

이 두 가지의 이야기 중 어느 것이 진실인지는 알 수 없으나 하여튼 술탄은 즉시 비밀경찰을 보내 도둑을 잡아오라고 명령했다. 도둑이 된 청년은 평생을 두려움 속에서 보냈다고 전해진다.

술탄 압 둘 하미드는 1909년 터키군의 젊은 장교들의 혁명으로 왕위를 쫓겨나 국외로 추방되었다. 결국 술탄은 40만 불을 주고 산 이 호프 다이아몬드의 매각에서 한 푼의 돈도 손에 넣을 수 없었다.

호프 다이아몬드가 1910년 피에르 카르티에에게 매매될 때까지의 전설은 세계의 다양한 출판물에 의해 문자화되어 많은 사람들의 관심을 고조시켰다. 1910년 이전에는 호프 다이아몬드를 둘러싼 많은 이야기들이 범람하였고 또한 서로 모순된 다양한 이야기들은 사실 여부를 확인하는 작업이 거의 이루어지지 않았다. 많은 이야기 중에 어느 것이 진실이고 어느 것이 꾸며낸 이야기인지 알 수 없지만, 어쨌든 가장 아름답고 가장 수수께끼에 싸여 있는 다이아몬드임에는 틀림없다. 참고로 타이타닉이라는 영화에서도 이 다이아몬드가 나온다.

유리

천연으로 존재하는 유리 모양의 물질은 흑요석으로서 인류가 탄생하기 이전부터 지구상에 있었으나 인공적인 유리 제조 기술을 인류가 언제 어떻게 알게 되었는지에 대해서는 밝혀져 있지 않다. 유리 이용의 시초는 화산의 용암이 갑자기 냉각되어 미처 결정화되지 못하고 생성된 흑요석이 석기 시대의 활촉, 칼, 장식품으로 사용된 것을 최초의 유리 유적이라고 생각한다.

고대 로마의 플리니우스의 『박물지』에는 유리의 발명자는 페니키아의 상인이라고 기술되어 있지만, 약 6,000년 전으로 추정되는 고고학적 발굴물에서 유리로 만든 구슬이 발견되었으므로 이 기술은 확실하지 않으며 유리의 기원은 보다 오래되었을 것으로 추정된다. 로마는 이집트로부터 유리를 이용하는 기술을 전달받았고 이후 로마에서 다시 베니스로 전해지게 된다. 분명한 사실은 지금과 달리 가장 오래된 유리는 어느 것이나 불투명한 색유리이며, 투명한 유리가 제조된 것은 기원전 2000년경일 것이라 한다.

유리 제조 기술은 그 후 발달하여 갖가지 유리공예 기술이 개발되었으나, 고대로부터 중세에 걸쳐 주로 귀족이 애호하는 공예품 정도에 그쳤으며 일반 서민이 이용하게 된 것은 산업혁명 이후의 일이다. 그리고 지금과 같은 판유리가 기물유리로부터 분리되어 공업적으로 생산체제를 확립한 것은 그보다 더욱 후의 일이다. 19세기가 되어 유리 제조 기술은 원료정제면, 용해장치, 가공기술이 월등히 진보하여 서민 사이에서도 용도에 따른 다양한 유리가 널리 보급되기 시작했다.

망원경과 현미경이 발명된 17세기 이전에 광학유리 제조가 시작되었고, 18세기 말 스위스의 피에르귀낭 등에 의해서 질이 좋은 플린트 유리의 제조 기술이 발명되어 현재의 다양한 광학유리 제조 기술의 기초가 확립되었다.

그 후 1882년 독일의 물리학자 아베의 지도하에 광학유리공장현 자이스 광학기계회사이 창립되어 광학유리 기술에 혁신을 가져왔다.

우리나라의 유리 제조는 조선 시대부터 가내공업적 규모로 시작되었으며, 1939년 동양유리공업이 맥주병 공장을 건설함으로써 비로소 유리공업의 근대화가 이룩되었다.

유리 발명의 역사에서 첫 번째 획기적인 전환은 대략 기원전 1세기경 blowing pipe법의 발명으로 이루어졌다. 개선된 가마의 재료는 유리를 고온에서 용융하고 성형할 수 있는 기술을 발전시켰고 이것은 거의 2000년 이상 유지되었다. 두 번째는 금세기 초 유리 생산의 기계화에 의한 발전으로 널리 알려졌으며, Batch 조성이 극비였으나 19세기 말 과학과 유리 생산기술의 급속한 발전으로 널리 알려졌으며, Batch 조성에 따른 유리의 물리적 성질과 유리의 구조에 관한 연구는 여전히 계속되고 있다.

건축물의 외관을 결정하는 판유리도 화학공장에서 인공적으로 만들어진 소다회를 재료로 대량생산이 되면서 건물 전체를 판유리로 붙일 수 있게 되었다. 이렇게 발명된 유리로 인해 도시 경관은 크게 바뀌었다. 그동안 도시는 돌이나 벽돌, 나무 등으로 어둡게 닫힌 느낌이었다면 이제는 유리를 통해 환하게 열린 도시로 새롭게 탈바꿈하게 된 것이다.

우리나라의 고대 유리 제품들은 대부분이 로마 시대 형태의 유리이며 동양적인 유리가 출현한 것은 통일신라 이후 불교문화가 도입되면서 부터이다. 우리나라만의 독특한 유리 기구는 신라 시대 경주 고분에서 처음 출토되었는데 금관총에서 나온 유리잔, 금령촌에서 나온 유리주발, 천마총에서 나온 유리그릇 등은 지금까지 동양에서 발견된 일분의 유리 기물들에서는 볼 수 없었던 독특한 형태를 지니고 있다.

경주군 대남면에서는 유리용 가마가 있었음이 확인되기도 했는데, 이 같은 사실로 볼 때 우리나라에서 본격적인 유리 문화가 시작된 것은 신라 시대였을 것으로 추정된다.

그러나 안타깝게도 고려 시대 이후 우리나라의 유리 제작 기술은 단절된 시대가 계속되었다. 신라 시대에 융성했던 유리 문화는 이후 고려와 조선 시대의 도자기에 밀려 오히려 퇴보의 길을 걸었다. 청자나 백자 같은 훌륭한 도자기 문화가 꽃을 피운 반면 유리 제조 기술은 정체된 상태로 오랫동안 계속되었다.

마차

기원전 3000년, 수메르인은 튼튼한 수레바퀴를 가진 차를 발명해냈다. 그것은 3장의 두꺼운 판지를 연결해서 만든 상당히 중량이 나가는 수레바퀴가 달린 차였다. 이것을 끄는 역할은 소나 당나귀가 담당했다. 수메르인들은 다양한 물자를 운반하기 위해 차를 개발했는데 이것은 결국 다른 사람의 생명을 빼앗는 도구, 전차로 변해간다.

기원전 2000년 초, 북 메소포타미아와 그 주변에서는 말이 끄는 수레바퀴에 바큇살까지 달린 차가 있었다. 이 차를 발명한 사람들은 인도유럽 어족에 속하는 미탄니인이었다.

기원전 1300년경 히타이트에게 멸망당할 때까지 바빌론 제1왕조, 히타이트 등과 세력을 겨루며 멀리 이집트의 제18왕조와 혼인관계를 맺고 있던 미탄니는 기원전 16세기경 전성기를 누렸다. 인도유럽 어족이 가축화한 말을 미탄니가 차에 연결해 견인력과 기동성이 큰 차를 개발했다. 게다가 그들은 바큇살 달린 수레바퀴를 고안하여 차가 가벼워지고 속도가 증가하도록 만들었다. 경전차가 생긴 것인데 이 사건은 미탄니가 세력을 강화하는 데 큰 역할을 한다.

기원전 1540년 이집트의 투트모세 3세는 팔레스타인의 메기도로 출격해 아시아 동맹군을 무찔렀다. 지금도 피렌체 박물관에는 당시 사용되던 전차가 전시되어 있는데 이것을 보면 당시의 전차는 전체가 나무로 만들어졌다는 것을 알 수 있다.

미탄니로부터 메소포타미아 지역의 지배권을 이어받은 것은 인도유럽 어족의 하나인 히타이트였다. 기원전 1500년경, 그들은 철을 가열하여 망치로 두들기면 단철이 만들어지고 단철을 목탄과 접촉시켜 가열하면 강철이 만들어진다는 것을 알고 있었다. 이러한 철제 기구와 무기의 개발은 히타이트 군사력을 비약적으로 강화시키는 데 큰 역할을 했다.

기원전 1286년 이집트의 람세스 2세와 히타이트의 무와탈리스 왕 사이에 일어났던 전투는 전차끼리의 싸움이라 해도 과언이 아니었다. 람세스 2세의 전차는 마부와 전사가 타는 2인승으로 바퀴가 네 개였다. 반면 무와탈리스 왕의 전차는 마부와 전사, 병사가 타는 3인승으로 바퀴는 모두 여섯 개였다. 전차의 우열을 따지면 무와탈리스 왕에게 승산이 있었지만 결과적으로 이 전투는 무승부로 끝났다. 이 일로 이집트가 시리아에서 퇴각하고 히타이트는 전성기를 맞게 된다.

『구약성서』를 보면 '철의 전차'가 등장한다. 히타이트인들이 철기 시대에 전성기를 맞았던 민족의 하나이기 때문에 히타이트의 전차도 철로 만들었을 것이란 추측을 하기 쉽다. 그러나 전차를 철로 만드는 것은 당시의 기술로는 그리 간단한 문제가 아니었다. 그래서 오늘날 사람들은 히타이트의 전차에서 철이 사용된 부분은 바퀴 테와 차축 정도가 아닐까 하고 추측하고 있다.

셈 어족에 속하는 아시리아인들은 최종적으로 오리엔탈 지역을 통일한 민족으로 문화면에서는 수메르와 바빌로니아 문화를, 군사면에서는 히타이트와 카시테족의 전법을 계승했다.

그들은 말이 끄는 전차와 철 무기로 무장한 우수한 군대를 조직해 영토 확장을 꾀하는 한편 전차용 도로를 건설하기도 했다. 그런가 하면 전차도 대형화하고 견고하게 만들어 바퀴 수가 여덟 개까지 늘어나게 되었다. 마부를 포함하여 네 명의 병사가 탑승할 수 있도록 개량된 것이다.

아시리아가 오리엔트를 통일하게 된 중요한 원인은 기마술이라는 새로운 전술을 도입했기 때문이다. 기마전술은 기원전 2000년 후반 북방의 스텝 지대에서 탄생했다. 기마술의 발전에 결정적인 역할을 한 것이 재갈의 발명이다. 재갈을 이용함으로써 한 사람이 몇 백 마리의 소나 말을 이동시키는 효율을 얻을 수 있었고 이러한 목축방식이 크게 유행하게 되었다.

유목과 기마전술은 유라시아 전역의 문화와 정치에 큰 영향을 미쳤다. 산간 지역에서 전투를 치를 경우 전차보다는

기마가 유리하다는 사실을 알게 된 아시리아가 이 기술을 받아들인 것이다. 이에 반해 4인용 전차는 기병들의 공격에 대처하기 위한 대비책이었을 뿐이었다.

수메르인에게서 시작된 차의 기술은 미탄니의 바퀴 기술 이후 별다른 진척을 이루지 못하고 있었다. 그러던 것이 켈트인들을 만나면서 다시 한 번 큰 변화를 맞게 된다.

그 하나는 선회 가능한 바퀴의 등장으로 4륜 마차의 앞바퀴가 좌우로 회전할 수 있도록 바퀴 중앙부에 추축을 설치한 것이다. 다른 하나는 바퀴가 매끄럽게 회전할 수 있게 만드는 산륜식 베어링을 만든 것이다. 바퀴통 안쪽에 파놓은 여러 개의 홈에 가느다랗고 둥근 막대를 끼워 차축과 바퀴통 사이의 마찰을 최소화하는 방식이었다.

아시아 지역에서는 중국이 마차의 견인법에 큰 개량을 이끌어냈는데 말 한 마리가 끌 수 있는 이중끌채식 마차가 출현하게 되었다. 이것은 흉대식, 수륜식 마구가 개발되어 사용되기 시작한 것으로 이 개량을 통해 말의 힘을 종전보다 네 배나 더 끌어올릴 수 있었다. 과히 마차 역사의 가장 큰 기술 혁신이라 할 수 있는 일대의 사건이었다.

수메르인, 미탄니인, 켈트인, 한인의 차에 대한 공헌은 기마술의 등장과 발달로 인해 일시적으로 주춤하기도 했지만 근대에 등장한 자동차로 기술이 이어지면서 다시 빛을 보게 되었다.

◉

바퀴

인류 역사상 가장 위대한 발명품의 하나인 바퀴는 약 5,000년 전 메소포타미아에서 발명된 것으로 추측하고 있으며 티그리스 강과 유프라테스 강을 끼고 있는 메소포타미아에서 바퀴는 그릇을 빚는 도자기 물레로 처음 쓰였다고 한다. 그렇다면 도자기 물레로 쓰이던 바퀴가 어떻게 탈것의 일부로 진화한 것일까?

고고학자들의 발굴에 의하면 바퀴를 단 탈것의 흔적이 기원전 4천년경 메소포타미아, 중앙유럽지역 문명들에서 발견됐다고 한다. 바퀴를 단 탈것의 등장은 짐을 나르는 방식의 변화와 가축 사육의 진화와도 밀접한 연관을 맺고 있다.

약 3,500년 전에는 이집트에 전파되어 바퀴 달린 전차가 사용되기도 했으며 이 전통은 로마 전차부대로 이어졌다. 우리나라에서는 고구려의 옛 무덤 가운데 가장 유명한 무용총의 벽화에서 큰 바퀴가 달린 수레가 발견되고 있으며, 수원 화성을 축조하는 데 사용된 조선의 유

명한 발명품인 거중기도 바퀴의 원리를 이용하고 있다.

바퀴가 등장하기 전 짐을 운반하기 위한 도구로는 나무썰매가 쓰였다. 이것은 나무토막을 널빤지처럼 엮거나 나무 조각에 끈을 매달아 짐을 운반하는 방식으로 기원전 7천 년경부터 사용된 것으로 기록되어 있다. 나무썰매를 이용하면 사람이 어깨에 짐을 지고 운반했을 때보다 더 많은 짐을 쉽게 운반할 수 있었다. 이후 소, 양, 염소, 나귀 등을 사육할 수 있게 되면서 나무썰매를 끄는 데 가축이 이용되기 시작했다.

기원전 6천 년경 유럽의 북쪽에 위치한 스칸디나비아 반도와 미국의 알래스카에서는 소가 끄는 나무썰매가 이용되었다고 한다. 하지만 당시에는 포장된 길이 없어 땅바닥에 맞닿아 있는 썰매를 끌기가 쉽지 않았다. 질퍽거리는 진흙길이나 비탈길에서 나무썰매는 짐수레로서 구실을 할 수 없는 무용지물의 것이었다. 이런 어려움을 극복하기 위해 사람들은 나무썰매 밑에 굴림대를 받쳐 굴리기 시작했다.

굴림대를 가장 효과적으로 이용한 고대 왕국이 바로 이집트였다. 이집트 문명의 상징이라 할 수 있는 피라미드는 굴림대를 이용해 무거운 대리석들을 옮겼기 때문에 만들어 질 수 있었다. 또한 이집트에서는 기원전 2500년경 굴림대에 구멍을 뚫어 축을 끼운 다음 나무막대를 양쪽 통나무 굴대 축에 앞뒤로 연결해 굴대가 돌아가는 방식의 통나무 수레가 나타나기도 했다.

통나무를 잘라 만든 간단한 원판 형태의 바퀴는 기원전 5천 년경부터 사용됐다고 한다. 원판은 통나무를 세로로 잘라 둥근 형태로 만들었는데, 나무의 물리적인 성질 때문에 가로로 자른 원판은 압력을 견딜 수 없기 때문이었다. 이후 기원전 3500년경 나무바퀴는 세 조각의 두꺼운 판자를 맞추어 연결대를 만들어 구리 못을 박아 만든 형태로 진화했다.

메소포타미아 우르 왕조 시대에는 이 형태의 바퀴 두 개 가운데 구멍을 뚫어 썰매 아래 고정시킨 축에 끼워 나무 쐐기를 박아 최초의 이륜 수레를 완성했다. 수메르족의 우르 왕조에서는 물건을 운반하기 위한 이륜 수레 이외에도 신분이 높은 사람들이 탈 수 있는 4륜 수레도 만들었다. 이들은 수레들을 더욱 수월하게 끌기 위해 가축을 이용했으며 벽화 유적을 살펴보면 주로 소가 수레를 끈 것으로 볼 수 있다.

수메르인들은 나무바퀴를 전쟁용 수레인 전차에도 이용했다. 4륜 수레 대신 이동이 수월한 이륜 수레를 네 마리의 나귀가 끌어 전장에서 쉽게 이동할 수 있도록 했다. 두 명의 병사가 짝을 이뤄 전차에 올라타 한 명은 나귀를 조정하고 한 명은 활을 쏴 이동하는 동시에 공격도 가능하게 한 것이다. 하지만 둔하게 움직이는 원판형 나무바퀴와 느린 나귀의 결합이 군사력을 높이는 데 큰 기여는 하지 못했다. 이후 새로운 바퀴와 말이 결합된 전차가 등장하며 수메르인의 전투력은 향상됐다.

뒤이어 기원전 2000년경 새로운 형태의 바퀴가 등장했다. 이는 바로 바퀴살 바퀴이며 축대를 끼우는 중심 바퀴통에 테두리 바퀴를 연결하는 4~6개의 바퀴살로 이루어진 형태였다. 바퀴통에 연결된 바퀴살에 반달형으로 된 테두리 나무를 끼워 구리 못으로 고정해 바퀴살 바퀴를 완성했다. 이는 원판형 바퀴보다 가벼워 빠르게 굴러가고 충격 흡수력도 좋았다.

히타이트 족과 이집트 왕국에서 바퀴살 바퀴를 전차를 제작하는 데 활용했다. 히타이트 족은 전투력을 갖춘 전차를 활용한 최초의 부족으로 네 개의 바퀴살로 된 바퀴와 말 사육능력을 활용해 전투력을 높였다. 이들은 전차 중간에 바퀴를 달아 세 명의 병사들이 탈 수 있게 했고 나귀가 아닌 말을 이용해 이동 속도를 높였다.

바퀴살 바퀴를 단 전차는 히타이트 족에 이어 이집트 왕국에서도 제작됐고 그리스 로마 시대에도 이용됐다. 그리스 로마 시대에 전차는 전쟁에서 주요한 역할을 하기도 했지만 전차 경주와 같이 문화생활의 일부로도 이용됐다. 전차 이용의 확산은 바퀴살 바퀴의 확산과 발달을 가져왔다. 발달한 바퀴살 바퀴는 19세기까지 바퀴살 개수가 늘어난 것 이외에 외형상 큰 변화 없이 이어졌다. 다만 기원전 100년경 영국 켈트 족이 바퀴 테두리에 철판을 둘러 테두리가 닳아 없어지는 비율을 줄였다.

고대 문명의 바퀴 기술은 전쟁 기술인 전차가 발달하면서 함께 발달하기 시작했다. 소와 나귀가 끄는 짐수레는 육로가 정비되지 않은 상태에서 건장한 노예에게 짐을 나르게 하는 것보다 빠르지도 간편하지도 않아 짐수레를 더 발전시킬 이유가 없었기 때문이었다. 또한 당시 말을 대량으로 사육하는 데 필요한 곡물을 생산하는 것도 어려운 일이었다.

이에 반해 전쟁을 치러 왕국의 세력을 키워가던 고대 왕국들에게 전차 기술을 향상시켜 주는 바퀴살 바퀴에 대한 수요는 높았다. 전차 기술을 향상시키는 과정에서 바퀴살 바퀴 역시 발전한 것으로 볼 수 있다. 이후 바퀴살 바퀴가 확산되어 탈것에 활용되기 시작한 바퀴는 수차, 톱니바퀴, 물레바퀴 등으로 다양하게 응용되며, 이로써 본격적인 바퀴 문명의 역사가 펼쳐지게 됐다.

오늘날에는 자동차, 기차, 비행기 등 거의 모든 교통기관이 바퀴의 원리를 이용하고 있다.

수차와 풍차

고대로부터 동력으로 가장 먼저 사용된 것은 당연히 인간 스스로의 힘이었다. 모든 일에 손과 발의 힘을 사용하던 것이 도구를 발명할 줄 알게 되면서 이윽고 지레, 쐐기, 나사, 활차, 윤축 등의 기구가 만들어져 인력을 확대하고 능률화하는 데 도움을 주게 되었다.

오리엔트에 대제국이 세워지자 전쟁포로나 노예를 강제로 사역함으로써 피라미드로 상징되는 대규모 공사까지도 할 수 있게 되었다. 이어 당나귀나 소 등 견인 동물을 활용해 운반이나 양, 수곡물의 탈각, 저분된 광석의 분쇄 등에 힘을 이용했다. 그리고 그 후에는 물이나 바람 등 눈에 보이지 않거나 쉽게 잡을 수 없는 자연의 것에서 힘을 빌리기 시작한다.

오늘날 알려져 있는 가장 오래된 수차는 차축이 수직으로 선 것이었으며 따라서 수차의 날개는 수평으로 회전하는 것이었다. 이것은 오늘날 우리에게 익숙한 모습은 아니다. 차축의 하단에 몇 개의 날개가

비스듬히 박혀 있어 이것이 물 속에 잠겨 물줄기의 힘을 받아 회전하게 되는 것이었다. 이것은 그리스형, 또는 노르웨이형 수차라 부른다. 차축은 맷돌의 위쪽 돌에 고정되어 그 회전으로 곡물을 제분했다. 이 형의 수차를 움직이려면 급류가 필요했기 때문에 근동의 구릉지대에서 생겨났을 것으로 추측하고 있다.

뿐만 아니라 강의 흐름이 완만한 이집트나 메소포타미아 지방에서는 이런 형의 수차가 사용되었다는 증거가 없다는 것도 이 수차가 구릉지대의 산물이었을 것이라는 추측을 뒷받침한다. 중세 유럽과 19세기 후기까지 몇몇 지방에서 사용되었지만 출력이 작은데다가 소형이어서 다량의 곡물을 제분할 수 없다는 단점이 있었다.

기원전 1세기에 로마의 비토르비우스는 차축이 수평이고 차륜은 연직면안을 회전하는 오늘날과 같은 수차를 만들었다. 그 이전부터 차륜 가장자리에 움푹한 곳을 만들고 사람이나 동물의 힘으로 차륜을 회전시켜 물을 올리는 장치가 페르시아나 이집트에서 쓰이고 있었는데 비토르비우스는 이것을 거꾸로 수력에 의해 회전시킬 것으로 착안했다.

처음에는 차륜의 하부가 물 속에 잠기는 수차였으나 이윽고 물을 차륜 위에서 붓는 수차쪽이 훨씬 효과적이라는 것이 밝혀졌다. 수차를 움직이기 위한 부속시설도 고안되어 보통은 개울물을 막아서 못을 만들고 거기에 물을 수차까지 끌어서 위로부터 붓게 되어 있었다. 이런 형의 수차는 그 이전에 중세에는 수차가 제분용 외에 기계톱용, 축융용, 광석분쇄용, 망치질용, 풀무용 등 갖가지 용도에 쓰였다. 그 때문에 적당한 강물 가까이에 공업지역이 발전되기도 했고 수력을 여러 가지 일에 이용하여 전동장치나 기계류 일반의 개량이 촉진되는 등 커다란 영향이 생겼다.

당시의 공동체에게 수차가 얼마나 중요했느냐 하는 것은 유럽의 거의 모든 지역에서 하천의 관리에 관한 복잡한 법이 제정된 것으로도 알 수 있다. 산업면에서의 수차의 중요성은 증기기관 발명 이후에도 오랫동안 계속되었다. 16세기에서 19세기에 이르기까지 수차는 유럽과 북미에서 가장 중요한 동력원이었다.

풍차는 동력원으로는 수차만큼 역사가 오래지 않지만 알렉산드리아의 헤론의 저서에 풍력으로 움직이는 오르간 이야기가 실려 있다. 동력원으로서의 풍차는 7세기경 페르시아에서 탄생했다. 이 풍차는 아마도 중앙아시아에서 가장 오래전부터 사용된 기도용의 바람개비에 유래했을 것이라고 생각한다.

페르시아의 풍차는 고대 근동에서의 수차와 마찬가지로 회전축이 수직으로 된 것으로 10세기까지는 관개용 양수에 쓰였고 13세기까지에는 제분에도 사용되었다.

한편, 이보다 늦게 유럽에서는 회전축이 수평으로 된 서방형 풍차가 출현했다. 이것은 페르시아의 풍차와는 다른 독자적인 발명이었는데 이런 형태의 풍차에 관한 기록은 12세기 말에 처음 있었고 13세기 말경에는 북유럽 평원에서 보편화되었다. 페르시아형 풍차에서는 돛의 표면의 일부밖에 효과적으로 작용하지 않는 데 비해 서방형 풍차는 돛의 표면 전체에 풍압이 끊임없이 작용하기 때문에 훨씬 효과적이었다. 그러나 그 대신 풍향이 달라지면 돛을 오른쪽으로 돌려야 하는 단점이 있었다. 이 때문에 우선 돛과 기계를 포함한 상부 구조 전체가 풍향에 따라 회전하도록 개량한 상자형 풍차가 탄생되고, 이어서 14세기 말까지는 돛이 달린 풍차의 꼭대기 부분만 회전하는 탑형 풍차가 출현했다.

풍차는 처음에 제분에 사용되었지만 15세기 이후부터 양수가 가장 중요한 이용법이 되었다. 네덜란드에서는 풍차 이용의 절정기에는 북부 7개주에만 8천 대의 풍차가 있었다. 그 밖에도 기계톱의 가동이나 광산에서 광석을 끌어 올리는데도 이용되었다.

수력과 풍력은 중세 이래 가장 중요한 동력원이었고 증기기관 발명 후에도 그 이용이 오래 계속되었다. 그리고 수차, 풍차 자체는 물론이고 그것으로 움직여지는 여러 가지 기계나 전동장치의 제작, 개량은 기술의 발전에 커다란 자극을 주었으며 거기에 종사하는 기술자들의 기량과 경험은 산업혁명기의 기계제작에도 도움을 주었다. 더 나아가 산업혁명의 선구가 된 새로운 방적, 직물기계는 먼저 수차로 움직여진 후 증기기관으로 대체된 것이었다. 여러 의미에서 산업혁명은 수차에 의해 준비되었다고 해도 과언이 아니다.

속기술

속기술의 기원은 일반 문자의 탄생과 함께 시작되었다고 생각해도 될 정도로 문자의 기원과 밀접한 관계가 있다. 물론 속기 문자는 일반 문자보다 훨씬 늦게 태동했지만 말의 속도만큼 빨리 쓰고자 하는 욕망은 문자의 발명과 같이 했을 것으로 짐작되기 때문이다.

속기술이란 그리스어로 '좁은'과 '쓰다'에서 파생되었는데 빠르고 정확한 표기를 위해 디자인된 줄임말의 스타일이다.

속기는 전형적으로 단어와 문자들을 대신하여 사람들이 말하는 것과 같은 속도로 글을 쓸 수 있게 고안되었는데, 속기를 사용하는 것은 녹음기나 받아쓰기 기계와 같은 기술이 발달하기 전에 아주 중요했었고 많은 종류의 속기가 변형된 형태로 발달했다.

속기술은 기원전 10세기경부터 이집트, 그리스, 페르시아 등 고대 국가에서 이미 사용했을 것이라는 주장도 있지만 확실한 증거가 없다.

어느 정도의 체계를 갖춘 속기법이 창안된 것은 로마의 웅변술이 번성했던 기원전 1세기경부터라고 추정된다.

기원전 63년 당시의 유명한 정치가이자 웅변가였던 마르쿠스 타리어스 키케로가 사형을 언도받았다가 구사일생으로 형을 면하여 각 지방으로 유세하고 다닐 때, 그의 제자인 티로가 로마의 글자를 적당히 약기하는 방법으로 키케로의 연설을 받아 적어 공표하였는데, 티로의 이 약기법이 속기술의 효시로 전해진다.

티로가 고안한 속기법은 이후 로마의 학교에서도 가르쳤고 황제들도 배워 널리 사용되었다. 그리고 로마 제국이 멸망한 뒤에도 티로의 속기법은 여러 세기 동안 계속 사용되었다.

그러나 기원전 43년 키케로가 독재를 꿈꾸던 옥타비아누스의 미움을 받아 암살당하자 티로의 약기법은 오래도록 쓰이지 않다가, 1588년 영국의 고고학자 티모시 브라이트가 연구하던 중 키케로 강연록을 발견하면서 약기법이 다시 응용되어 최초의 속기서인 기호학을 저술하게 되었다. 티모시 브라이트의 〈기호의 사용〉기호를 사용하여 짧고 빠르게 쓰는 기술이 현대 속기법의 효시이다.

그 뒤 50년 동안 13종류의 속기법이 발표된 것으로 알려졌는데, 그 중 상당수는 여러 차례 개정되었다. 이 초기의 속기법 중 가장 유명한 것은 토머스 셸턴의 〈짧게 쓰기〉1626이었으며, 새뮤얼 펩스는 그의 유명한 일기를 이 방법으로 썼다.

약 2세기 뒤에 유명한 영국 작가 찰스 디킨스는 속기를 배워 한때 법정과 의회에서 속기사로 일하기도 했다. 영국 초기의 속기법 중 대부분은 정자법이나 알파벳에 기초한 것이었던 반면, 소리 나는 대로 쓰는 방법이 점점 인기를 끌기 시작하여 필립 기브스 목사는 1736년 처음으로 장모음과 단모음으로 구분함으로써 알파벳에 따른 기준을 버리고 발음에 따른 기준을 채택했다.

아이작 피트맨은 1837년 〈속기의 소리와 손의 관계〉를 발표해 표음속기법의 발전에 새로운 시대를 열었다. 그는 언어의 발음을 과학적으로 분류하고, 자신이 고안한 기호를 거기에 알맞게 배열했을 뿐만 아니라 빨리 쓰기를 위해 만든 간단한 약자 체계를 도입했다.

피트맨의 속기법은 표음속기법이므로 모든 단어를 그 소리에 따라 쓴다. 피트맨의 속기법은 몇 년 후 미국에 소개되었다. 오스트레일리아, 뉴질랜드, 인도 등 동반구에서는 피트맨 속기법이 주요한 비중을 차지하고 있다.

1888년 존 로버트 그레그는 영국에서 〈세선 표음속기법〉Light-Line honography을 발표했으며, 곧 그의 속기법을 미국에 소개했다. 그의 속기법은 미국의 다른 속기법보다 더 널리 쓰이고 있으며, 세계 대부분의 나라들에서 소개되어 가르치고 있다.

CAT 시스템은 컴퓨터의 출현으로 작업 시간을 단축해 주는 자동번문프로그램이 개발이 되어 각광을 받기 시작했는데 이 CAT 시스템에 사용되는 속기기계는 1910년 미국 달라스의 법원 속기사였던 워드스톤 아일랜드가 발명했다. 현재 세계적으로는 이 CAT 시스템에 사용되는 프로그램과 속기기계는 우리나라의 CAS 컴퓨터속기 등 나라별로 여러 종류와 이름이 있다. 현재 미국의 모든 법원과 의회에서는 거의 대부분이 이 속기기계를 이용한 CAT 시스템을 사용하고 있다.

그 후 많은 속기서와 속기학교가 나와 속기계는 발전을 거듭해 왔으며 현재 사용하고 있는 대표적인 외국의 속기법으로는 1837년 영국의 아이삭 피트맨의 '초속기법'과 1887년 영국의 존 로버트 그레그가 미국에서 전파한 '그레그속기법'이 있다. 따라서 현대의 속기법 발전은 영국에서부터 시작되었다고 할 수 있다.

우리나라의 속기는 박여일이 하와이에서 1909년 조선 속기법을 창안, 〈신한일보〉에 발표한 것이 시초이다. 그 후 1968년에는 국회에 속기사양성소가 설립되었고 1969년 '의회속기법식연구위원회'가 연구하여 창안 발표한 〈의회법식〉을 국회속기사양성소에서 교육하기 시작했다.

1993년에는 1970년대 후반경에 국내에 도입된 속기기계와 컴퓨터를 연결한 컴퓨터 속기가 국내에서도 개발되었다.

한국의 속기는 수필속기, 타자속기 및 컴퓨터속기로 구분된다. 창안자에 따라 수필속기의 경우에는 20~30가지, 타자속기의 경우에는 1가지가 있으며, 컴퓨터속기의 경우는 4~5가지가 있다.

인쇄술

언어는 정보 전달과 의사 표현을 하는 데 매우 용이하지만 전달 과정에서 왜곡과 훼손이 일어날 수 있어 정보를 오랫동안 보관하고 보존하는 데에는 어려움을 갖고 있다. 인쇄의 시작은 바로 정보를 정확하고, 안전하게 보관, 보존하려는 인간의 욕구에서 시작되었다.

초기 정보의 보관과 보존은 동굴, 암석, 동물의 뼈, 나무 등의 표면에 그림을 그리거나 조각을 하는 것이었으나, 이 역시 정보를 효과적으로 전달하는 데에는 큰 어려움이 있었다.

인쇄술이 발전하기 전까지 정보의 보관·보존을 위해 기록 방법으로 압인법, 날염법, 탁인법 등 크게 세 가지 방법이 사용되었다.

압인법은 원통이나 인형 같은 재료에 문자나 그림을 새기고 이를 점토판 위에 굴리거나 눌러서 그 새긴 자국을 만들어 내는 방식이다. 즉, 나무나 금속 등의 재료를 이용해 만든 둥근 통에 글자나 기호를 새긴 다음 점토판 위에 올려놓고 압력을 가하면서 굴려 원압식으로 찍기도 했고, 수정이나 옥돌 등에 새겨 평압식으로 찍어내기도 했다.

날염법은 나무나 금속 등의 판에 그림이나 무늬를 새겨 천에 날염하는 방식이다. 점토판이 아닌 천에 압인하는 방식이어서 완전한 인쇄 영역에는 도달하지 못했지만 압인법보다는 훨씬 진보된 방식이며, 목판인쇄술 출현에 큰 역할을 했다.

탁인법은 비석 등에 조각된 문자나 그림을 복사하는 방법을 말한다. 이는 처음부터 복사를 목적으로 한 것이 아니라 재료로 석면을 이용한 데에서 시작한 것이다. 탁인법의 실제는 중국 후한 시대 때 5경을 석면에 조각해 탁본으로 만들었다는 기록에서 찾을 수 있다. 탁본은 글자를 새긴 석면에 종이를 놓고 물을 축여서 붙게 한 다음 부드러운 헝겊 등에 먹물을 묻혀 가볍게 두드려서 찍어내는 것이다.

그러나 고대 인류의 생활 방식이 유목 생활에서 정착 생활로 변화함에 따라 인구가 늘기 시작하면서 보관, 보존해야 할 정보의 양은 꾸준하게 증가했다. 기존의 동굴이나 암석, 동물의 뼈 등을 이용한 정보 전달 방식은 정보의 양을 제대로 수용하지 못하게 했고, 한정적인 사람만이 정보를 얻을 수 있는 문제가 발생했다. 이러한 문제는 유럽에서 인쇄술이 발명되기 전까지 이어졌다.

수도원이나 대학에서 사용하는 책은 모두 손으로 써서 만든 필사본이었다. 필사본은 오랜 기간 되풀이되면서 베껴지는 사이에 잘못 표기되는 경우도 있었고 지역이나 저자에 따라 용어의 개념이 달리 전해지기도 했다. 무엇보다 가장 큰 문제는 정보의 전달 방법이 수작업을 통해 이루어짐에 따라 제작비용이 비싸져 정보를 소유할 수 있는 사람들은 당대의 권력층이나 상류층 등의 일부 계층에만 한정된다는 것이다.

그러나 인쇄술이 등장하자 책 만드는 일이 종전과는 비교할 수 없을 만큼 쉬워졌다. 뿐만 아니라 대량생산이 가능해져 보다 싼값으로 책을 구해 볼 수 있게 되었다. 따라서 일부 계층에만 국한되었던 교육과 지식의 보급이 일반인들에게까지 널리 이루어지게 되었다.

본격적인 인쇄술의 시초는 7세기경에 생겨난 목판인쇄다. 물론 압인법, 날염법, 탁인법 등 세 가지 인쇄 기록 방법의 정립이 인쇄술 태동의 밑거름이 되었다는 것은 부인할 수 없는 사실이다.

중국 작가들에 따르면 6세기 말부터 목판인쇄술이 시작되었다. 분리활자를 이용한 인쇄술은 1041~1048년 사이 중국의 필승들에 의해 발명되었다. 이들은 점토와 아교를 섞어 구워낸 활자를 사용했다. 이후 나무, 칠보, 금속 등이 점토와 아교를 대신했다.

이후 1317년 우리나라에서 납으로 주조된 분리활자가 등장했다. 1403년 태종의 어명을 받들어 활자가 양산되었다. 그러나 이 기술은 서양에는 알려지지 않았다.

구텐베르크는 납을 주성분으로 하는 활자의 유입식 주조법을 고안해낸다. 1450년부터 마인츠에서 여러 차례 실험을 거친 후 구텐베르크는 이 기술을 이용해 42행 성서를 찍어내기도 했다.

1469~1470년 사이 전쟁으로 마인츠에서 쫓겨난 인쇄업자들이 파리로 흘러들어 왔다. 콜마르의 미셸 프리뷔르제, 콘스탄츠의 윌리히 게링, 슈타인의 마르틴 그란츠 등은 장드라 피에르와 기욤 피셰의 도움을 받아 프랑스 최초의 인쇄소를 설립했다. 몇 년 후 이 인쇄소는 생 자크

거리로 이전해 '황금태양'이라는 간판을 내걸었다. 구텐베르크의 다른 두 제자도 1464년 수비아코와 로마에 각각 정착하여 인쇄소를 열었다.

영국에서는 1497년 최초로 인쇄소가 문을 열었다. 1885년 자동식자기인 '라이노타이프', 1887년 '모노타이프'가 각각 완성되었다. 이후 1953년 뉴욕에서 골이 인쇄기기의 혁명이라 할 수 있는 '히고넷 모이로우드'라는 사식기로 『아름다운 곤충의 세계』라는 책을 찍어냈다.

지난 500년간 군림해 온 구텐베르크의 금속활자를 종식시킨 획기적인 발명품이라는 점에서 사식기의 출현은 혁명적이라 할 수 있다.

목판인쇄를 시작으로 금속활자 인쇄, 사진술의 발달, 인쇄기계의 발명, 컴퓨터의 등장, 인터넷 보급 등 문명의 발전은 인쇄 과정을 획기적으로 줄이는 데 큰 역할을 했다. 고대 사회에서 지식정보화 사회까지 시대의 흐름 속에 인쇄의 발전을 통해 소비자는 좀 더 빠르게 좀 더 훌륭한 인쇄물을 얻을 수 있게 되었다.

하지만 과거나 지금이나 인쇄물이 나오기까지 인쇄물의 대상이 되는 원고, 원고를 복제하기 위해 그 표면에 잉크를 묻혀 종이에 전달하는 인쇄판, 판의 화선부에 부착된 잉크를 물리적인 압력에 의해 종이에 전이하는 장치인 인쇄기, 종이에 화선과 색상을 표현하는 인쇄잉크, 판의 화선부에 부착된 잉크가 전이되어 원고와 동일한 내용이 복제되는 종이는 인쇄의 기본적인 다섯 가지 요소로 필요불가결한 것들이다. 그리고 인쇄의 과정 중에 작용하는 온도, 습도, 물, 통풍, 인쇄 시간 등 자연적인 요소도 인쇄물 제작에 큰 영향을 미친다.

그러나 인쇄에 필요한 다섯 가지 요소가 발전하더라도 시대적 흐름과 사회적 제약이 인쇄 발전에 장애물로 작용하기도 했다. 그 단적인 예가 고려 시대 때 최초의 금속활자 인쇄를 한 우리나라가 조선 시대에 들어와 인쇄 산업의 관영화로 큰 발전을 이루지 못했다는 사실이다. 그러나 서양에서는 인쇄술의 보급이 정치적으로는 절대왕권사회가 근대시민사회로 바뀌는 원동력이 되었고, 종교적으로는 성서 보급을 확대시킴으로써 마침내 종교개혁까지 이끌어냈다.

이러한 이유로 인쇄는 인문학, 사회학, 공학, 화학 등의 모든 학문의 정수가 포함되어 있을 뿐 아니라 그 사회의 시대상을 반영하는 종합 학문이라고 할 수 있다.

그동안 인쇄는 정보를 전달하거나 보존하는 데 초점을 맞추었으나 최근 전자, 전기, 문화, 콘텐츠, 녹색 환경, IT 등 다양한 산업의 결합과 인쇄산업 디지털화에 힘입어 발전을 거듭하고 있다. 기존 인쇄는 일반적으로 종이를 소재로 하는 것으로만 생각해 왔으나, 오늘날에는 물과 공기를 제외하고, 우리의 생활 주변에서 볼 수 있는 거의 모든 소재에 인쇄가 가능할 정도로 발전했다.

이제 인쇄는 일상생활을 편리하게 하는 도구로 활용되고 있을 뿐만 아니라 산업 전반에 걸쳐 그 영역을 확대하고 있다. 이제 인쇄는 단순하게 정보를 전달하는 산업에서 벗어나 보이지 않는 생활 구석구석에서 그 역할을 다하고 있다.

화약

화약은 중국의 3대 발명품의 하나로 송대에 발명되어 몽골 제국의 영역을 통해 유럽으로 전해졌다.

초석, 유황, 목탄가루를 혼합하여 만든 '흑색화약'이 최초로 만들어진 것은 북송 시대였다. 1000년경 당복이라는 인물이 '화구'와 '화창'을 만들어 제3대 황제인 진종에게 헌정했다는 기록이 남아있다. 이는 대나무 통에 화약을 넣고 활에 걸어 쏘는 무기로서 불화살의 일종으로 여겨진다.

금의 남하를 막은 1161년 채석전투에서 남송군은 종이로 만든 용기에 화약을 넣고 불을 붙인 다음 투석기로 발사하는 벽력포라는 화기를 이용해 금군을 격파한다. 그러나 금은 이 무기의 제조법을 연구하고 개량하여 쇠로 된 용기에 화약을 채운 진천뢰를 만들어 1232년 몽골군을 무찔렀다. 이들 무기는 나중에 대포의 원형이 되는 관형화기였다.

흑색화약의 주원료인 초석은 페르시아어로 '중국의 소금', 아라비아어로 '중국의 눈'이라 불린다. 흑색화약은 초석, 유황, 목탄을 섞어 만들었는데 초석의 비율이 높아짐에 따라 폭발성이 강한 화약이 되었다.

금으로부터 화약제조법을 습득한 몽골 제국도 이를 전투용 무기로 채택하여 사용했다. 1281년 하카타만에 상륙한 원군은 손으로 던지는 '데츠하우'를 실전에 사용했다.

13세기 중엽 유럽에도 몽골군에 의해 화약제조법이 전해졌다. 서방으로의 영토 확장을 꾀했던 바투칭기즈칸의 큰아들의 아들의 군대는 러시아로 원정하여 헝가리를 통해 폴란드를 침공했다. 이때 유럽에 화약이 전해졌다고 알려지고 있다.

화약을 사용하는 대포는 유럽에서 급속하게 발달하여 중세 유럽의 전투방식을 크게 바꾸어 놓음으로써 기사의 몰락과 봉건 사회의 쇠퇴를 초래했다. 당시 유럽은 여전히 무거운 장비를 갖춘 기사와 두터운 성벽으로 둘러싸인 요새에 의존하고 있었다.

화약이 중국에서 만들어진 발명품이라는 사실은 이의가 없지만 한 가지 알려지지 않은 사실이 있다. 조선의 화약 기술이 중국 사신도 놀랄 정도로 발달했었다는 것이다. 세종 때는 오히려 중국보다 낫다고 자부할 만한 경지에 이르렀다.

중국으로부터 화약이 우리나라에 처음 전래된 시기는 고려 말기 무렵이었다. 당시 고려는 왜구들의 침략으로 골치를 앓고 있었다. 최무선 장군은 왜구를 격퇴하기 위해 화약만큼 좋은 것은 없다고 생각했다. 그는 중국에서 오는 상인이 있으면 무조건 만나 화약을 만드는 방법에 대해 물어봤다고 한다.

마침 이원이라는 중국 강남의 상인이 화약제조법을 대강 알고 있다고 하여 최무선은 그를 자기 집으로 데려가 수십 일 동안 극진히 대접하여 그 방법을 알아냈다.

화약의 재료 중 목탄과 황은 쉽게 구할 수 있는 물건이었지만 초산은 여러 화학공정을 거쳐야 만들 수 있으므로 당시의 기술로는 제조가 어려웠다. 때문에 화약의 제조 중 가장 어려운 것이 초산을 만드는 기술이었고 최무선이 이원으로부터 배운 기술도 초산을 만드는 방법이었다.

끝없는 노력 끝에 드디어 초산을 만드는 비법을 터득한 최무선은 조정에서 자신이 만든 화약으로 수차례 시험을 보인 끝에 1377년 화약 및 화기제조를 담당하는 화통도감의 설치를 이끌었다. 그로부터 3년 후 왜구들이 탄 300여 척의 배가 전라도 진포에 침입했을 때 최무선은 자신이 만든 화포로 그 배를 모두 불태우는 성과를 올렸다.

최무선은 자신만의 화약제조비법을 적은 책 『화약수련법』을 저술하여 아들인 최해산에게 물려주었다. 하지만 지금은 그 책이 전해지지 않아 최무선이 초산을 제작한 비법에 대해서는 알 수 없다.

조선 시대에 들어서 화기의 규격화와 더불어 독자적인 화기 기술을 선보이기 시작한 세종은 화약과 화약무기 개발에 일대 전기를 마련한 임금이다. 따라서 세종은 초산의 확보에 특히 신경을 썼는데 그로 인해 백성들이 피해를 입는 경우도 있었다.

1418년 12월 10일자 『세종실록』을 보면 다음과 같이 적혀 있다.

"박은이 아뢰기를, '염초초산를 만들기 위해 흙을 취하는 자가 평민을 침요하니, 이를 정지하기를 청합니다.' 하니, 임금이 말하기를, '만약 부득이하다면 다만 원관에서만 취하고 백성을 소란하게 하지 말라.' 하였다."

여기서 흙을 취하는 자란 염초약장을 말한다. 염초약장이 염초 제조에 필요한 흙을 채취하기 위해 민가에서 흙을 파가서 백성들에게 피해를 준다는 이야기를 듣고 세종은 원관, 즉 관아나 정부 건물에서만 흙을 채취하라고 명했다.

총기

오늘날 전쟁에서 이기기 위한 다양한 무기가 개발되고 있지만 그중에서도 총기류는 오늘날 첨단 전투와 디지털화된 전장에서도 여전히 쓸모있는 무기로 활약하고 있다.

미국 남북전쟁에서 북군이 승리한 원인 중 하나는 총기 변화에 따라 전술을 적절히 변화시켰기 때문이다. 남군의 리 장군은 숫자가 많을수록 위력을 발휘하는 기존의 집중전략에 의존해 자신의 용맹스러운 병사들을 총검으로 무장시켜 무려 2마일이 넘는 게티스버그의 벌판을 마치 행진하듯 진격토록 했다. 이에 비해 북군은 폭넓은 일자 대형으로 포진하여 다가오는 적을 향해 총과 대포를 쏜 뒤 뒤로 물러나서 다시 정렬해 쏘고 물러나는 분산전략을 사용해서 남군을 전멸시켰다.

1차 세계대전을 소재로 한 레마르크의 소설 『서부전선 이상없다』라는 제목은 바로 전선의 이동 없이 지루한 소모전만 계속되는 전투상황에서 따온 것이다. 그러나 이 같은 전법 또한 2차 대전의 주무기가 된

탱크의 등장으로 인해 오늘날의 '전격전'으로 변모했다.

이처럼 총기의 발달은 전술 변화를 가져왔고 더 나아가 과거철갑옷을 뚫는 화승총의 발명이 유럽 각국의 기사 계급을 몰락시켜 봉건제도의 종말을 가져오는 데 기여했듯이 사회적으로도 큰 변화를 불러일으켰다.

총기의 최초 기원은 원시인들이 침을 넣어 입으로 불어 쏘는 대롱으로 볼 수 있으나 본격적인 총기는 1040년 중국의 화약 발명 이후 본격화되었다. 당시에는 주로 종이 원통 안에서 화약을 폭발시켜 여러 개의 화살을 날리는 비화창, 화룡창 등이 만들어졌다.

이후 1281년 원나라에 의해 철제포탄을 최초로 사용하는 철화포가 만들어졌으며 이것이 아라비아 상인을 통해 유럽에 전달되면서 14세기 중반부터 유럽에서도 대포가 만들어지기 시작했다. 이후 대포의 원리를 이용, 휴대용으로 크기를 줄이는 노력이 계속된 끝에 15세기 중반 스페인에서 화승총이 등장했다.

이는 헝겊을 꼬아 만든 줄에 불을 붙인 뒤 방아쇠를 당기면 이 줄이 총열속의 화약에 닿으면서 발화돼 총탄이 발사되는 방식이다. 비가 오면 전혀 사용할 수 없다는 단점은 있었지만, 1450년 세리그놀라 전투에서 스페인이 프랑스의 기사단을 전멸시키면서 유럽 전역에 화승총 열풍을 일으켰는데 일본의 조총도 여기에서 유래된 것이다.

16세기 들어서는 화승 대신 라이터처럼 소형 부싯돌을 마찰시켜 불을 일으키는 플린트록 머스킷총이 개발돼 18세기 중엽까지 무려 3백 년 가까이 사용되었다. 1846년 프랑스 인 오비에가 오늘날처럼 화약을 탄환 안에 집어넣은 뒤 충격으로 폭발시키는 방식을 개발하면서 총기 제조 기술은 급속히 발전하게 됐다.

초기의 머스킷 소총은 현대의 화기와는 다소 차이가 있었다. 탄체를 발사시키기 위한 장약의 격발 방식도 문제였지만 총열에 강선이 없었기 때문에 50m 밖에서는 탄의 궤도가 불안정하게 휘어져 버린다는 것이었다.

1742년, 동인도회사의 포병장교 벤자민 로빈스는 저서 『새로운 포의 원리』를 통해 뉴턴 물리학과 미분, 보일의 법칙 등을 이용해 발사체와 공기 저항관계에 대해 탐구했고, 그 결과 갈릴레이가 제시한 포물선이 틀리다는 결론을 내리면서 당시의 머스킷의 탄 궤도가 왜 불안정한지에 대해 분석하게 된다.

이후 1747년, 로빈스는 왕립학회에서 〈선조를 새긴 총신의 특성과 이득〉이라는 제목의 논문을 발표해 포와 총에 강선을 파야 하며, 총알은 달걀형으로 제작해야 한다고 권고해 유럽에서 큰 주목을 받기 시작한다.

물론 당대 공업기술로서는 강선을 파는 것은 고된 작업이었고, 이런 강선이 넣어진 라이플 소총에 탄을 장전하는 작업은 다른 머스킷보다 더욱 복잡하고 고된 과정을 요구하는 것이었다. 그러나 그럼에도 불구하고 이런 강선총은 머스킷이 가지지 못한 무서운 정밀도와 긴 사정거리를 갖추게 되어 저격술의 태동을 알리게 되는 시초가 된다.

강선이 개발된 이후 약 60년 후, 영국의 목사 포사이스는 취미인 새사냥을 나가면서 한 가지 불만을 겪게 된다. 기존의 화기의 격발 방식은 작동과 실제 격발 간의 시차가 있어서 부싯돌 소리만 나도 새가 날아가 버렸다. 하지만 방아쇠를 당김과 동시에 격발되면 이런 문제는 해결될 것이라는 생각을 떠올린 포사이스 목사는 방아쇠 작동과 동시에 장약을 격발시킬 수 있는 방법에 대해 고민했다. 이윽고 1807년 즈음 풀민산수은, 혹은 뇌산수은이라 불리는 화학약품과 간단한 공이를 이용해서 기존의 플린트 락 격발방식이 따라 잡을 수 없는 즉각 격발을 구현해내게 된다.

이 퍼커션 캡을 이용한 방식은 장전속도를 비약적으로 상승시켰고, 장약이 젖지만 않는다면, 안정적으로 사격할 수 있다는 장점과 함께 불발 확률을 크게 낮추는 일대의 혁명을 불러왔다. 기존의 전장식 화기에 간단한 개조를 가하면 이 퍼커션 캡을 사용할 수 있는 엄청난 이점이 존재했기 때문에 플린트 락은 급속도로 도태되게 되었다.

그리고 약 30~40년 후, 프로이센에서 이러한 퍼커션 캡과, 발사장약, 그리고 발사체를 한 번에 합친 희대의 발명품이 등장하는데 이것이 바로 탄피다. 탄피의 개발은 전장식 소총 시대의 종말을 선고했고, 총기가 즉각적으로 사격을 가할 수 있는 위력적인 무기로 탈바꿈하게 된다.

물론, 격발방식의 발전이 있기 전에도 화력을 증강시킬 수 있는 방법에 대해 많은 사람들이 고민해 왔었다. 그중 가장 원시적인 것은 총신을 여러 개를 만들어 붙인 후, 한 번에 여러 발을 발사할 수 있도록 설계한 것으로 이후 시대가 지나면서 이러한 개념은 리볼버의 전신인 '여러 총신이 회전하면서 연발 사격을 가능하게 한다'는 개념의 페퍼박스 피스톨로 실현시켰고, 곧 선풍적인 인기를 끌게 된다. 그러나 다총신 총기가 가진 고질적인 약점인 무거움 때문에 결국 한 개의 총열과, 회전하는 약실의 개념을 적용하게 된다.

페퍼박스 피스톨의 개량인 트랜지션 리볼버가 약실의 개념을 최초로 적용하였고, 이후 새뮤얼 콜트가 리볼버식 권총을 개발하면서 미국에서 선풍적인 인기를 끌게 된다.

1880년대 하이람 맥심은 친구들과 사격장에서 총을 쏘면서 시간을 보내고 있었다. 맥심은 총기의 반동 때문에 어깨에 통증을 느끼게 되고, 이때 불현듯 이러한 의문을 갖게 된다.

"총기의 반동을 이용해 탄을 재장전할 수 있지 않을까?"

그렇게 하이람 맥심은 최초의 '자동화기'를 개발한다. 이것이 바로 맥심 기관총으로 반동식, 혹은 블로우 백 액션이라 불리는 이 메카니즘과 이와 유사한 개념은 곧바로 자동화기의 역사로 내려오게 된다.

우리나라는 고려 말 최무선의 화약 도입 이후 꾸준한 소형화 노력으로 조선 세종 때에는 화승총의 원시형태인 '소총통'을 개발하는 단계에 이르렀고, 조선 후기 들어서는 조총을 보다 발전시킨 '소승자총통'을 개발, 한일합방 이후에도 독립군에 의해 사용됐다.

미군의 영향으로 6·25 이후에는 M1과 카빈소총, 베트남 참전 이후에는 M16이 우리 국군의 주력 총기가 됐었으나, 1980년대 이후에는 자체적으로 K1-3시리즈를 개발하게 되었다. 현재는 대우정밀, 풍산금속, 한국화약 등 주요 기업들이 분담해 100% 국산총기를 생산하고 있다.

대포

그리스와 발칸 반도, 그리고 동유럽까지 세력을 확대해 나간 메흐메드 2세의 별명은 '파티흐' 즉, 터키어로 정복자라는 뜻이다. 그는 아주 뛰어난 군사적 천재였다.

비잔틴 제국의 심장 콘스탄티노플은 중세 최강의 난공불락의 요새이자 최강의 방어라인을 자랑했다. 육지 쪽으로 삼중 성벽이 둘러져 있고 해안의 좌우엔 거대한 쇠사슬이 연결돼 함대 근접을 막았다. 하지만 이 최고의 요새마저 결국은 메흐메드 2세에 의해 함락되고 말았다. 이것은 장장 54일간 세계전투사에서도 유례가 드문 격전을 치른 술탄과 황제의 싸움이었다.

1453년 5월 29일 새벽 2시, 8만의 오스만튀르크 대군은 콘스탄티노플을 향해 마지막 총공세를 펼친다. 비잔틴 제국은 시민군, 외인부대까지 모두 합쳐 7천 명에 불과한 병력으로 철옹성 안에서 54일을 버텼지만, 전선의 최선봉을 이끌던 주스티니아니가 부상을 핑계로 도주하자 쉽게 무너지고 만다.

특히 이전까지 볼 수 없었던 신형무기인 거포의 탄환이 사방에서 쏟아지자 막 해가 뜰 무렵 둑의 봇물이 터지듯 외성벽은 허물어지고 성문은 동시다발적으로 열렸다. 막다른 골목에 몰린 황제는 제위를 상징하는 자줏빛 망토와 문장을 벗어던진 뒤 심복 두 명과 함께 적의 무리 속으로 뛰어들어 사라졌다.

콘스탄티노플 함락은 세계사를 바꾼 사건으로 평가된다. 중세 서양 문명의 정수라 할 수 있는 비잔틴 제국의 멸망은 중세의 종말임과 동시에 근세의 시작을 의미하기 때문이다.

콘스탄티노플 함락의 공신이었던 대포에 관해서 재미있는 사실이 있다. 정복자 메흐메드 2세는 도전과 역발상으로 난관을 돌파해 나가는 타입으로 그가 콘스탄티노플을 함락시키기 위해 사용했던 대포는 원래 그의 것이 아닐 수도 있었다. 이 헝가리 대포기술자가 처음 찾아간 사람은 황제였지만 그는 자신의 철통 같은 방어력을 자랑하는 성벽을 과신해 공성용 무기에는 관심이 없었다.

황제에게 거부당한 대포기술자는 술탄에게 새로 개발한 거포를 넘겼다. 메흐메드 2세는 콘스탄티노플의 성벽을 부수기 위해 헝가리 왕국에서 초빙한 기술자 오르반이 만든 Dardanelles Gun이라는 대포를 사용했다. 그것은 무게만도 18톤이 넘고 길이도 5미터가 넘는 거대한 대포였다. 이것은 아드리아노플에서 제작되어 60마리의 황소가 끌고 왔다고 한다.

세계사에서 볼 때 이 뛰어난 군사적 천재 술탄에 버금가는 사람이 바로 프랑스의 나폴레옹이다. 나폴레옹은 전술과 지략이 뛰어나기도 했지만, 전쟁에 나설 때마다 포술로 승리를 이끌어 유럽을 호령했다. 재미있는 건 대포로 황제에 오른 그가 패전해 몰락할 때에도 대포로 인해서였다는 점이다. 트라팔가 해전에서 영국의 넬슨 제독이 이끄는 군대의 포술에 밀려 대패했고, 워털루 전쟁에서도 영국의 웰링턴 장군이 이끄는 연합군의 포술 앞에 무너지고 말았다.

대포의 발명은 전쟁의 양상은 물론 인류 역사를 바꿔놓을 정도로 큰 변화였다. 대포의 시초는 중국에서 대나무통에 쇳조각 등을 넣어 발사하던 무기가 발전한 것으로 보고 있다. 대포는 성마다 몇 개씩 배치가 되어 있었고 성에는 포구도 있었다.

대포는 유럽 기사의 몰락을 촉진시킨 요소 중 하나로 생각되는데 중국의 대포가 아라비아, 동유럽, 투르크 등을 거쳐 유럽 전역으로 확대되었다고 알려져 있다.

대포란 화약을 이용한 추진체로 화약과 동일한 폭발물로 적에게 날아가 터져 피해를 입힌다. 요즘은 적의 요새를 탈환하거나 방어하는 싸움이 드물기 때문에 쓰임새가 줄어들었지만 17세기 전에는 오로지 공성, 수성으로 쓰이던 대포를 야전포병대로 편입하여 대인용으로 쓰며 곡사포와 같은 대포에서 탄환의 포물선을 이용한 장거리 공격으로 아군 부대를 지원하는 역할을 했다.

17~18세기 이전에는 대포가 권력을 상징하기도 했다. 중세에는 자신의 권력을 나타내기 위해 종을 만들던 대장장이까지 동원하여 거대한 대포를 만들려는 노력을 했다. 당시 대포는 한 번 주조하려면 막대한 부와 인력이 필요했고 또 운반을 위해 수십 마리의 말과 포병이 있어야 했기 때문이다.

그러나 17세기가 본격적으로 접어들면서 대포는 권력의 상징이 아닌, 군력의 중추를 이루는 병장기로 자리잡게 된다. 처음 스웨덴 국왕 구스타프 아돌프와 토르스텐손이 공성용 포병대를 야전포병대로 바꾸는 일이 일어난다.

화약을 이용한 대포는 1320~1325년 발명되어 1346년에 처음 사용되었다. 당시 포신은 철판·철봉으로 원통을 만든 것이었으며, 탄환은 돌 또는 둥근 철환 등으로 탄환 자체는 파열되지 않았다. 포신이 매몰되어 있어 기동성이 없다는 단점이 있었다.

17세기에 들어서야 차륜식으로 이동이 가능해졌으며 초보적인 강선, 상하운동을 가능하게 하는 포이, 청동 포신, 철과 납으로 만든 포탄 등이 발명되기에 이른다.

18~19세기에는 주철로 포신을 만들고 장약의 질도 향상되었다. 19세기부터 20세기에 이르러서 포는 더 정확성을 띠게 되었다. 포신 내부에 홈을 파서 탄이 회전하는 형태로 개량되었기 때문이다. 근대적인 화포의 모습을 갖추게 된 것은 20세기 초에 이르러서였다. 이때의 포는 폭발력과 안정성, 교환성 등 화포가 구비해야 할 모든 장치와 조건이 완성되었다.

◉

열기구

하늘을 날고자 하는 사람들의 욕망은 무척이나 오랜 것이다. 그리스로마 신화에는 촛농으로 날개를 만들어 날다가 해에 초가 녹아 추락하는 인간의 이야기가 등장한다. 이 오래된 욕망 때문에 많은 사람들이 다양한 방식으로 하늘을 나는 법에 대해 연구해왔고 수많은 실패를 겪으면서도 그 열기는 식을 줄 몰랐다. 열기구는 그 중 제법 성공한 케이스였다.

열기구를 최초로 만든 사람은 프랑스의 몽골피에 형제였다. 프랑스의 작은 마을에서 제지 공장을 운영하던 조제프 몽골피에와 자크 몽골피에 형제는 커다란 종이 자루에 공기를 채우면 하늘을 날 수 있을 것이라고 생각했다.

1783년 6월, 형제는 이런 생각을 많은 사람들이 보는 앞에서 시험해 보였다. 그들은 먼저 커다란 종이 자루를 긴 기둥에 묶은 다음 주둥이 밑에서 밀짚과 나무를 태웠다. 그러자 종이 자루는 팽팽하게 부

풀어 오르면서 하늘로 올라가 10분 만에 약 2킬로미터 높이에 이르렀다. 하지만 자루는 얼마 올라가지 못하고 곧 추락하고 말았다.

그 해 11월, 물리학자인 로지에와 다란드 두 사람은 자신들이 만든 열기구를 타고 약 500m 높이까지 올라갔으며 25분 동안 출발지로부터 9km를 날아감으로써 최초로 열기구 비행에 성공했다.

이 이야기를 들은 샤를은 공기주머니에 공기 대신 가벼운 수소 기체를 채운 기구를 만들어 약 100m 높이까지 올라갔으며, 두 시간 동안 43km의 먼 거리를 날아감으로써 열기구를 이용한 장거리 비행에 성공한다. 이와 같은 열기구에 의한 비행의 성공은 사람들을 많이 태울 수 있는 비행선에 대한 연구로 이어졌다.

1852년 프랑스의 앙리 지파르는 유선형 기구에 증기엔진을 설치하고 프로펠러를 회전시켜 어느 정도 조정이 가능한 비행선을 만드는 데 성공했으며, 그 후 여러 사람에 의해 새로운 비행선이 개발되었다.

1900년 독일의 체펄린은 알루미늄을 사용함으로써 대형 비행선을 만드는 데 성공했고, 더 우수한 성능을 가진 비행선을 계속 개발했다. 이를 바탕으로 1909년에는 세계 최초의 항공사인 도이치 비행선 주식회사가 설립되었다.

그 후 점점 성능이 좋아진 비행선이 개발되어 제1차 세계대전 당시에는 비행선이 전투에 참여하게 되었다. 공중에서 나타난 거대한 괴물체로부터 비처럼 쏟아져내리는 포탄은 사람들에게 공포 그 자체였다.

반면 역사상 가장 호화로웠던 비행선은 1936년에 나온 힌덴부르크호였다. 이것은 지금의 보잉 747보다 더 큰 규모로 내부에 피아노와 오락실까지 갖추었다. 그러나 1937년 5월 6일 수소기체 폭발 사고로 많은 승객이 숨졌다.

그 후 라이트 형제가 개발한 비행기가 하늘의 운송 수단으로 자리를 잡게 되었고, 기구를 이용한 비행선은 점차 사라졌다. 오늘날 열기구는 전쟁이나 이동을 위한 수단이기보다는 레저활동을 위한 목적으로 자주 이용된다.

자전거

인간이 발명한 수많은 것들 중에서 가장 매력적이고 멋진 발명품을 꼽으라고 한다면 어떤 것이 있을까. 문자나 언어, 책이나 종이, 의약품과 신기술을 접목한 많은 발명품들이 그 중요성이나 효용성 면에서 서로 우위를 다툴 정도로 인류사에 큰 획을 그은 것들이 많다. 그러나 어떤 가치적인 측면을 떠나서 뭐니뭐니해도 자전거만큼 매력적인 발명품도 드물것이다. 아마도 최초의 자전거라고 하면 1490년경의 레오나르도 다빈치의 자전거 그림을 꼽을 수 있을 것이다. 다만 이것은 실제로 만들어진 바가 없으니 실제적으로 발명이 되었다고는 할 수 없을 뿐이다.

자전거는 사람의 힘으로 움직이는 이동 수단으로 통상적으로는 두 개의 바퀴로 이루어져 있다. 스페인 출신의 유명한 철학자 가세트는 자전거에 대해 "최소의 비용으로 최고의 힘을 얻어 보다 빨리가기 위해 고안된 인간 정신의 창조물"이라는 찬사를 보냈다. 사실상 자전거는 지구상에 존재하는 이동 수단 중에 에너지 효율이 가장 뛰어난 것으로 평가되고 있다.

사실 두 개의 바퀴를 연결해 움직이는 장치는 기원전부터 사용되었지만 자전거와 같이 보행을 돕는 탈것은 18세기 말에 모습을 드러내기 시작했다.

자전거의 시조로는 프랑스의 귀족이던 시브락이 1791년에 만든 셀레리페르가 꼽힌다. 셀레리페르는 '빨리 달릴 수 있는 기계'라는 뜻으로 아이들이 타고 놀던 목마에서 힌트를 얻은 것으로 알려져 있다. 셀레리페르는 오늘날의 자전거와 달리 페달도 없었고 핸들도 없었다. 덕분에 셀레리페르는 발로 땅을 구르면서 앞으로 움직여야 했고, 방향을 바꾸려면 기계를 세운 후 앞바퀴를 들어 돌려야 했다. 하지만 셀레리페르는 당시의 귀족들이나 아이들 사이에서 오락기구로 각광을 받았다.

핸들이 장착된 최초의 자전거는 1817년에 독일의 귀족이던 드라이스에 의해 고안되었다. 당시에 드라이스는 바덴 대공국의 산림을 감독하는 책임자로 있었는데, 광활한 지역을 터벅거리며 걸어다니는 것에 불편을 느끼고 '운전할 수 있는 달리는 기계'에 도전했다.

드라이스의 이름을 따 드라이지네로 불린 그 기계는 나무로 만들어졌으며 무게가 22킬로그램에 육박했다. 드라이지네를 활용하면 1시간 동안 12마일을 주행할 수 있었는데, 이러한 수치는 말이 전속력으로 달리는 것과 맞먹었다. 드라이지네는 앞바퀴를 움직일 수 있는 핸들을 달고 있었지만, 여전히 발로 땅을 차서 움직이는 구조를 가지고 있었다.

페달로 바퀴를 돌리는 자전거는 스코틀랜드의 대장장이 맥밀런이

1839년에 처음 개발했던 것으로 전해진다. 그러나 상업적으로 성공한 것은 프랑스의 대장장이 미쇼가 1861년에 만든 벨로시페드였다. 당시에 한 손님이 호비 호스를 수리해 달라고 미쇼의 가게에 가져 왔는데, 미쇼는 자전거가 스스로 굴러갈 수 있도록 호비 호스의 앞바퀴에 페달을 달았다고 한다. 벨로시페드는 1861년 두 대를 시작으로 1862년 142대에 이어 1865년에는 400대가 팔려나갔으며, 대량으로 생산된 최초의 자전거로 평가되고 있다.

1868년을 전후하여 유럽 사회에서는 자전거가 널리 유행되기 시작했다. 같은 해에 파리 교외의 생클루에서는 세계 최초의 자전거 경주대회가 개최되었다. 영국에서 자전거란 용어가 공식적으로 사용되기 시작한 것도 1868년이었다. 다양한 형태의 자전거들이 속속 등장한 가운데 19세기 후반에 자전거의 표준이 된 것은 앞바퀴가 유난히 크고 뒷바퀴는 작은 자전거였다. 이러한 자전거는 하이 휠 혹은 오디너리로 불렸다. 오늘날과 달리 당시에는 앞바퀴가 큰 자전거가 '보통' 자전거였던 셈이다.

1877년의 제임스 스탈리에 의해 개발된 세발 자전거는 이듬해 2인용으로 출시되었는데 1881년 영국 빅토리아 여왕이 이것을 두 대 구입하며 세간의 화제가 되기도 했다.

이러한 자전거 산업은 1887년에 스코틀랜드의 수의사이던 존 던롭이 공기 타이어를 개발하고 이듬해에 로버 자전거가 이를 채택하면서 새로운 전환점을 찾게 된다. 이것은 아주 작은 생활의 에피소드에서 생겨난 일로 당시에 던롭이 새로운 바퀴를 개발하는 데에는 아홉 살이던 아들에게 고무 타이어가 부착된 자전거를 사준 것이 계기로 작용하였다. 아들은 자전거를 타기만 하면 엉덩이가 아프다는 불평을 늘어놓았고, 던롭은 공기를 넣어 부풀린 튜브를 고무 타이어 안에 넣은 방법을 고안해 냈다. 던롭의 공기 타이어를 장착한 자전거는 덜컹거리지 않고 부드럽게 달릴 수 있었기 때문에 새로운 유행으로 자리 잡기 시작했다.

1890년대에 들어와 자전거 산업은 최고의 전성기를 구가했다. 이전의 자전거가 스포츠를 즐기는 사람들의 전유물이었다면, 이제는 거의 모든 집단이 사용하는 매우 일상적인 이동 수단이 되었다. 고객을 방문하는 세일즈맨, 왕진을 가는 의사, 등하교를 하는 학생 모두가 자전거 페달을 힘껏 밟았다. 블루머 걸이라고 불리던 자전거 타는 여성은

여성 독립의 상징이 되기도 했다.

우리나라에 도입된 최초의 자전거는 윤치호가 미국에서 가져온 것으로 전해지는데, 정확한 시기는 분명하지 않다. 일제강점기에는 엄복동이 자전거를 잘 타는 것으로 이름을 떨쳤다. "쳐다보니 안창남, 굽어보니 엄복동"이라는 동요까지 유행했는데, 안창남은 우리나라 최초의 비행사였다.

◉

전신과 전화

철도와 전신의 발명은 시공간을 압축하는 역할을 했다. 이전까지는 상상할 수도 없었던 물리적 시간을 단축하고 공간의 한계를 뛰어넘었다.

1837년 영국의 엔지니어 쿡과 휘트스톤, 미국의 디자인 교수 모스에 의해 거의 동시에 발명된 전신은 통신을 교통에서 분리시킨 최초의 발명품이었다. 전신이 발명되면서 메시지는 빛의 속도에 가깝게 움직이기 시작했다. 1843년 그레이트 웨스턴 철도를 따라 슬로와 런던 사이에 천 전신선이 놓인 직후, 슬로에서 살인을 저지른 존 타웰이라는 사람은 기차를 타고 런던으로 도망쳤으나 기다리던 경찰에 의해 체포되어 교수형에 처해졌다. 이러한 사건은 메시지가 그동안 가장 빠른 교통수단인 기차보다 더 빨리 전달되기 시작했음을 극적으로 보여 준 사례이다.

전신의 첫 고객은 신문사였다. 영국의 〈타임즈〉는 1844년에 빅토리아 여왕의 둘째 아들의 출산을 전신을 이용해 속보로 보도했고 이 소식을 담은 신문은 공식 발표 40분 만에 런던 시내 가판에 깔렸다. 미국의 경우에도 언론이 첫 고객이었다. 멕시코에서 미국으로 소식을 전하는 데 7일 정도 걸렸는데 1846년 발발한 멕시코 전쟁은 전신 덕분에 실시간으로 보도되었다. 전신의 고객은 신문사로부터 주식 가격 정보를 좀 더 빨리 알기 원하는 은행, 투자기관으로 확산되었고 곧이어 군대, 행정기관, 각종 회사 등으로 늘어났다.

1850년대 영국은 이미 2천 마일의 전신이, 미국은 1만 마일이 넘는 전신이 가설되었다. 게다가 1852년 영국과 프랑스 사이의 해저전신은 상상을 초월할 정도로 비싸서 영국에서 미국으로 보내는 메시지의 단어 한 자당 1파운드, 지금 가치로 약 10만 원에 해당했다. 또 전신은 모국과 식민지를 연결함으로써 식민지 통치에 결정적인 수단을 제공해 19세기 말, 영국과 인도 사이에는 매년 2백만 통의 전보가 송수신되었다.

무선 전신은 이탈리아의 물리학자 마르코니에 의해 고안되었다. 그에 앞서 독일의 물리학자 헤르츠가 맥스웰의 전자파 이론을 실험적으로 증명했는데 이를 안 마르코니는 1890년 불꽃 방전으로 전파를 발생시키고 이를 2.5km 떨어진 지점에서 모스부호 방식으로 보내 무선 송수신 실험에 성공했다. 무선 전신은 당시 최대 교통수단이었던 선박에 있어 중요한 통신 수단이 되었으며 1901년 12월 대서양 횡단 실험에 성공했다.

우리나라에 최초로 전신이 도입된 것은 1885년 9월 28일로 서울과 인천에 최초의 전신이 가설되고 이를 관할하기 위해 한성전보총국이 개국되면서 전신이 시작되었다. 10월 18일에는 의주까지 전신이 가설되어 인천~서울~의주에 이르는 서로전신선이 완전 개통되었다. 서로전신선 건설 이후 우리 정부의 자주적 노력으로 1888년 6월 1일 서울과 부산을 잇는 남로전신선이 개통되었다. 우리 정부에서는 이를 위해 1887년 3월 13일 서로전신선을 운영하는 한성전보총국과는 별도로 조선전보총국을 창설하고 홍철주를 초대 총판에 임명하여 독자적인 전신 사업을 시도했다.

1891년 6월에는 서울에서 원산에 이르는 이른바 북로전신선이 개설되었는데 이는 본래 함경도를 거쳐 블라디보스토크까지 연결되도록 계획되었다. 그러나 이미 전신의 중요성을 인식하고 있었던 일제는 을사조약의 체결보다 반 년이나 앞선 1905년 7월 2일 강계우체사의 접수를 끝으로 우리나라의 통신기관은 완전히 일제의 손으로 넘어갔다.

일제는 통신기관 장악 이후 1907년부터 1910년 사이에 일제의 경비 전화와 군용 전신의 가설에만 주력하여 국권 강탈의 걸림돌이던 항일의병 탄압의 수단으로 이용하였으며 이때 가설된 전신전화망이 우리나라 전신전화의 근간이 되었다.

전신 이후에 나타난 전화는 전신보다 한 발자국 더 나아간 정보와 메시지 전달의 매체였다. 전화는 전기의 파동을 매체로 하여 원거리에 음성과 음향을 재현할 뿐만 아니라 이 회선을 이용하면 전신, 화상, 텔레비전 신호 및 자료를 서로 다른 자료 처리 장치에 바로 입력이 가능한 형태로 전송하는 것이 가능하다. 전화회선을 이용하여 원격지에 있는 컴퓨터가 상호통신하는 것도 가능하다. 따라서 전화 시스템은 현재

대부분의 원격통신 시스템에서 필수적인 부분이 되었다.

우리가 흔히 전화는 그레이엄 벨에 의해 발명되었다고 알고 있지만 전화에 필수적인 요소는 알렉산더 그레이엄 벨의 특허가 인정받은 1876년 3월보다 4반세기 훨씬 이전에 이미 이용이 가능한 상태였다.

음성을 고체 내에서 전달이 가능한 진동으로 이해한 것은 19세기 초였으며 1831년 마이클 패러데이는 철이나 강철 조각의 진동을 전기적인 펄스로 변환할 수 있음을 보였다. 바로 이 시점에 과학기술 분야에서는 전화가 발명될 수 있는 시기에 도달했지만 이와 같은 기구의 응용을 예견할 수 있는 사업가가 없었다.

1876년 벨A. G. Bell에 의해 발명된 전화는 복잡한 기호의 조합에 의해서만 소통이 가능했던 모스전신의 한계를 뛰어넘어 일반 대중이 쉽게 사용할 수 있는 전기통신의 새 지평을 열었다.

그가 전화를 발명한 것은 1876년 3월 10일이라고 알려져 있는데 이날 그는 탄소가 채워진 송화기와 전자석, 진동판으로 만든 수화기를 전지와 연결한 간단한 장치를 통해 통신실험을 하고 있었다.

벨이 송화기와 전지를 실험실에 놓고 있었고 다른 방에서 조수 왓슨이 수화기를 귀에 대고 있었다. 그런데 어느 순간 벨이 큰 소리로 송화기에 대고 "왓슨, 빨리 와주게!" 하고 외쳤다. 벨은 묽은 황산이 들은 병을 넘어뜨려 바지가 젖자 무의식중에 조수를 불렀던 것이고 수화기에서 벨의 목소리를 들은 왓슨은 흥분하여 달려왔다. 이것이 전화가 목소리를 전한 최초의 감격스러운 순간이라고 한다.

벨이 발명할 당시 1:1통신에 불과했던 전화는 신소재의 개발, 교환

기술의 발달, 호출방식의 변화, 컴퓨터와의 결합 등을 거치면서 근대 기계문명의 발달과 함께 급격히 성장하여 오늘날에는 없어서는 안 될 중요한 사회요소가 되었다.

초기의 전화기는 손으로 자석발전기를 돌려 교환원을 불러 상대방을 호출하는 자석식 전화기였다. 그 후 1877년 에디슨에 의해 탄소송화기가 발명되고, 유도코일이 이용되면서 통화거리가 연장되었으며 같은 해 훅크 스위치의 발명에 이어 1880년에는 수화기만 들면 곧바로 교환원과 연결되는 공전식 전화기가 제작되었다. 그리고 1891년에는 스트로우저에 의해 자동식 다이얼 전화기가 발명되기에 이른다.

벨은 1875년 음성의 전기적인 전송이 가능할 뿐만 아니라 상업적으로도 유용하다는 것을 인식한 최초의 사람으로 여겨진다. 현재 전화의 원리는 19세기의 기술에서 크게 달라진 점이 없다. 음성이 공기를 진동시키면 공기에 의해 진동판이 진동하며 진동판의 운동에 따라서 이에 해당하는 전기의 흐름이 일어나게 된다.

현대의 전화기에서는 진동판이 탄소입자에 압력을 가하면 탄소입자의 전기저항이 변하여 전류의 흐름에 변화가 생긴다. 또한 수화기에서는 전자석을 통해 전류가 흐르며 전자석의 힘이 변하여 인접해 있는 강철 진동판을 진동시킨다. 진동판이 진동하면 주위의 공기가 움직여 음성이 생성된다.

그런가 하면 최초의 상업적인 전화 교환대는 1878년 1월에 미국 코네티컷 주 뉴헤이번에 설치되었다. 이 전화교환대는 21대의 전화를 다룰 수 있었으며 다양한 전선이 서로 접속할 수 있도록 여러 개의 스위치가 장치되어 있었다.

이것이 소개되자마자 곧 전화 시스템은 더욱 정교한 시스템으로 비교적 단거리에 있는 상당히 많은 수요자를 서로 접속시킬 수 있게 되었다.

우리나라의 전화기 도입은 1882년 상운에 의해 최초로 이루어졌지만 1890년대에 가서야 실용화된다.

최초의 통화방식은 역시 자석식이었으며 1908년 공전식, 1935년 자동식기계식에 이어 1970년대 이후 현재는 전자식 전화기가 상용되고 있다.

컴퓨터

2016년 3월에 열린 우리나라 최고의 바둑 기사 이세돌과 슈퍼컴퓨터 알파고의 대국은 이세돌이 1승을 거두고 알파고가 4승을 거두게 되면서 막을 내렸다. 사람들은 뛰어난 인공지능의 기술에 감탄하면서 동시에 많은 SF 영화와 같이 머지않은 미래에 인공지능이 인간을 앞서 나가 인간을 지배하게 되는 것은 아닌지 두려움 반, 걱정 반의 목소리를 내기도 했다.

이처럼 오늘날 인공지능이라 말하는 슈퍼컴퓨터와 같은 전기, 전자기기는 길지 않은 역사에 비해 눈부실 정도로 발전했다. 우리는 아주 다양한 전기 및 전자기기를 사용하고 있으며 모든 생활 속에 각종 유무선 정보통신기기와 컴퓨터의 사용은 중요한 역할을 차지하고 있다.

전기와 자기에 대한 현상은 고대 그리스 시대부터 알고 있었지만 18세기 전까지는 이들에 대한 이해는 거의 없었고 이들을 응용해 실생활에 사용한 일도 거의 없었다. 그러나 18세기에 이르러서는 마찰전기를 이용하여 전기에 대한 다양한 실험이 수행되었고, 전기 현상과 자기 현상이 밀접하게 연관되어 있음이 발견되었다. 전기와 자기의 연관성에서 각종 유·무선통신방법들이 발명되고 전기를 생산하는 방법이 나오게 되었다.

전기는 전자의 흐름이다. 전자의 흐름을 조절하고 증폭시킬 수 있는 진공관이 20세기 초반에 발명되고 20세기 중반에는 반도체가 발견됨으로써 라디오, TV, 컴퓨터를 비롯한 각종 전자기기가 발명되었다. 마침내 오늘날의 정보통신과 전자공학의 시대가 열리게 된 것이다.

또한 전자식 컴퓨터의 발명은 수학적 계산과 정보처리를 신속하게 하여 과거에는 엄두도 내지 못한 엄청난 작업을 빠르고 정확하게 하도록 하였음은 물론, 새로운 우주 시대를 여는 원동력이 되기도 하였다. 또한 20세기 초반에 발견된 초전도 물질과 20세기 중반에 발명된 레이저도 컴퓨터 발전과 더불어 과학 연구, 의료, 군사 등 여러 분야에서의 획기적 발전을 가져오게 하였다.

각종 정보를 저장, 처리하고 수학적 계산을 하며 기기를 제어하는 도구인 컴퓨터를 개발하고자 하는 노력은 아주 오래전부터 있어 왔다. 동양에서 수학적 계산을 빠르고 간편하게 하는 데 사용된 주판은 기원전 10세기 이전에 나타났는데 현대적 휴대용 전자계산기가 보편화되기 전인 1960년 말까지는 가게나 금융기관의 필수적 계산 도구였다. 주판을 이용한 암산인 주산을 배우는 것이 필수일 정도였다. 우리나라서도 불과 30년 전까지만 해도 주판과 암산을 가르치는 학원들이 동네마다 한 곳 이상씩 자리했다.

한편 서양에서는 대수를 사용하여 계산하는 계산자가 1600년대에 개발되어 휴대용 전자계산기가 나오기 전까지 이용되었다.

오늘날 사용되는 컴퓨터는 진공관의 발명과 더불어 출현되었고, 반도체의 발명과 집적 회로의 발전으로 획기적으로 성능이 개선되었다. 전자식 컴퓨터 이전에는 기계식 계산기가 사용되었는데 이의 효시는 프랑스 수학자 파스칼이 19세 때 아버지의 세무서에서의 일을 돕기 위해 아리스토텔레스가 기술한 고안에 기초하여 만들었던 것이다.

1645년에 제작된 첫 번째 계산기는 톱니바퀴열을 회전시켜 덧셈과 뺄셈을 하는 것이었다. 그러나 계산이 자주 틀렸다고 전해진다. 파스칼의 계산기는 1679년에 독일 수학자 라이프니츠에 의해 계단식 바퀴를 사용하여 곱셈까지 하는 것으로 개량되었다. 라이프니츠는 또한 현대 컴퓨터에 사용되는 2진법을 계산기에 사용할 것을 제안했는데 이런 점에서 그를 최초의 계산기 과학자이자 정보이론가라고 볼 수 있다.

산업혁명 이후, 자동화 작업의 필요에 따라 2진법의 수를 펀치 카드를 사용하여 나타내는 것이 사용되었다. 라이프니츠의 계산기는 1820년에 정밀공법으로 다시 제작되어 보급되기 시작하였으며 약간의 개량을 거치면서 제2차 세계대전 때까지 생산되었다. 이 개량된 계산기는 8자리 숫자 2개의 곱을 18초 동안에 계산할 수 있는 수준이었다.

19세기에는 타자기의 개발에 영향을 받아 계산기에 자판을 붙이게 되었고 20세기 초반에는 계산 결과를 종이에 기록하고 전기로 바퀴를 움직이는 전기·기계식 계산기가 개발되어 제작되었다. 또한 펀치 카드를 사용하여 정보를 빠르게 입력, 저장, 분석함으로써 컴퓨터의 처리

시간을 크게 단축하였다. 그러나 이동하는 기계부품을 사용하는 계산기는 계산 속도가 느릴 수밖에 없었다.

이런 단점을 극복하기 위해 등장한 것이 전자식 계산기였다. 전자식 계산기는 기계식 계산기의 움직이는 기계부품을 없앰으로써 계산 속도를 획기적으로 빠르게 하였다. 최초의 전자식 컴퓨터는 진공관을 사용한 것으로, 1946년에 처음으로 ENIAC이란 이름으로 완성되어 1951년에 UNIVAC I이란 이름으로 상품화되었다.

초창기 에니악은 전력소모가 대단했지만 1952년 미국 대통령 선거에서 아이젠하워의 승리를 예측함으로써 그 위력을 뽐냈다. 에니악은 1970년대 초반까지 널리 사용되었다.

1970년대에는 몇 개의 IC 칩을 사용하여 전력의 소모가 적고 휴대가 가능한 계산기가 상품화되었다. 1971년에 출시된 일본의 샤프사의 휴대용 계산기 Facit 1111은 무게가 약 450g이고, 형광 숫자표시 장치와 2차 전지를 사용했다.

같은 해 가을에는 덧셈, 뺄셈, 곱셈, 나눗셈을 할 수 있고 8자리의 LED 표시기를 갖춘 손바닥만 한 계산기가 미국에서 출시되었으며, 1972년 8월에는 이보다 적고 무게가 단지 70g인 계산기가 나왔다.

프로그램을 할 수 있는 탁상용 계산기는 1960년에 처음 등장하였고, 1970년대 말에는 간단한 입력장치와 출력장치를 갖춘 것이 등장하였다.

탁상용 계산기를 대체한 것이 개인용 컴퓨터PC인데 이는 미국 애플사에서 1977년에 처음으로 내놓아 1970~1980년대를 거치면서 일반

인들에게도 널리 보급되기 시작하였다.

PC는 해를 거듭할수록 메모리 용량이 커지고, 처리 속도가 빨라져 과거의 대형 컴퓨터의 성능을 능가하게 되었다. 이 과정에서 가격은 과거의 대형 컴퓨터와 비교하여 획기적으로 낮아졌으며 PC 가격은 매년 성능 향상에도 불구하고 거의 일정한 수준의 가격을 유지하였다. 따라서 과거의 대형 컴퓨터가 수행한 대부분의 과학 계산, 정보 처리 등이 PC로 충분하게 되었고 인터넷의 출현으로 이제 PC는 정보를 검색하고, 통신을 하며, 여러 매체로 저장된 정보를 출력하는 장치로까지 변모하게 되었다.

인공위성

인공위성의 첫 등장은 제2차 세계대전 무렵이었다. 해군이 약했던 독일은 영국을 공격하기 위해 로켓을 발사했고 영국의 런던을 공습하기 시작했다. 그러나 로켓이 날아오는 곳을 찾아낸 연합군의 기습공격으로 독일은 목적을 달성하지 못했다. 이후 러시아가 로켓 기술을 이용해서 인공위성 발사에 성공했고, 계속해서 미국과 러시아가 경쟁적으로 우주 개발에 힘쓴 결과 오늘날 인공위성을 편리하게 이용할 수 있게 되었다는 것이 인공위성에 관한 간략한 역사이다.

그렇다면 인공위성이 지구 주위를 돌기 위해서는 얼마나 많은 에너지가 필요할까? 정답은 0이다. 짐작하기 쉬웠겠지만 그것은 뉴턴이 발견한 관성의 법칙과 지구의 중력 때문이다. 중력이란 지구의 중심에서 잡아끄는 힘을 이야기하고, 관성의 법칙은 운동하는 물체는 계속 그 상태를 유지하려고 한다는 이론이다. 쉽게 말해서 어떤 물체를 앞쪽으로 똑바로 던지면 바닥에 떨어지지 않고 쭉 날아가야 하는데, 지구의 중력 때문에 결국은 바닥에 떨어진다는 것이다.

사실 러시아보다 앞서 미국은 1957년에 인공위성 뱅가드 발사계획을 공표하고 로켓 및 인공위성의 개발과 이것을 지상에서 추적, 관측할 수 있도록 준비하고 있었다고 한다. 그런데 개발에 차질이 생겨 뱅가드 발사가 지연되던 중 1957년 10월 4일 소련이 한발 앞서서 인공위성 스푸트니크 발사에 성공하고 이로써 미국과 소련의 본격적인 인공위성 개발전쟁이 시작되었으며 인류의 우주 개발에 더욱 박차를 가하게 되었다.

1957년 소련의 스푸트니크 호 발사 성공으로 인류는 지구를 떠난 우주 공간에서 지구를 바라볼 수 있게 되었다. 그 후 유인 인공위성의 개발, 여성 우주 비행사의 탄생, 달 표면 근접 촬영, 달 뒷면의 탐사, 달 정복 등 미국과 구 소련을 중심으로 우주 개발 경쟁 시대로 접어들었다. 인공위성과 달 탐험에 역사적 획을 긋는 인상적인 계획으로 다음 네 가지를 소개할 수 있다.

첫 번째가 구 소련에서 최초로 발사한 인공위성 스푸트니크 호이다. 이것은 1957년 10월 4일 발사에 성공한 인류 최초의 인공위성으로 타원 궤도를 그리며 지구를 한 시간 반가량 주기로 선회했다.

두 번째는 루나 호다. 이것은 구 소련의 달 탐험 계획을 실현한 것으로 1959년 1월 2일에는 루나 1호, 1959년 9월 12일에는 루나 2호를 발사하여 최초로 태양 주위의 궤도를 돌도록 계획되었으나 실패하였다. 이어 한 달 후인 10월 4일에 발사한 루나 3호는 달의 뒷면으로 가서 인류가 보지 못했던 달의 뒷면을 촬영하는 데 성공했다.

그리고 세 번째 아폴로 호는 많은 사람들이 가장 잘 알고 있는 인공위성의 하나로 인간을 달에 보내기 위한 미국의 계획이었다. 1966년에서 1968년 서베이어 계획에 이어 1968년 아폴로 7호부터 시작되었는데, 1969년 7월 16일에 발사된 아폴로 11호는 암스트롱을 선장으로 3인의 우주비행사가 탑승했다. 그리고 그 해 7월 20일 인류 역사상 처음으로 달의 표면에 인간이 내리는 쾌거를 이루었다. 아폴로 계획은 17호13호는 실패까지 실시되었다.

마지막으로 소유즈 호가 있다. 이것은 인간을 달에 보내기 위한 구 소련의 계획으로 1967년 소유즈 1호가 발사됨으로써 시작되었다. 하지만 불행하게도 발사한 지 하루 만에 우주비행사가 지구로 귀환하다 사고로 사망하였다. 그 후 구 소련은 소유즈와 우주정거장인 코스모스 계획을 이용, 달 탐험에 필요한 랑데뷰와 도킹 기술을 익히고 실험했다. 소유즈는 오늘날에도 우주정거장 미르까지 왕복한다.

우주라는 신비한 미지의 세계에 대한 인간의 열렬한 호기심에서 시작된 인공위성의 개발과 발사는 사람들에게 많은 영감을 제공했다. 우주와 그곳에서 살고 있을지 모르는 외계생명에 관한 SF 영화를 통해 사람들은 지금도 광활하고 미스테리한 우주로 나아가기 위한 열망을 품고 있다. 그렇다면 인공위성은 과연 어떤 목적에서 만들어진 것일까?

일단 상대편의 정보를 몰래 볼 수 있는 첩보위성의 역할을 한다. 예를 들어 북한이 미사일을 발사하거나 인공위성을 쏘아 올리면, 그 기술을 전쟁에 이용할까봐 세계가 감시할 수밖에 없다. 이를 위해 인공위성에 사진기를 장착하여 적국의 군사 기밀을 훔쳐보거나 미리 전쟁을 막을 수 있는 방법으로 활용한다. 최근의 전쟁은 첩보전이라 할 만큼 인공위성의 기능이 다양해지고 중요해졌다.

이런 군사적인 목적 외에도 인공위성은 날씨를 미리 알려주는 기상위성의 역할도 담당한다. 뉴스에서 일기예보를 할 때 우리나라를 지나는 구름 모양을 보여주는데, 이것은 기상위성에서 90분 간격으로 찍어 보내는 사진 덕분이다. 태풍의 이동 경로, 비의 양, 바람 등 기상 정보를 예측하는 것은 오늘날 매우 중요한 정보가 되었는데 이를 통해 연간 수조 원의 재해를 예방할 수 있고 인명을 보호할 수 있기 때문이다.

또한 인공위성으로 전 세계 여러 나라의 방송을 방 안에서도 쉽게 볼 수 있다. 이러한 위성은 통신위성이라고 하는데 인공위성을 지구에서 3만6천 킬로미터 위에 띄우면 지구의 자전 속도와 똑같은 속도로 지구를 공전하게 된다. 이것을 보면 지구에서 항상 같은 곳에 있는 것처럼 보이기 때문에 정지위성이라고도 부른다. 이 정지위성에서 위성방송을 하고, 저궤도 위성을 여러 개 쏘아 올려 이동통신에 이용하기도 하는데 위성중계방송과 위성방송을 시청하고, 이동통신을 할 수 있는 것은 모두 인공위성의 힘이다. 이런 위성방송을 하기 위해서는 위성을 정지궤도로 쏘아 올려야 하는데, 이때 높이와 위치가 정해져 있기 때문에 이 공간을 차지하려는 경쟁도 치열해지고 있다.

그리고 마지막으로 인공위성의 본래 역할이라고 할 수 있는 천문위성이 있다. 천문위성은 우주의 변화와 여러 가지 현상들을 관찰하기 위해 쏘아 올린 과학위성이다. 천문학에서 인공위성은 아주 유용하게 사용되는데, 이를 우주망원경이라고 한다. 이 우주망원경은 지구상에서는 확인할 수 없는 천체나 잘 보이지 않는 천체를 볼 수 있도록 해주며 전 세계의 모든 천문대의 건설비용보다 더 많은 돈을 투자한 허블우주망원경도 인공위성의 하나라고 한다.

원자폭탄

지금까지 인류가 발명한 무기 중에 가장 강력하고 무서운 무기의 하나가 바로 원자폭탄이다. 제2차 세계대전의 종식을 앞당기는 역할을 했고, 그 외에도 역사상 많은 전쟁에서 사용된 원자폭탄은 처음에는 대량 살상을 위한 목적이 아니라 순수한 과학적 발견에 의해 만들어진 것이지만, 그 피해는 상상을 초월하는 것이어서 지금도 원폭으로 인해 후유증을 앓고 있는 피해자들이 많이 있다.

독일에서 핵분열이 최초로 관찰된 뒤 페르미를 비롯하여 미국에 망명한 유럽의 물리학자들은 루즈벨트 대통령을 설득하여 원자폭탄 개발을 위해 비밀리에 맨해튼 계획을 수립하게 된다. 당시 페르미는 연쇄반응을 지속적으로 유지시키는 방법을 개발하는 일의 책임자였다.

페르미는 맨해튼 계획의 일환으로 시카고대학에서 연쇄반응의 빠르기를 조절하는 데 중성자를 흡수하는 물질인 카드뮴 막대를 원자로에 넣거나 빼는 방법을 이용하여 연쇄반응의 속도를 조절하였고, 이 실험은 1942년 12월 시카고대학의 스쿼시 경기장에서 성공하였다.

이후 1943년에는 테네시 주의 오크리지 서쪽 20마일 지점에 원자폭탄 제조용 우라늄 생산 공장을 건설하고 뉴멕시코 주의 로스앨러모스 과학연구소에서 폭탄 개발 및 설계를 진행하였다.

페르미는 원자핵이 느린중성자를 포획하여 새로운 원소를 만들 수 있다는 제안을 한 공로로 1938년 노벨물리학상을 수상하였으며, 이후 핵분열의 연쇄반응의 속도를 조절하여 원자폭탄의 개발과 원자력 발전에 기여하였다.

1945년 7월 16일 뉴멕시코 주 앨러머 고도 근처 사막 트리니티에서 시험 폭파를 거쳐, 같은 해 8월 6일 일본의 히로시마에 우라늄 235 폭탄을, 3일 뒤 나가사키에 플루토늄 239 폭탄을 투하한다. 이 폭탄의 투하로 히로시마에서는 34만3천 명의 인구 중에서 약 7만 명이 사망, 13만 명이 부상, 완전히 연소·파괴된 가옥 6만2천 호, 반소 또는 반파 가옥 1만 호, 이재민 10만 명을 냈고, 나가사키에서는 사망 2만 명, 부상 5만 명, 완전 연소 또는 파괴 가옥 2만 호, 반소 또는 반파 가옥 2만5천 호, 이재민 10만 명을 냈다. 또한 이 폭탄으로 일본의 항복이 촉진되고, 제2차 세계대전을 앞당겨 끝내는 효과도 거두었다.

1949년 9월 24일 소련에서도 원자폭탄을 보유하고 있음이 발표되었고, 1952년 10월 3일에는 영국이 몬터벨로 군도에서 원폭 실험에 성공하였고, 1960년 2월 13일에는 프랑스가 사하라사막에서 실험에 성공하였으며, 뒤이어 중국·인도·남아프리카공화국 등에서도 원자폭탄을 보유하게 되었다.

원자폭탄은 사용되는 핵분열물질의 종류에 따라 우라늄폭탄과 플루토늄폭탄으로 나뉘며, 큰 것에는 TNT 폭약 수백 톤에 해당하는 폭발력을 내는 것부터 kt급의 위력을 내는 것에 이르기까지 여러 가지 크기의 것이 있다.

폭탄의 원료로 사용되는 우라늄 235는 천연우라늄 광석 속에 약 0.7%가 함유되어 있으며, 나머지 99.3%는 비분열성인 우라늄 238로 되어 있다. 우라늄 238에서 우라늄 235를 추출해 내고, 순도 90% 이상으로 농축한 것이 원자폭탄의 에너지원이 된다.

폭탄의 살상 및 파괴효과는 폭풍, 열, 방사능의 3대 효과가 종합적으로 작용하여 발휘된다. 폭발은 100만 분의 1초 내에 일어나고, 지속시간은 200만 분의 1초에 불과하다. 이와 같이 극히 짧은 순간에 막대한 에너지가 방출되므로 수백만 도℃ 이상의 고온이 발생하여 주위의 공기를 가열시키고, 가열된 공기는 급격히 팽창해서 폭풍이 되어 무서운 파괴효과를 내게 된다.

핵반응 시에 방출되는 방사능은 중성자상해를 입히게 하고, 넓은 지역에 퍼져 있는 물, 흙, 먼지 등의 방사성물질로부터 잔류방사선을 방출하게 하며, 죽음의 재라고 하는 방사능진을 내리게 하여 광범위한 방사능 오염지대를 형성한다.

표준 원자폭탄이 공중·지표면에서 폭발한 경우 폭풍효과에 의해서 폭발 중심으로부터 1~5km 이내의 목조건물, 300m 이내의 콘크리트 건물, 150~220m 이내의 지하 구조물이 파괴되고, 열복사선에 의해서는 2.5km 이내의 가연성 물질이 연소되거나 인원에게 심한 화상을 입히게 되며, 방사선에 의해서는 1km 이내의 전체 인원에게 치사량의 방사선량을 조사하게 된다.

원자폭탄은 적군의 전투력을 파괴한다는 무기 본래의 목적에서 벗어나 단 한 발로도 도시 전체를 파괴함은 물론 수많은 사람들을 죽음으로 몰고 가기 때문에 비인도적인 무기라는 비난을 받고 있다.

인간과 함께 한 동물들

개

오늘날 사람들에게 가장 사랑받는 동물의 하나가 개일 것이다. 이제는 단순히 동물이 아니라 애호가들에게는 가족처럼 사랑받고 대접을 받는 동물이다. 심지어 키우던 애견이 사망하면 사람들처럼 절차에 따라 장례를 치르고 무덤을 만들어 기릴 만큼 사람과 가깝게 생활하며 반려견으로 존중받는다. 그렇다면 사람들은 언제부터 개를 키우기 시작했을까?

흔히 개는 늑대의 후예라 불리며 야생이었던 늑대를 길들여 집에서 키우기 시작했다고 알고 있다.

이미 신석기 시대부터 개들이 신인류의 뒤를 졸졸 따라다닌 흔적이 여기저기에서 발견된다. 한 예로 1921년 독일의 본 근처에서 동물 시체 여러 구가 출토되었는데 발굴학자들은 이를 마지막 빙하기에 살았던 늑대의 유해로 간주했다. 그러나 1981년 본 동물박물관 연구원들에 의해 이 동물이 독일산 셰퍼드와 생김새가 비슷한 1만4천 년 전의 개라는 사실이 밝혀졌다. 조사 결과 당시 개에는 적어도 두 가지 종류, 즉 테리어 종과 슬루기 종이 있었다는 사실이 밝혀졌다.

한편 고대 아시리아 지역의 조각품들에는 집을 지키거나 전투에 동원되는 개, 사냥에 이용되던 발이 빠른 그레이하운드 등의 개의 형상이 새겨져 있다. 또한 이집트에서 발굴된 벽화의 여러 형상들은 우리들의 선택의 폭을 넓혀 준다. 제4왕조 때부터 그레이하운드 등이 등장했음을 알 수 있다. 제12왕조 때부터는 확연히 다른 여러 종의 개들이 나타나기 시작한다. 양치기 개, 사냥개, 집 지키는 개, 다리가 짧은 사냥개인 바셋 등이 그것이다.

◉

돼지

신석기 시대 이후 인류는 다양한 동물을 가축화시켜 동물로부터 고기와 젖, 가죽, 털, 연료 등을 얻거나, 운송 수단 또는 농사일에 이용하기도 했다. 젖이나 털 등을 얻거나, 운송 수단이나 농사일에 사용하지 않으면서 오직 고기를 얻기 위해 키우는 가축이 돼지다.

돼지가 사람의 손에 길들여진 시기는 동남아시아의 경우 약 4천8백 년 전이고, 유럽의 경우 약 3천5백 년 전이다. 돼지는 인간의 역사를 거의 함께 했을 만큼 친숙한 동물이다. 한국에 개량종 돼지가 들어온 것은 1903년이지만 15세기 중반 인구가 15만 명 정도였던 프랑스 파리에서는 양 20만 8천 마리, 돼지 3만 1,500마리, 소 1만 2,500마리를 도살했다.

물론 여전히 이때까지도 프랑스인의 주식은 빵이었지만, 돼지가 양 다음으로 많이 도살되었을 만큼 돼지고기를 즐겼다. 농가에서는 대개

절임고기를 만드는 통을 가지고 있었다. 11월에 돼지를 숲으로 데려가 떡갈나무 열매인 도토리를 잔뜩 먹여 살찌운 뒤, 12월에 한두 마리 잡아 소금에 절였다. 그러나 돼지고기를 날것으로 절일 때 소금과 함께 반드시 필요한 게 후추 등의 향신료였다. 향신료는 고기를 썩지 않게 할 뿐 아니라 고기 맛을 좋게 했다. 우리들이 삼겹살을 구워 먹을 때 마늘이나 후추 등 향신료를 뿌리는 것도 같은 이치다.

페스트가 유행했을 때 연기로 병을 쫓기도 했던 향신료는 아주 비쌌다. 수요와 공급 원칙에서 공급보다 수요가 많으면 가격은 높을 수밖에 없다. 향신료 가격이 높았던 것도 수요보다 공급이 적었기 때문이다. 조금 과장해서 이야기하자면 서양과 동양의 만남, 야채와 고기의 만남은 돼지고기를 먹기 위해 찾았던 향신료로 인해 이루어졌다고 할 수도 있다.

이슬람교에서는 돼지고기를 먹는 것을 금기시한다. 종교적인 이유일 것이라는 추측과 달리 진짜 이유는 더운 날씨 때문이라고 한다. 반면 중국인들은 전 세계 돼지고기 소비량의 절반을 차지할 만큼 돼지고기를 유난히 좋아한다. 중국인 못지않게 한국인들도 돼지고기를 많이 소비하는데, 특히 삼겹살에 대한 선호는 세계적으로도 유별나다.

서기 1세기 중국 후한의 사상가 왕충이 쓴 『논형』에는 부여의 건국 신화가 기록되어 있다.

> "옛날 북방에 탁리국에서 왕의 시녀가 아이를 낳았는데, 왕이 아이를 죽이려고 돼지우리에 버렸으나, 돼지가 입김을 불어넣어 죽

지 않았다."

탁리국의 돼지가 살려준 아이가 곧 부여를 건국한 동명이다. 부여의 건국신화와 유사한 고구려의 건국신화에도 부여국의 돼지가 등장한다. 부여는 돼지와 깊은 인연을 가진 나라였다. 부여는 말, 소, 개, 돼지 등의 이름을 따서 마가, 우가, 구가, 저가의 관명을 만들었는데, 이 가운데 돼지 이름을 딴 것이 저가이다. 부여는 소, 양, 개, 말과 함께 돼지를 키웠고, 가축을 잘 기르는 나라로 알려져 있다.

부여 관련 기록에 돼지가 자주 등장하는 것은 부여 지역이 돼지를 키우기에 적합했기 때문이었다. 돼지는 본래 숲지대나 그늘진 강둑에 사는 동물이기 때문에, 나무 열매, 과일, 식물 뿌리 등을 먹으며 살 수가 있었다. 부여가 위치한 만주 지역은 지금도 중국에서 가장 많은 목재를 생산하는 드넓은 나무바다가 펼쳐진 곳이다. 부여는 숲이 많았기에 돼지를 잘 키울 수 있었다.

644년에 편찬된 진나라 역사서 『진서晋書』의 「숙신씨肅愼氏」 기록에는 "이 나라에는 소와 양은 없고 돼지를 많이 길러서, 그 고기는 먹고 가죽은 옷을 만들며 털은 짜서 포를 만든다."고 하였다. 이 기록은 『구당서舊唐書』 「말갈」 기록에 "그 나라에는 가축으로 돼지가 많아 부유한 집은 수백 마리가 되며, 그 고기는 먹고 가죽으로는 옷을 지어 입는다."는 내용과 거의 같다.

3세기 부여 동쪽에 위치해 있던 말갈족의 선조로 알려진 숙신에서도 돼지를 잘 키웠고, 6~7세기 숙신 지역에서 성장한 말갈에서도 돼지를 잘 키운 셈이다. 8세기 이후 말갈을 다스린 발해의 경우에도 돼지를 키웠는데, 막힐 부의 돼지가 특히 유명했다.

말

큰 눈망울을 하고 순해 보이지만 의외로 성깔이 있고 달리기에 남다른 재주가 있는 야생말. 유목사회는 인간이 그 말등에 올라타면서부터 성립되었고 이러한 혁신을 기마 혁명이라 부른다.

말을 키우기 시작한 것은 선사 시대로 거슬러 올라간다. 사실상 이때부터 우리 조상들의 노하우 덕분에 말의 종류는 극도로 다양해졌다. 중앙아시아 스텝 지역 거주민들이 최초로 말을 길들이기 시작했다는 것이 정설로 인정되고 있다. 청동기 시대의 서구인들은 대부분 사육 말을 소유하고 있었다.

한편 바빌로니아 인들은 4천 년 전에 말을 도입했고 히타이트 인들도 비슷한 시기에 말을 들여왔다고 전해진다. 기원전 1700년경의 미케네 인들은 말에 멍에를 씌워 이용했다. 이집트인들은 제18대 왕조 때 힉소스의 침입으로 말과의 인연을 맺었다.

중국에서는 기원전 3500년경부터 말을 사육한 것으로 추측된다.

기원전 480년경 크세노폰은 최초로 그의 저서 『마술입문』에서 말에 관해 상세한 기록을 남겼다. 근대에 이르러 1879년 러시아의 프시발스키는 고비사막에서 마지막 남은 야생종을 발견했다. 1881년 폴리아코프는 '에쿠우스 프시발스키'라는 이름으로 이 말을 학술적으로 기록했다.

유라시아 초원의 유목민은 염소, 말, 양, 소, 낙타 등과 같이 풀을 먹고 무리를 이루는 동물을 이끌고 여름 주거지와 겨울 주거지 사이의 일정한 경로를 따라 이동하며 사는 민족이다. 그들은 이동하면서 가축의 젖을 버터, 치즈, 요구르트 등으로 가공하여 주요 식량으로 삼고, 양털이나 모피로 만든 옷을 입고, 양모를 두드려 짠 펠트 천막에서 생활하며 거세 기술을 이용해 동물의 번식을 관리했다.

말은 그 자체가 유목의 대상임과 동시에 양이나 다른 가축들을 관리하는 데 있어서 유목민의 손발이 되어 주었다. 애초에 인간의 걸음으로 울타리도 없는 너른 초원에서 많은 동물을 관리하며 사는 것은 불가능한 일이었다. 그러나 말을 타면서부터 비로소 농경사회에서 독립된 유목 생활이 가능해졌다. 그러나 야생말이 가축화된 역사는 그다지 길지 않다.

기원전 17~18세기경 중앙아시아에서 고대 오리엔트 세계 및 인도에 전차와 말을 들여 온 인도유럽 어족의 히타이트, 미탄니, 힉소스는 그 강력한 군사력으로 농경사회를 압도했다. 아마도 그들이 세계 최초로 야생말을 길들였을 것으로 추측하는데, 흑해 북쪽 연안인 다뉴브강 유역 우크라이나 초원에 있는 기원전 2800년경의 트리폴리예 문화 유적에서 발굴된 가축 말의 뼈가 그 증거라고 생각되어 왔다.

그러나 같은 우크라이나 초원의 데레이프카 유적에서 발굴된 가축 말의 뼈는 그 시대가 기원전 4000년 전까지 거슬러 올라간다. 여기서는 말을 사육하는 데 중요한 재갈의 흔적까지 남아있었지만 차의 사용 흔적은 없는 것으로 보아 단순한 기마용이었을 것으로 추정된다.

얇게 저민 고기를 뜨거운 물이 끓는 냄비에 살짝 넣었다가 꺼내 먹는 샤브샤브 요리에 관한 여러 설 중에 말에 관한 이야기도 있다.

샤브샤브의 유래에 관해서는 일본이 원조라거나 몽고가 원조라거나 하는 여러 가지 설이 있는데, 일단 몽골에서 전쟁 중에 빨리 먹기 위해 개발되었다는 설이 있다. 몽골군이 큰 가마솥에 빨리 고기를 데쳐먹는 데에서 유래했다고 하거나 투구에 물을 데워서 먹었다는 이야기도 있는데, 이때 말고기를 이용했다고 한다. 특히 몽골이 중국을 정복하고 유럽으로 진출할 때 노쇠한 말을 바로 잡아 볕에 말려서 그것을 각자가 말안장 밑에 가지고 가다가 끼니 때가 되면 이 잘 말려진 육포를 끓는 물에 넣어 먹었다는 것이다. 이것이 샤브샤브의 기원이 되었다는 하나의 설이다. 때문에 몽골의 군대는 길고 지루한 전쟁에서도 따로 보급부대가 필요하지 않았다.

소

현대 서유럽의 농부에게 소는 우유, 버터, 크림, 치즈, 고기를 제공해 주는 동물이다. 소는 오늘날 과거와 마찬가지로 우마차를 끄는 동물로서 그의 생애에 있어서 첫째 기능은 짐마차 혹은 쟁기를 끄는 데 있다.

소는 또한 우유를 얼마 제공하지 않지만 너무 늙어서 일을 못하거나 번식을 할 수 없을 때는 죽어서 고기를 제공한다. 소의 몸뚱이에서 이용되지 않는 부위가 없을 정도로, 고기와 뼈심은 식용에, 뿔이나 뼈와 가죽은 공예품, 무기, 의복으로, 기름은 양초로, 발굽은 젤라틴과 풀로 이용되는 반면에 살아있는 소로부터 나오는 비료는 농사 순환의 긴요한 부분을 이루고 어떤 나라에서는 그것이 연료로 쓰일 뿐 아니라 건축재료로도 쓰인다. 사육 소만큼 다방면의 자원을 공급하는 동물은 별로 없다.

계통학적 측면을 조사해 보면 소는 복잡한 교배 과정을 거쳐 진화해왔다는 것을 알 수 있다. 즉 5~6종의 야생 소와 얼추 비슷한 숫자의 사육 소의 피가 섞여 있다는 것이다. 등에 혹이 달린 인도산 봉우도 소의 조상에 속한다.

어쨌든 두 개의 소과의 동물이 유럽 소의 직접적인 조상으로 여겨지고 있다. 하나는 몸집이 큰 보스프리미제니우스라는 야생종이다. 제4세기부터 유럽에 나타났다가 1700년경 폴란드 근방에서 거의 멸종되었다. 다른 하나는 몸집이 작은 보스 브라치세로스라는 종으로 기원전 4000년경부터 호상가옥湖上家屋에 거주하던 신석기 인들이 사육했다. 한편 최근의 연구 보고에 따르면 기원전 5000년경부터 이라크 북부 지방에서 소를 사육했다고 한다.

황소와 암소는 수천 년 동안 인류 사회의 상징적 동물이 되어 왔다. 기원전 4000년경에 이집트와 메소포타미아의 고대문명에서 최초로 우유를 공급하는 동물로서 소를 이용하였다는 확고한 증거가 나타난다. 아마도 낙농은 이들 지역으로부터 퍼졌겠지만 북유럽에서도 일찍이 낙농이 독립적으로 시작되었던 것으로 보인다.

의심할 여지없이 선사 시대의 많은 사회는 소를 숭상하였는데 예를 들면 Catal Huyuk에서 인간의 소상과 풍요의 상징과 관련하여 뿔의 모양을 예식에서 다루었다는 증거가 있다. 기원전 5950년의 지층에서 나온 한 사당에는 점토로 만든 Bos primigenius의 뿔이 장식되어 있는 긴 의자가 있다. 인간의 주거지 근처에 머물게 된 소 무리는 여러모로 주위 환경에 영향을 끼쳤다.

첫째로 나뭇잎과 풀을 뜯어 먹는 동물이므로 나무의 얕은 가지와 둥지를 파괴하고 덤불들을 짓밟았을 것이며, 연못이나 개울 같은 수원을 더럽혔을 것이다. 토지를 짓밟는 것은 주민에게 이익이 될 수도 있었는데 경관을 넓혀 주고 사람에 의한 개간이 확대되는 데 도움이 되었을 것이다.

둘째로 심어놓은 어떤 작물이건 망쳐 버렸을 것이다. 다만 안전하게 울타리로 보호한 것만은 사람들에 의하여 수확될 때까지 기다려야 했을 것이다.

셋째로 소나 송아지의 존재는 커다란 살쾡이, 늑대, 곰 같은 포식동물을 끌어들였을 것이다.

뿐만 아니라 인간 생활에 변화를 주는 데에도 큰 역할을 했는데 우리가 잘 알다시피 원시 시대의 인류는 수렵과 채집을 통해 먹을 것을 얻어 왔다. 하지만 당시의 투박한 도구로 항상 동물을 잡을 수 있다는 보장이 있었던 것도 아니고, 반대로 인간의 생명을 위협받는 상황도 생길 수 있는 부담이 있었다. 채집도 마찬가지로 인간이 원한다고 해서 늘 먹을 것이 널려 있는 것은 아니었다.

특히 추운 겨울이나 날씨가 좋지 않을 때에는 자연히 수확할 수 있는 열매나 곡식의 양도 한정적이고 줄어들 수밖에 없었다. 그래서 인간은 이러한 여러 필요에 의해 가축이라는 개념을 발견하게 된 것이다. 길들일 수 있는 동물들을 인간의 활동영역 안에 가두어 두고 먹을 것을 나누어 주고 인간과 친숙해질 수 있도록 길러 늘 곁에 두었다.

이러한 가축이 늘어나자 상대적으로 몸집이 크고 힘이 좋은 소는 쟁기를 끌고 곡식을 가꾸는 데에 이용되기 시작했다. 기존의 사람의 손길만으로 농사를 지을 때와 달리 소를 이용하게 되자 생산성이 급격하게 늘어나게 되고 이러한 잉여생산량이 생김으로써 농사만 짓던 사람들은 차츰 가축을 돌보는 사람, 농산물을 재분배하는 사람, 공동체 전체의 일을 돌보는 사람 등으로 각자의 할일이 분업화되기 시작하였고, 이로써 계급이나 신분 등 문화의 기반이 될 수 있는 개념들이 싹트기 시작했다.

양

보통 양은 온순하고 착한 동물의 대명사로 비유된다. 그러나 야생 양은 매우 민감한 동물로 좋은 시력을 가지고 있으며 경사진 곳을 잘 오르내리고 수영도 잘한다. 놀라면 민첩하고 빠르게 도망간다. 100마리 이상이 한 무리를 이루는데 가장 높은 세력을 가진 수컷만이 짝짓기를 할 수 있다.

야생 양은 고원지대에서 주로 발견된다. 경사가 있는 산지나 울퉁불퉁한 언덕, 바위 언덕 등에서 서식하는 것으로 알려져 있다. 더운 날씨에는 낮에 주로 휴식하고 온도가 내려가는 밤에 먹이 활동을 한다. 대부분 계절에 따라 다른 지역으로 이주하며 생활한다.

여름에는 넓은 고지대로 올라가고 겨울에는 좁은 계곡으로 이동한다. 월동 방법은 절벽이나 산으로 둘러싸인 계곡으로 이동하는 것이다.

양이 가축화가 된 유래는 무플론과 비슷한 종에서 유래한 가축 양은 9천 년~1만1천 년 전 지중해와 카시피안 지역에서 처음 가축화되기 시작했다. 현재까지 전 세계적으로 총 백만 마리의 가축 양이 사육되고 있다.

그러나 가축으로 키우던 양이 다시 야생으로 돌아가 야생 양이 되는 수가 전 세계적으로 증가하고 있다. 그들은 기존의 야생 양들과 먹이 경쟁을 하거나 질병을 퍼뜨리는 등 자연을 훼손시키고 있다. 그 외 사냥이나 농경지의 증가에 따른 야생 양의 감소도 문제가 되고 있다.

양은 유목 세계에서 의식주의 원천이자 유목민들의 생활을 보증하는 주요한 재산이었다. 유목 생활의 사계절은 양을 중심으로 전개된다.

몸집이 작은 양이나 염소가 가축으로 사육되기 시작한 것은 아주 오랜 옛날인 기원전 8000년경부터다. 초기 농경 시대에 서남아시아에 살던 사람들이 주변에 서식하는 야생 양, 야생 염소 등을 잡아 가축으로 길들인 것이 그 시초로 보인다.

양들의 출산철로 접어드는, 중요한 수확기인 봄에서 여름까지는 초원에 풀이 무성하게 자라기 때문에 가축의 이동 범위가 좁아도 상관없다. 어미 양은 마음껏 먹고 새끼 양에게 젖을 물리며 남은 것은 인간의 식량으로 사용되었다. 가을이 찾아오면 열매를 맺어 영양분으로 가득 찬 가을 벌판을 찾아 좀 더 빈번한 이동이 있어야 했다. 여름 벌판에서 아직 수분기가 어려 있던 양들의 몸은 그때부터 최상질의 단단한 지방이 붙고 털빛도 눈처럼 하얗게 반짝이기 시작한다. 그로써 겨울의 매서운 추위를 견디기 위한 준비를 마치는 것이다.

닭

동아시아 밀림에서 살던 닭은 인간과 함께 때론 카누를 타고, 때론 수레 안에 실려 전 세계로 퍼져나가 필수 단백질 공급원이 됐고 인류 생존에 지대한 공을 세웠다. 그 결과 오늘날 지상에는 200억 마리 이상의 닭이 살고 있다. 이는 인간보다 3배나 많은 수치이다.

지구상에서 닭을 볼 수 없는 장소는 바티칸 시국과 남극 대륙 두 군데뿐이다. 바티칸에는 닭장이 없기 때문이고, 남극에서는 펭귄을 바이러스로부터 보호하기 위해 반입을 금지해서다. 이토록 흔한 존재이기에 우리는 종종 닭이 사회에 미치는 영향력을 잊곤 한다.

2012년 멕시코에서 닭 수백만 마리가 살처분되는 탓에 멕시코시티의 달걀 값이 큰 폭으로 뛴 적이 있다. 이에 분노한 시민들은 거리로 뛰쳐나와 대대적인 시위를 벌이며 정부의 무능을 규탄했다. 그런가 하면 같은 해 이집트 카이로에서는 비싼 닭고기 값이 이집트 혁명의 시발점이 됐다. 시위대는 외쳤다.

"저들은 비둘기 고기와 닭고기를 먹고, 우리는 매일 콩만 먹는다!"

오늘날 닭은 식용 외에도 다양한 분야에서 쓰임이 있다. 세계적 제약회사 화이자는 닭의 볏에서 추출한 성분으로 관절염 치료제를 만들고 있다. 이 성분은 피부의 탄력을 더해 주는 보톡스에도 사용되며 인플루엔자 백신으로도 기능한다.

한편 필리핀에서 엄청나게 성행한 투계는 에스파냐 식민지 시절 식민당국의 세수입이자 통제 수단이 됐다.

흔히 꿩 대신 닭이라는 말을 자주 쓰는데 우리나라에서는 소 대신 닭이라고 해야 할 정도다. 조선 초기 문신 서거정은 중국 고전을 인용, "소 잡아 제사 모시는 것보다 살아계실 때 닭고기, 돼지고기로 봉양하는 것이 낫다."고 했다.

우리나라는 전세계에서 가장 많이 닭고기를 소비하는 나라에 속할 정도로 식량자원으로서의 의존도가 높다. 그만큼 닭에 대한 역사도 긴데 김알지, 김수로왕은 모두 알에서 태어났다. 신라와 경주를 계림으로 부르기도 했으며 고려 시대에도 양계장이 있었다. 그 옛날 우리에게 소는 농경의 주요 도구로 금육의 대상이었고 만만하게 택할 수 있는 것이 닭이었다.

조선 시대 '태종의 닭고기' 이야기는 유명한 일화다. 태종은 양녕대군을 비롯하여 충녕대군세종대왕 등 모두 네 명의 아들을 두었다. 그러나 막내 성녕대군은 열네 살에 일찍 죽었다. 태종 18년1418 5월 9일 『조선왕조실록』의 기록을 보면 태종이 먼저 이야기한다.

"성녕이 평소 쇠고기를 좋아했다. 그러나 소를 가볍게 도축할 수는 없다. 중국 사신이 오거나 종묘 제사 때 도축하면 그때 사용하겠다. 제사에 닭을 사용하는 것이 예법에 어긋나지 않는가?"

신하들이 대답한다.

"제사 음식으로 닭을 쓰는 것은 오래전부터 예법에 있었습니다."

태종이 말한다.

"성녕이 닭고기 또한 좋아했다. 닷새에 한 마리씩 닭을 상에 올리라."

비참한 닭고기 이야기도 있다. 인조는 청나라의 침입 때 남한산성으로 피신했다. 미리 준비한 피란이 아니었기에 왕이라 해도 극도로 궁핍하게 생활할 수밖에 없었다. 밥상도 마찬가지였다.

"임금이 침구가 없어 옷을 벗지 못한 채 잠에 들고, 밥상에 닭다리 하나를 올려놓았다."

인조가 말한다.

"처음 산성에 들어왔을 때는 새벽에 닭 울음소리가 많이 들렸다. 지금은 닭 울음소리가 어쩌다 겨우 들리니 아마 닭을 나에게 바치기 때문일 것이다. 앞으로 닭고기를 쓰지 마라."

중종 20년1525 10월, 궁중에서 '독극물로 의심되는 사건'이 발생한다. 세자궁에게 말린 고기와 닭고기를 올렸다. 신하들이 이 음식을 하사받아 먹었다가 몇 명이 배탈이 나고 드러누웠다. 세자를 겨냥한 독극물 투입 가능성도 있었다. 사건을 추적하는 동안 재미있는 내용이 나온다.

"닭고기를 지네가 씹어놓으면 독이 있다는 말을 들었다. 그래서 지네를 다스리는 약으로 치료했더니 전부 닭고기를 토하고서 소생하게 되었다."

이 사건은 닭 때문인지, 말린 고기 때문인지 밝혀지지 않았다.

조선 시대 문인들의 글에 가장 자주 나타나는 '닭고기'는 '닭과 기장밥' 그리고 우정에 대한 것이다. 중국 후한 때 범식과 장소는 태학에서 같이 공부하며 깊은 우정을 나눈다. 범식은 장소와 헤어지면서 "2년 뒤 9월 15일 그대 집에 찾아가겠다."고 약속한다. 마침내 그날, 장소는 닭을 잡고 기장밥을 지었다. 장소의 부모는 "범식의 고향이 천 리나 멀리 떨어진 곳인데, 어찌 그가 올 수 있겠느냐?"고 물었다. 장소는 "범식은 신의가 있는 선비이니, 약속을 지킬 것이라"고 하였는데, 그 말이 채 끝나기도 전에 범식이 도착하였다. 닭과 기장밥에 얽힌 약속, 즉 계서약이다. 조선의 선비들은 '닭과 기장밥'의 우정을 부러워했다. 친구가 찾아오면 '계서'를 준비한다는 표현도 흔하게 나타난다.

낙타

세계 유목 문화의 여러 가지 모습 중에서 아랍인의 특징은 아랍 문화의 밑바탕에 가축 사육이 깊이 뿌리내려 있다는 점이다. 낙타의 호칭으로서는 자말jamal, 총칭, 수컷, 나까nāqa, 암컷, 바이르 baīr, 단수 총칭, 이빌ibil, 복수 총칭이 있다. 비 아랍권에서는 영어의 camel의 어원이 된 jamal이 가장 많이 알려져 있는데, 아랍어에서는 사용 빈도 및 개념적으로도 나머지 세 어휘가 압도적으로 많다. 바이르는 암컷과 수컷의 구별 없이 한 마리의 낙타를 의미하는데 사용된다.

기원전 3000년경에 낙타가 가축화된 것도 이 지역이 최초였고, 그 후 짐을 운반하는 용도나 또는 사람이 타는 용도로 폭넓게 이용되는데다 전투용으로도 훈련시키며 키웠다는 것은 아랍인뿐이었다. 이것은 다른 낙타유목민에 비해 특기할 만하다.

헤르도토스의 『역사』에 따르면 리디아의 크로이소스 왕은 페르시아가 성장하자 빨리 없애 자신의 나라가 계속 최강국이 될 수 있도록 페르시아를 정벌하러 간다. 하지만 페르시아는 생각처럼 만만한 상대가 아니었다. 크로이소스는 재빨리 철수하는데 이에 페르시아가 반격을 하게 된다. 그러나 페르시아 역시 당시 최고라 할 수 있는 리디아의 기병에 맞서 끙끙거릴 수밖에 없었다. 고민에 빠진 페르시아의 왕 키루스에게 그의 제일가는 신하인 하르파고스가 전략을 건넨다. 그들은 말이 낙타를 무서워 해 모습을 보거나 낙타의 냄새만 맡아도 도망간다는 걸 이용해 낙타로 기병을 만든다. 전투가 시작되자 리디아의 기병은 낙타 때문에 혼비백산하고, 결국 리디아는 전쟁에서 지고 멸망하고 만다. 키루스는 크로이소스 왕을 죽이지 않고 그의 신하로 명한다. 그 뒤로 크로이소스는 키루스의 신하로 그에게 충성하며 살았다는 이야기가 전해진다.

오늘날 이슬람권 국가를 이룩한 배경에 낙타가 가장 큰 공을 세웠다 해도 과언이 아니다. 강이나 오아시스 인근의 도시나 마을로 고립되어 있던 이슬람권 국가는 낙타를 통한 교역을 바탕으로 문화와 경제, 군사적 통합을 이뤄내 오늘날 이슬람이 되었다. 참고로 이들에게 낙타는 '사막의 배'라는 애칭으로 불리며 가장 중요한 자리를 차지하고 있다.

아랍 낙타는 혹이 하나이며, 추위와 황폐한 지역에 길들여진 혹이 두 개인 낙타와는 달리, 덥고 건조한 기후에 잘 견디어내는 체질을 가지고 있다. 무엇보다도 물마시고 저장하는 것이 가능하고, 갈증에 강하다.

그것은 위뿐만 아니라 근육 조직 사이에도 물을 비축하는 것과 등에 있는 혹의 지방을 공기 중의 산소와 화합시켜 신진대사를 통해 물을 만들어내는 두 개의 특수한 기능을 가지고 있기 때문이다. 그 때문에 광대한 사막을 건너는 '사막의 배' 기능을 할 수 있었다.

대부분의 민족들이 사람이나 물건을 운반하는 수단으로 말을 이용했던 것과 달리 이들은 사막의 모래 바람에도 끄떡하지 않는 낙타를 이용했다. 낙타의 길고 풍부한 속눈썹, 열고 닫기가 자유로운 코, 평평하고 큰 발바닥은 모래 먼지나 모래땅에 매우 강하다.

반면에 말은 사막에서는 사실 큰 소용이 없다. 일단 사막의 모래 바람을 맞아낼 수도 없을뿐더러 낙타와 달리 지구력이 떨어져 장거리 운행에 적합하지 않았다. 특히 발이 푹푹 빠지는 모래에서는 말보다 발바닥이 넓고 부드러운 낙타가 속도 경쟁에서도 우위를 차지한다.

낙타의 우유와 고기는 식용으로, 털과 가죽은 옷과 주거에 각각 이용된다. 낙타 유목민에게는 생활필수품 중에서 낙타로부터 얻지 못하는 것은 곡류와 금속류뿐이었다.

많은 사람들이 관심을 갖고 유행하는 별자리도 처음에 사막을 건너는 아랍인들이 방향을 가늠하기 위해 계절에 따라 뜨는 별에 이름을 붙이기 시작했고, 지루한 나날을 망망한 사막에서 보내야 하는 처지를 비관하지 않고 되레 넘어진 김에 쉬어가듯이 신화를 접목시켜 이야기로 만들어 구전되어 오던 것이 오늘날의 별자리가 되었다.

토끼

가장 오래된 토끼의 화석은 약 5,000만 년 전의 것으로 몽골과 중국에서 발견되었다.

토낏과에는 다양한 토끼 속이 있지만 가장 대표적인 것으로 멧토끼 속과 굴토끼 속이 있다. 현재 우리가 애완용으로 키우는 토끼는 굴토끼 속에 속하는 토끼이다. 본래 굴토끼의 자연 서식처는 시베리아 반도와 아프리카 북서부이지만 그 밖에도 유럽 각지와 북아메리카 몇 개의 섬, 남아메리카, 오스트레일리아, 뉴질랜드 등에도 퍼져 있다.

굴토끼는 옛날 수렵을 할 목적과 배가 난파되었을 때 선원들의 식량으로 기르던 것이 가축화 되었다고 한다. 하지만 그때 도망치거나 한 개체들로 인해 인위적으로 서식지가 넓어졌다. 그 때문에 현재 오스트레일리아, 뉴질랜드 등 많은 지역에서 생활하고 있다.

가축 토끼는 11세기경 유럽 남서부에서 가축화시킨 것이 시작이었는데 지금은 이용 목적에 따라 약 150품종이 생산되고 있다. 모피를

취할 목적의 렉스종, 친칠라종, 털을 이용하기 위한 앙고라종, 고기와 모피 및 실험용으로 이용되는 일본의 백색종, 애완용으로 이용되는 종 등 현재 토끼의 종류는 다양하다.

토끼는 주위 환경이나 사람에 쉽게 적응해 얌전하고 비교적 소형 가축에 속한다. 외형은 사랑스럽고 행동도 순한 편이기 때문에 사람들에게 큰 사랑과 인기를 얻고 있다.

우리나라에는 원래 굴토끼라는 개체가 없었다. 우리 토종 토끼는 멧토끼, 흔히 말하는 산토끼라 부르는 것으로 우리나라에 집토끼가 들어온 것은 1900년 초 일본에서 수입해 오면서부터이다. 일본은 이보다 앞선 16세기에 이미 유럽으로부터 다양한 품종의 토끼를 수입해왔다.

사람이 토끼를 가축으로 기르기 시작한 것은 기원전 750년 이후 로마 시대부터라고 한다. 그 후 11~12세기에 접어들면서 본격적으로 굴토끼 사육이 시작되었고, 13세기 영국에서, 15~16세기 유럽 전역에서 기르게 되었다. 상당히 오랜 시간 사람에게 길들여진 셈이다.

코끼리

야생동물의 가축화에 실패하는 원인중 하나는 성장속도에 관한 것이다. 성장속도가 너무 느리면 가축화하기 어렵다. 예컨대 코끼리는 다 자라려면 15년이나 필요하다. 그래서 코끼리는 다른 동물과 달리 야생 상태에서 다 자란 코끼리를 길들이는 것이 훨씬 효율적이다.

다 자란 야생 코끼리를 사육하는 게 불가능한 것은 아니나 이것을 포획하는 과정이 매우 어렵기 때문에 가축화하기 힘든 동물 중 하나가 코끼리다. 그럼에도 불구하고 인간들은 많은 어려움과 위험을 무릅쓰며 엄청난 비용을 들여가며 코끼리를 억지로 사육하려는 노력을 아끼지 않았다. 그것은 코끼리를 통해 상대방을 위협하기 위한 목적을 달성하기 위해서였다.

위협은 곧 위엄과도 직결되었는데 중국 황실에서는 코끼리를 길러 위엄을 내세웠으며 코끼리를 전투에 자주 투입한 인도에서는 코끼리가 신의 상징이자 부의 상징이기도 했다.

이런 코끼리가 인간의 역사에 본격적으로 등장한 계기는 기원전 6세기경 인도의 동북부 마가다 지역석가모니가 탄생한 곳에 세워진 왕조들 간의 전쟁 때문이었다. 이들은 철기를 사용했고 코끼리를 전쟁에 이용하기 시작했다. 마가다 지역은 각 국가가 난립하며 많은 부가 축적되었는데 이런 부를 처음으로 독식하기 시작한 왕조가 난다왕조였다. 이렇게 점차 통일왕조가 형성되어 가던 인도는 외부로부터의 강력한 적에 의해 큰 시련을 겪게 된다.

인도를 공격한 이들은 멀리 마케도니아에서부터 동쪽으로 진출해 결국 강대한 페르시아 제국을 멸망시키고 인도로 몰려온 알렉산더였다. 알렉산더의 군대가 인더스 강을 건너 펀잡 지방까지 진출하자 인도 펀잡 지역을 지배하고 있던 포루스 왕은 군대를 일으켜 이를 저지하려 한다. 알렉산더의 원정 전쟁 중 마지막 장을 장식하는 히다스페스 전투가 벌어지게 된 것이다.

포루스 왕은 3만4천 명의 보병과 더불어 300대의 전차, 200마리에 달하는 코끼리 군단으로 히다스페스 강을 방어선으로 잡고 알렉산더 군단에 맞섰다. 전투는 알렉산더가 보병 1만, 기병 5천을 이끌고 무리한 도강을 피해 우회 기습공격을 감행했고 이를 정찰을 통해 알아낸 포루스 군이 전장을 잡고 맞섬으로써 시작되었다.

알렉산더는 그가 쓰던 전술인 중장보병의 압박과 기병의 우회 전술을 사용했고 이에 맞서는 포루스는 알렉산더의 중장보병에 맞서 전면에 코끼리를, 측면에는 기병 및 전차부대를 배치해 중앙아시아 출신으로 이루어진 알렉산더의 기마궁수를 견제했다.

이 전투에서 코끼리는 마케도니아 군에게 충격과 공포를 가져다주었다. 정면으로 코끼리와 마주친 병사들은 코끼리의 코에 말아 감겨져 내동댕이쳐지고 짓밟혔다. 이렇게 어마어마한 힘으로 코끼리 떼가 알렉산더의 군대를 짓밟았지만 알렉산더는 결국 전투에 승리하고 포루스 왕을 포로로 잡아 전쟁을 종식시켰다. 하지만 사망자 4천 명이라는 엄청난 피해를 입는다.

이 전투로 인해 한편으로 알렉산더는 자신의 중장보병 팔랑크스를 짓밟은 강력한 코끼리에 매료되었다. 알렉산더는 공식적인 인도 정복 전쟁이 끝난 이후에 수많은 코끼리를 서쪽정복지 페르시아 및 그리스으로 보내는 일을 추진하였다. 그의 목적은 명백했다. 전투 코끼리를 훈련시켜 더 강력한 군대를 만들기 위함이었고 실제로 전투 코끼리 부대를 만들기도 한다.

이런 연유로 인도에서 시작된 전투 코끼리 전술은 알렉산더의 후계자들에 의해 그리스 일부에 전파된다. 이 전투 코끼리들을 가장 효율적으로 사용한 이는 알렉산더 사후 마케도니아에서 독립한 에페이로스 왕국의 피로스 왕이다.

에페이로스의 피로스 왕은 이탈리아 남단의 그리스 도시국가 타렌툼이 이제 막 신흥 강국으로 발돋움을 하려고 하는 로마의 위협을 받고 도움을 청하자 2만 명의 병사와 20마리의 코끼리를 이끌고 로마 군과 대결한다.

피로스 왕은 이 코끼리 부대를 전통적 방식인 전진 배치가 아닌 부대의 양옆에 배치해 로마 군의 측면을 엄호하는 기병을 저지시킨다. 코끼리를 처음 접하는 로마인들은 이를 큰 소로 오해했다고 전한다.

코끼리와 관련해 떠오르는 또 다른 인물은 한니발이다. 한니발 하면 연상되는 모습은 먼저 수많은 병사들과 함께 코끼리를 몰고 알프스를 넘는 광경이다. 그러나 막상 로마에 들어와서 남은 코끼리는 37마리 중 단 한 마리뿐이었다. 한니발은 이 코끼리 위에 올라타서 병사들을 지휘하고는 했고 그 모습은 로마인들의 마음속에 공포의 상징이 되어 버렸다.

용

용은 동·서양의 신화나 전설에 등장하는 상상의 동물로 거대한 뱀을 닮은 형상을 하고 있으며 신성한 힘을 지닌 상서로운 존재로 여겨지지만, 기독교 문명에서는 악과 이교를 상징하는 퇴치의 대상으로 여겨지기도 한다. 상상의 동물 용의 존재는 많은 문명에서 발견된다. 지역이나 문화에 따라 다양한 형상으로 나타나지만 거대한 뱀이나 도마뱀과 닮았다는 점에서 공통점을 지닌다.

동양에서 용의 기원은 확실하지 않으나 중국과 인도 등지의 서아시아 지방이 기원이라고 추측된다.

늘씬한 몸의 용은 여러 동물들을 합쳐놓은 신상인데 한국·중국 등 동아시아에서는 몸에 비늘이 있고, 네 개의 발에 날카로운 발톱을 지니고 있는 것으로 묘사된다. 매우 큰 눈과 긴 수염을 지니고 있는데 코와 입으로는 불이나 독을 내뿜으며 여러 개의 머리를 가지고 있는 경우도 있다. 몸의 색깔은 녹색, 붉은색, 누런색, 흰색, 검은색 등으로 나타난다.

중국 위나라 때 장읍이 지은 책에서는 용이 아홉 가지 동물들과 비슷한 모습을 지니고 있다고 기록되어 있다. 머리는 낙타, 뿔은 사슴, 눈은 토끼, 귀는 소, 몸통은 뱀, 배는 큰 조개, 비늘은 잉어, 발톱은 매, 주먹은 호랑이와 비슷하다고 되어 있다. 또한 비늘은 81개이며, 소리는 구리쟁반을 울리는 소리와 같고, 입 주위에는 긴 수염이 있고, 턱 밑에는 구슬이 있으며, 목 아래에는 거꾸로 된 비늘이 있다고 한다.

용은 하늘을 자유롭게 날아다니지만 날개를 가지고 있지는 않다. 중국의 신화에서는 대지를 창조한 어머니인 아모요백의 아들인 바다를 좋아하고 바다 속에서 사는 용아의 아들들이 용이라고 일반적으로 불리며, 이들이 용아가 죽은 후 네 개의 바다를 다스리며 용왕으로 군림한다.

반면 서양의 용은 로마어로 '드라코'라고 불리며 영어로는 '드래곤'이라고 한다. 박쥐와 비슷한 날개와 가시가 달린 꼬리를 지닌 존재로 묘사된다.

중세 로마 시대, 기사들과 용병들이 세상을 떠돌고 모험담이 가장 많았을 때 퍼진 설화를 살펴보면 용에 관한 묘사는 대부분 보물이나 유물, 물질적인 것에 욕심이 많고 신의 은총과 성스러운 것과는 반대되는 악한 성격을 가지고 있으며, 욕망적 대상으로 그려지고 있다. 용자와 기사가 모험을 떠나며 싸워서 결국에는 지게 되는 거대하고 날개가 달린, 그러면서 뛰어난 지적 능력을 가진 무시무시한 존재로 나타난다.

하지만 꼭 전형적인 악의 축으로만 이야기하는 것은 아니다. 지역마다 비를 내리는 신이라든가 날씨를 관장하는 등 농업에 관련되는 설화에도 자주 등장하기 때문이다.

상상의 동물인 용의 상징적 의미는 지역이나 문명에 따라 다르게 나타나지만 거대한 뱀의 형상을 지니고 있으며 초자연적인 능력을 지니고 있다는 점에서는 공통점을 가지고 있다. 이는 원시종교에서 부활과 재생의 힘을 지닌 자연의 생명력을 상징하는 동물로 숭배되던 뱀이 신격화하여 형상화된 것으로 추정되기 때문이다.

인도 신화에서 거대한 뱀의 형상을 지닌 '나가'는 지하세계에서 대지의 보물을 지키는 존재로 묘사되는데, 불교에서는 불법을 수호하는 용왕으로 표현된다. 용왕은 강과 호수와 바다를 지키는 물의 신으로 겨울에는 지하 깊은 곳에서 살다가 봄에는 하늘로 오른다. 천하를 다스리는 힘을 지니고 있어서 용왕이 화가 나면 가뭄이 들고 그 화를 달래야만 비를 내려준다고 여겨졌다.

중국에서도 용은 구름을 일으키고 비를 내리는 신성한 존재로 여겨졌다. 용은 십이지 가운데 하나로 '진辰'으로 표현되는데, 십이지에서는 유일하게 실재하지 않는 상상의 동물이기도 하다.

그리고 중국의 고대 점성술에서 용은 우주에 존재하는 신성한 자연력을 상징하는 존재이자 모든 동물들의 왕으로 여겨졌다. 용은 농사에 영향을 미치는 비와 가뭄·홍수 등을 다스리는 존재로 숭배되어 사람들은 가뭄이 들면 용의 형상을 본떠 춤을 추면서 기우제를 지냈다.

한국에서의 용은 고대부터 풍운의 조화를 다스리는 수신이며 해신

으로 여겨졌다. 그래서 일찍부터 민간과 국가 차원에서 국가의 수호신이자 왕실의 조상신으로, 그리고 농경을 보호하는 비의 신이자 풍파를 주재하는 바다의 신으로 풍년과 풍어를 기원하기 위해 숭배되었다.

한국에서는 뱀이 500년을 살면 이무기가 되고, 이무기가 물에서 500년을 지내면 용이 되어 하늘로 올라갈 수 있다는 설화가 전해진다. 지역에 따라서 이무기는 이시미, 영노, 꽝철이 등으로 표현되기도 한다. 이는 한국 사회에 용에 관해 중국이나 불교의 영향과는 무관한 고유한 문화적 전통이 다양하게 존재하고 있었음을 짐작케 한다.

지중해 지역과 유럽 신화에서 용은 동아시아와는 달리 수신이나 해신으로서의 성격을 지니지 않는다. 고대 이집트와 메소포타미아에서는 큰 뱀이 순환과 재생을 낳는 우주적 생명력의 상징으로 여겨졌지만, 인간 세계와 대립되는 죽음의 세계를 지배하는 존재로 인식되기도 했다. 그래서 뱀의 형상을 닮은 히드라나 키마이라와 같은 괴물의 존재가 상상되기도 했으며, 뱀과 용도 죽음과 파괴의 힘을 상징하는 존재로 그려지는 경우가 많다.

페니키아 신화에서 비롯된 레비아단은 『구약성서』의 「욥기」에서 뱀과 악어와 같은 형상으로 입과 코로 불과 연기를 내뿜는 거대한 바다 괴물로 묘사되어 있다. 「창세기」에서도 나타나듯이 유대의 전통에서는 뱀은 인간을 유혹하는 죄악의 근원이자 간계가 깊은 동물로 인식되었는데, 『신약성서』의 「요한계시록」에서도 용은 천사들과 전쟁을 벌이는 악마의 모습으로 표현되었다. 기독교의 확산과 더불어 용은 신의 은총을 방해하는 악마와 이단의 상징으로 여겨져 천사와 기사에게 퇴치되어야 할 대상으로 인식되었다. 중세 유럽에서는 기사의 수호성인으로 여겨지는 성 게오르기우스가 백마를 타고 인간을 제물로 요구하는 용을 퇴치한 전설이 널리 유행하였다.

각 민족의 고유한 전승에서는 용의 모습이 매우 다양하게 나타난다. 용은 지하세계에 살면서 보물을 수호하거나 인간에게 유익한 능력을 가지고 있어서 용사에게 지혜와 능력을 전해 주는 존재로 나타나는 경우도 있고, 기후를 다스리는 농경신으로 나타나는 경우도 있다. 그래서 용은 기사와 성인 이야기에 폭넓게 등장하는데 시대와 지역에 따라 용의 상징적 의미는 다양하게 표현되었다.

쥐

전세계적으로 유명한 애니메이션 회사인 디즈니의 얼굴마담격인 미키마우스는 쥐를 귀엽게 의인화한 캐릭터로 지금도 가장 큰 사랑을 받고 있다. 그러나 사실 실제 쥐에 대한 사람들의 인식은 징그럽다, 혹은 혐오스럽다는 반응이 대다수이다. 쥐에 대한 화석 기록을 보면 신생대 초반부터 등장하였으나 백악기 후반 때 갈라져 나왔을 가능성이 있다. 쥐는 지금으로부터 약 3천6백만 년 이전 에오세에 나타나서 가장 번성하고 있는 종류로 약 220속 1,800종이 있다. 따라서 무수한 형태, 구조, 서식 장소가 있다.

쥐는 인간과 더불어 가장 널리 분포하는 포유동물의 하나로, 쥐가 없는 지역이 없을 정도로 전 세계에 걸쳐서 분포한다. 원래 뉴질랜드와 남극에는 쥐가 없었으나 뉴질랜드에는 관광 및 물류 유통으로 시궁쥐들이 유입되었고, 남극에서도 남극탐험의 물품과 함께 실려 온 쥐들이 남극 기지 근처에 서식하는 것이 발견되었다. 명실공히 이제는 세계 어디에나 살고 있는 동물이 된 셈이다.

흔히 우리는 쥐가 작고 높은 소리로 짧게 울며 찍찍거린다고 묘사하지만 종류에 따라서는 울지 않거나 메뚜기쥐처럼 늑대같이 빼에에엑 하고 하울링하는 경우도 있다. 또는 사람에겐 울지 않는 것처럼 보여도 실제로는 사람이 들을 수 없는 초음파 영역대로 소통하기도 한다.

쥐와 인간의 관계는 인간이 처음 수렵과 채집을 하면서 남아서 저장해 두는 생산물이 없던 시절에는 지금처럼 적대적이지 않았다. 적은커녕 대부분의 육식을 하는 지상 척추동물과 마찬가지로 위험 부담 없이 잡을 수 있는 중요한 식량 자원이었다. 그러나 인류가 한 곳에 정착하며 농사를 짓고, 이듬해를 버티기 위해 그 생산물을 저장하기 시작하면서 무시무시한 적으로 둔갑하게 된다.

쥐들은 사람이 먹을 수 있는 것은 거의 다 먹을 수 있으며, 대부분의 쥐들의 생활권은 인간이 사는 곳과 겹친다. 잡식성이긴 하지만 쥐들에게 가장 익숙한 먹이는 식물의 씨앗이다. 그렇기 때문에 자연히 쥐들이 먹는 것들 상당수는 인간이 기른 농작물이거나 저장해 놓은 음식물인 경우가 대부분이다. 또한 이빨을 지속적으로 갈아주어야 하는 특성상 가구 등의 물건을 갉아서 피해를 주며 종종 전선 등을 물어뜯어 정전을 일으키는 경우도 있다.

이 때문에 인류는 예전부터 쥐를 잡아왔으며, 현재는 주로 애완동물로 기르는 페릿 등의 족제비나 고양이도 처음에는 쥐를 잡게 하기 위해서 길들인 것으로 알려져 있다. 개 중에서도 요크셔 테리어나 미니어처 슈나우저 같은 종은 처음에는 쥐를 잡게 하기 위해서 개량된 종이라고 한다.

또한 쥐들은 각종 질병을 옮기기도 한다. 렙토스피라증이나 유행성 출혈열 등의 전염병 상당수가 쥐를 매개로 하여 옮겨진다. 흑사병으로 불리며 중세 유럽을 공포에 떨게 했던 페스트 역시 쥐, 정확히는 쥐에 기생하는 벼룩에 의해서 옮겨지는 질병이다. 페스트에 의해 유럽 인구가 1/3 가량 줄어들었을 정도로 무서운 질병이었다.

보통 페스트균과 그 숙주인 설치류는 중앙아시아에서 발생하여 몽골 침공을 전후로 유럽에 도착한 것으로 알려져 있다. 그런데 의외의 사실은 몽골인들은 페스트에 거의 걸리지 않았으며 심지어 대부분은 페스트가 뭔지도 몰랐다는 것이다.

그도 그럴 것이 유목 생활을 주로 하였던 몽골인은 쌀이나 먹을 것을 쌓아두는 습관이 없었고, 먹을 게 부족한 환경에서 유목민들이나 양몰이 개 등이 쥐를 자주 잡아먹었는지라 사람이 사는 곳에 쥐들이 접근할 수 없었던 상황이었다.

오히려 유목생활을 마치고 몽골 제국으로 정착하고 난 뒤 원 집권기에 몽골에도 페스트가 유행하게 되었고 결국 이 때문에 명의 교체가 앞당겨졌다는 이야기도 있다.

반면 당시 유럽은 대소변이 길거리에 널려 있는 등 위생관념이 희박했고, 거리와 들판에 들끓는 쥐들은 쉽게 집안으로 침입할 수 있었다. 때문에 야생의 쥐에서 기생하는 벼룩이 사람들에게 옮겨가 페스트를 전염시킬 수 있었던 것이다. 게다가 당시 유럽 사람들은 고양이를 악마의 동물이라 여겨 고양이를 사냥하였고, 덕분에 쥐들은 천적 없이 더 활발히 번식할 수 있었다. 이러한 여러 가지 원인들이 한데 모여 중세 유럽의 페스트는 엄청난 속도로 확산되었다고 한다. 비위생적이고 후진적인 문화가 페스트를 더욱 치명적으로 만든 셈이다.

정확한 이유는 알 수 없지만 아랍에서 페스트는 별다른 피해를 주지 않았으며, 되레 유럽이 아랍 지역 일부를 지배할 때 페스트가 뒤늦게 크게 발생하여 아랍에서는 유럽 침략자들을 페스트의 발병 원인으로 여기기도 했다. 뿐만 아니라 나폴레옹의 프랑스 군대가 이집트를 점령할 때도 페스트가 갑자기 발병하여 많은 프랑스 군이 희생되었는데, 당시 이집트인들은 프랑스 군을 페스트 군대라고 여기며 피했다고 한다.

페스트를 옮기는 건 천장쥐 혹은 곰쥐라고도 불리는 검은쥐라는 종류인데, 이들은 시궁쥐들이 대거 무리를 지어 침입해 옴으로써 사람이 사는 곳에서 밀려난 걸로 추정된다. 시궁쥐에 기생하는 벼룩들은 사람을 물지 않는지라 시궁쥐들은 페스트를 퍼뜨리지 않는다.

세계적으로 혐오의 대상으로 지목되는 쥐에 관해 아주 예외적으로 인도 한 지방에서는 신의 사자로 추앙하며 신성시하는 까르니마따라는 힌두교 사원도 있다. 그야말로 수만 마리나 되는 쥐들에게 사람들이 먹을 것을 바치고 일절 건드리지 않는다. 그래서 여기 쥐들은 사람들을 무서워하지 않고 같이 산다.

쥐에 대한 속담으로는 "쥐구멍으로 소를 몰라고 한다."가 있는데 이것은 도저히 되지도 않을 짓을 시킨다는 뜻이며, "쥐는 개가 잡고 먹기는 고양이가 먹는다."는 말은 애써 일한 사람은 따로 있는데 그에 대한 보수는 엉뚱한 사람이 받는다는 뜻이다. 또 "쥐 잡을 고양이는 발톱을 감춘다."는 말은 적을 공격할 때는 적이 모르도록 해야 한다는 뜻으로 쥐에 대한 인간의 감정이 혐오든 사랑이든 어쨌든 인간과 가장 밀접하게 생활하고 있는 쥐에 대한 속담은 많이 있다.

대구大口

우리나라에서는 "눈 본 대구 비 본 청어"라는 속담이 있다. 이 말의 뜻은 눈 내리는 겨울에는 대구가, 비 오는 봄에는 청어가 많이 잡힌다는 의미다. 대구는 12월부터 다음해 2월까지 산란기로 제철이다. 때문에 겨울에 맛과 영양이 절정기이며, 봄이 되면 기름기가 쏙 빠져 맛이 떨어진다.

대구는 겨울에 알을 낳기 위해 동해와 남해 연안의 얕은 바다로 회유한다. 한때는 영일만과 진해만이 산란지였지만, 1990년대 이후 급격히 줄어들어 이제는 진해만에서 구경하기 힘든 생선이 되었다. '금대구'란 말도 이때부터 생겼다.

대표적인 흰 살 생선의 하나인 대구는 지방함량 100g당 0.5g이 낮아 맛이 담백하고 아미노산과 이노신산이 풍부해 시원한 맛이 난다. 그래서 생선 비린내를 싫어하는 사람도 별 거부감 없이 먹을 수 있다.

하지만 뭐니뭐니해도 대구의 가장 큰 장점은 버릴 것이 거의 없다는 것이다. 눈알은 영양가가 높고 맛이 뛰어나 고급 요리의 재료로 사용된다. 알과 간도 유용하다. 명란젓원래는 명태 알로 만듦의 원료이기도 한 대구 알엔 '회춘 비타민'으로 통하는 비타민E가 풍부하다. 알이 든 채로 말린 통대구를 진해에서는 '약대구'라 부르며 주로 술안주로 먹는다. 담백한 살과는 달리 대구 간에 지방이 많아서 간에서 추출한 간유肝油: 참치, 상어의 간에서도 얻음는 영양제로 쓰인다. 특히 눈 건강에 이로운 비타민A와 면역력을 강화하는 비타민D가 풍부하다.

염장이 용이하다는 장점 덕분에 우리나라뿐 아니라 유럽 전역에서도 가장 널리 소비되고 사랑받는 생선인 대구는 다양한 이름을 가지고 있는 재미있는 생선이다.

생대구나 얼린 대구는 '코드cod, 영어 또는 매르루쪼merluzzo, 이탈리아어', 소금을 사용하지 않고 자연 건조시킨 대구는 '스톡피쉬stockfish, 영어 또는 스토카피쏘stoccafisso, 이탈리아어', 소금에 절여 말린 대구는 '바깔라baccalà'로 불린다.

그러나 실제로 대구를 일컫는 다양한 이름들이 명확하게 구분되어 사용되는 것은 아니다. 특히 스토카피쏘와 바깔라는 혼용되는 경우가 많다. 이탈리아 베네토 지방의 유명 바깔라 요리들은 실제로 노르웨이산 스토카피쏘스톡피쉬를 사용한 요리인 경우가 많다. 또한 나폴리에서는 스토카피쏘를 사용한 경우에도 모두 바깔라 요리라고 부른다.

이탈리아에서 바깔라와 스토카피쏘가 혼용되기 시작한 데에는 사연이 있다. 1432년 피에로 퀘리니 선장이 이끌던 베네치아의 선적이 향신료를 싣고 지중해 남부에 있는 크레타 섬을 출발해 북쪽으로 향하던 중 풍랑을 만나 좌초하게 된다. 선장을 비롯해 배에 탔던 14명의 선원들은 파도에 휩쓸려 노르웨이 북쪽 해안가의 섬에 다다르게 되고, 다행히 현지 어부들의 도움으로 구조되어 노르웨이의 로에스트라는 섬에서 환대를 받으며 머물게 된다.

이후 선원들이 이탈리아로 귀국할 때 60마리의 말린 대구 스토카피쏘도 함께 가져오게 된다.

1432년 10월 12일에 베네치아로 돌아온 퀘리니 선장은 의회에 그간의 이야기를 보고하면서 바깔라를 소개한 기록이 전해진다. 퀘리니 선장은 바깔라를 "노르웨이 사람들이 막대처럼 단단해질 때까지 바람에 말리고, 먹기 전 살을 두들겨 부드럽게 해 향신료로 맛을 내는 생선"으로 소개했다. 퀘리니 선장은 기록에 분명 '바깔라'라고 적었으나, 이는 엄밀히 말해 소금에 절이지 않고 말린 '스토카피쏘스톡피쉬'를 의미했다. 북유럽 사람들이 '스톡피쉬'라 부르는 것을 베네치아 출신인 선장이 '바깔라'라고 말한 것은 '막대'를 의미하는 라틴어 '바쿨루스'에서 유래한 포르투갈의 바깔라우와 스페인의 바깔로와 유사하다고 생각했기 때문일 것이다.

역사적으로 대구가 관련된 큰 사건은 영국과 아이슬란드 간의 '대구전쟁'이다. 일반적으로 전쟁이란 대개 강대국이 승리하게 되는데 영국과 아이슬란드 사이에서 일어난 대구전쟁은 전혀 다르게 진행되었고 결국 아이슬란드의 승리로 끝이 난다는 점에서 흥미롭다.

원래 아이슬란드는 물고기를 잡아서 생활하는 가난한 나라였다. 어업은 아이슬란드의 유일한 생계수단이었다. 그러던 중 1945년 미국의 해리 트루먼 대통령이 미국의 대륙붕 자원은 미국의 관리 아래 들어간다는 선언을 하게 된다. 이 선언 이후 세계 각국들은 대륙붕에 대한 영유권 확립을 위해 움직이게 되고 아이슬란드도 영향을 받아 기존의 3해리 어업권을 4해리까지 늘리게 된다. 이후 12해리까지 어업 구역을 늘렸는데 그전까지는 아이슬란드 3해리 이내에서도 영국의 어선들이 드나들고 있었다.

영국은 아이슬란드의 영유권을 무시하고 대규모 어선단을 보낸다. 만약의 사태를 대비해 해군함정까지 보내자 아이슬란드도 경비정을 보내 대치하게 된다. 이것이 1차 대구전쟁의 시작이었다.

1958년 10월, 아이슬란드 경비정은 영국의 어선에게 위협사격을 가했고, 11월에는 아이슬란드 경비정이 정선 명령을 무시한 영국 어선에 5발을 발포한다. 그러나 영국 해군의 상대가 되지 못했던 아이슬란드 경비함은 결국 한발 물러서게 된다.

이후에도 아이슬란드 경비정 6척과 100척의 순찰함이 영국의 37척의 해군과 팽팽히 대치하며 영국과 아이슬란드의 협상이 시작되었다. 나토의 대서양 작전에서 가장 중요한 전략적 요충지인 아이슬란드를 의식한 미국이 영국에 압력을 넣어 1961년 결국 영국이 아이슬란드의 12해리 어업권을 인정하게 된다. 이것이 1차 대구전쟁이다.

1차 대구전쟁이 끝난 이후, 1972년 아이슬란드는 기존의 어업구역을 12해리에서 갑자기 50해리까지 늘리겠다고 다시 또 선언하고 나섰다. 아이슬란드 대륙붕이 연안 50해리까지 이어져 있다는 게 이유였는데 당연히 영국의 분노는 클 수밖에 없었다. 그들은 처음에 협상을 통해 어획량을 조절하려고 했으나 결렬되고 영국 측에서 이 문제를 국제 사법재판소에 제소하려고 하자 아이슬란드는 그것을 거절했다. 이유는 간단했다.

"당연히 우리 아이슬란드의 어업구역이 확실한데 어째서 사법재판소에 넘겨야 하나?"

화가 난 영국은 다시 어선 선단을 조직해서 아이슬란드 근해에 보내기로 한다. 아이슬란드측에서는 주변국에게 지난 어업협정이 강대국에 의해 맺은 불평등조약이라고 주장하고 나선다.

영국 어선들이 다시 조업을 시작하자 아이슬란드는 경비정과 어선을 동원해서 영국 어선들의 그물을 커터로 절단하면서 어업을 방해했다. 영국은 예인선을 몇 척 보내면서 아이슬란드 경비정을 밀어내려고 했으나 이 와중에 실탄에 피격되는 사고가 생기게 되면서 영국은 다시 군함을 보내기로 결정했다.

그러자 아이슬란드는 영국과의 국교를 단절하고 더 나가서 나토를 탈퇴할 수도 있다는 폭탄선언을 한다. 나토에서 중재에 나섰지만 아이슬란드 순찰함 승조원 한 명이 사고로 사망하는 일이 일어나면서 아이슬란드는 영국이 50해리 바깥으로 나가지 않으면 단교한다고 선언하기에 이르렀다. 10월 3일 결국 영국의 어선들이 물러나면서 다시 아이슬란드의 승리로 2차 대구전쟁도 마무리 된다.

1973년 34개 국가의 배타적 경제수역에 관한 제안에 아이슬란드도 동참하면서 200해리를 선포하게 된다. 영국은 다시 어선단을 보내고 1975년 11월 아이슬란드 경비정이 영국 어선에 기관포를 쏴서 명중시킨다. 영국도 질세라 경비함을 공격하여 아이슬란드 경비함은 거의 침몰 직전 상태로 겨우 항구로 후퇴하고 만다.

아이슬란드 정부는 영국 군함이 나가지 않으면 국교를 단절하고 나토를 탈퇴하겠다고 다시 선언함과 함께 미국과 소련을 통해 전투함과 구축함을 구입하려고까지 시도했다. 이번에도 역시 미국과 나토가 나서서 중재에 들어갔고, 1976년 1월 24일부터 열린 회담에서는 아이슬란드 해역 내에서 영국 어선의 연간쿼터를 다뤘는데, 아이슬란드는 4만 톤을 주장하고 영국은 8만 톤을 주장하면서 협상은 쉽게 이뤄지지 않았다. 그 당시 영국은 노동당 정권이었는데 노동당의 지지기반 중 하나가 어부조합이었기 때문에 영국 입장에서도 쉽게 물러설 수 없는 상황이었다.

회담이 진행되는 도중에도 영국 어선의 아이슬란드 해역 내에서의 어업은 계속되었고, 1976년 2월 5일에는 영국 군함 2척이 아이슬란드 수역에 진입했고, 2월 18일에는 영국 호위함이 아이슬란드 경비정과 교전을 벌이는 사건이 벌어졌다. 그러자 아이슬란드 정부는 영국과의 국교단절을 선언하게 된다.

역시 같은 해, 5월 6일에는 영국의 구축함이 아이슬란드의 경비정을 거의 침몰 직전 상태에 만들었고, 5월 12일에는 아이슬란드의 경비정이 영국 어선에 포탄을 발사하는 사건이 벌어졌다. 이에 영국은 기동함대에 출동대기명령을 내리고, 초강경 대응할 것을 암시했다.

하지만 이미 국제 여론은 EEZ를 200해리로 하는 것이 대세가 되었고, EC유럽연합의 전신와 미국에서도 유럽 EEZ를 200해리로 하는 법안을 통과했다. 게다가 독일이나 프랑스 등의 주변국에서도 아이슬란드를 옹호하는 입장을 밝히자 영국 내에서도 대구大口 어획을 이유로 너무 나가봤자 더 이상 얻을 것도 없다는 결론에 이른다.

결국 1976년 6월 양국은 회담 끝에 국교를 정상화하게 된다. 이로써 1, 2, 3차 대구전쟁은 완전히 끝나게 되었고 그 결과로 200해리 내에서 영국은 어선 24척과 연간어획량 5만 톤 이하만 획득이 가능하도록 되었다. 때문에 대구 잡이에 종사하던 영국의 어민 6천 명이 직업을 잃게 되었다.

키워드로 읽는
다짜고짜 세계사

1판 1쇄 인쇄 2016년 7월 20일
1판 1쇄 발행 2016년 7월 29일

지은이 장지현
펴낸이 김성한
펴낸곳 도서출판 미네르바

교정 김창현

주소 서울 성동구 난계로 17, 2층
전화 02-2281-7830
팩스 02-2281-7833
이메일 minerva100@nate.com

출판등록 제10-2417호(2002년 07월 15일)

ISBN 979-11-5589-013-4 03900

역사歷史는 아我와 비아非我의 투쟁鬪爭이다.

• 단재 신채호